Python
金融量化分析

肖建军　高拴平◎编著

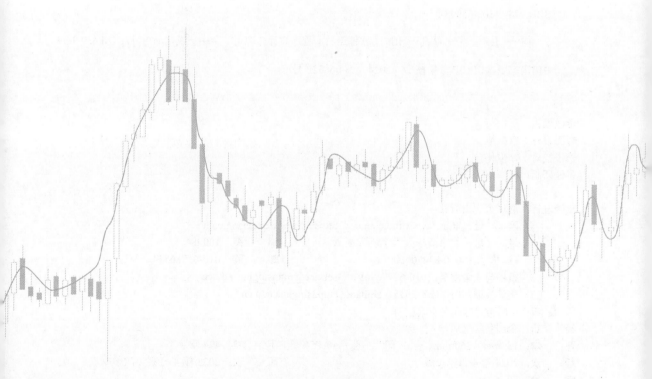

清华大学出版社
北京

内 容 简 介

金融量化分析不仅需要掌握金融领域的知识，还需要掌握相关的计算机编程技术。本书全面、系统地介绍金融量化分析所需要掌握的技能。无论是具有丰富的编程经验的读者，还是普通的投资爱好者，均可参照本书内容开发自己的量化交易策略回测代码，实现金融量化分析辅助投资的目的。

本书共 9 章，涵盖的主要内容有金融量化交易策略分析概述，Python 的基础语法，Pandas 模块基础，NumPy 基础，数据获取与清洗，金融量化交易策略实战，TA-Lib、Empyrical 与 Mplfinance 模块的使用方法，金融数据回归分析，ARIMA 与 VAR 模型在金融量化领域的应用，开源金融量化交易策略回测框架 Backtrader 的使用方法等。掌握这些内容，可以解决金融量化分析涉及的编程语言基础、数据获取、量化交易策略构建、统计学与金融学理论在金融量化领域的高级应用，以及现有的量化回测框架的使用方法等实际问题。

本书内容丰富，体系完整，讲解细致入微，既适合 Python 金融量化分析入门人员阅读，也适合有志从事量化投资工作的各类研究人员和从业人员阅读与参考，还适合作为高等院校金融和投资类相关专业的教材。

本书封面贴有清华大学出版社防伪标签，无标签者不得销售。
版权所有，侵权必究。举报：010-62782989，beiqinquan@tup.tsinghua.edu.cn。

图书在版编目（CIP）数据

Python 金融量化分析 / 肖建军，高拴平编著. —北京：清华大学出版社，2024.4（2025.4重印）
ISBN 978-7-302-65998-3

Ⅰ. ①P… Ⅱ. ①肖… ②高… Ⅲ. ①软件工具－程序设计－应用－金融－量化分析 Ⅳ. ①F830.9-39

中国国家版本馆 CIP 数据核字（2024）第 068322 号

责任编辑：王中英
封面设计：欧振旭
责任校对：徐俊伟
责任印制：刘海龙

出版发行：清华大学出版社
网　　址：https://www.tup.com.cn，https://www.wqxuetang.com
地　　址：北京清华大学学研大厦 A 座　　邮　编：100084
社 总 机：010-83470000　　邮　购：010-62786544
投稿与读者服务：010-62776969，c-service@tup.tsinghua.edu.cn
质量反馈：010-62772015，zhiliang@tup.tsinghua.edu.cn

印 装 者：三河市君旺印务有限公司
经　　销：全国新华书店
开　　本：185mm×260mm　　印　张：17.75　　字　数：424 千字
版　　次：2024 年 4 月第 1 版　　印　次：2025 年 4 月第 2 次印刷
定　　价：79.80 元

产品编号：100835-01

前言

写作背景

随着计算机技术的普及，越来越多的金融投资者希望借助计算机程序辅助投资。这样投资者不仅需要理解投资理论，还需要熟悉计算机编程技术。为此，本书希望能带领读者学习以下内容：
- 金融量化分析需要掌握的 Python 基础语法及相关模块；
- 免费获取金融数据的方法与途径；
- 金融量化交易策略的基础回测方法；
- 经典经济模型与金融理论在金融量化分析中的实际应用方法；
- 利用金融量化交易策略开源回测框架进行专业回测的方法。

通过认真学习本书内容，读者完全可以独立编写金融量化投资策略回测代码，还可以通过 Python 代码验证量化投资策略的历史表现，为当前和未来的投资决策提供参考依据。

本书特色

1. 内容全面，涵盖广泛

本书不仅涵盖金融数据获取、数据清洗、量化交易策略回测代码的编写，而且也涵盖统计学与金融学的基础理论在量化投资策略构建中的高级应用，以及免费开源的专业金融量化回测框架 Backtrader 的使用方法。

2. 代码实现与专业知识并重

金融量化分析不仅需要编程技术，而且需要对金融投资理论具有一定的理解，二者缺一不可。本书在重点介绍 Python 代码实现的同时，对必要的金融和统计学理论等专业知识进行简要描述，以便读者更深入地理解代码的含义与用途。

3. 示例丰富，注重实战效果

本书穿插大量的示例进行讲解，每个示例均力求贴近实战需求。特别是在第 6 章金融量化交易策略开发实战会详细介绍 5 个常用的量化交易策略示例，通过这些示例的历史数据回测结果，显示策略的历史表现，将其作为开发实战策略的依据。

4．提供完整的源代码

笔者对书中涉及的所有源代码都进行了整理，以方便读者使用。读者对这些代码稍加修改，即可用于自己的项目实践中。

本书内容

第 1 章金融量化交易策略分析概述，详细介绍金融量化分析的基本流程、分析方法与工具、金融量化分析的优势、金融量化分析面临的困局与金融分析的注意事项等。

第 2 章金融量化分析工具的准备——基础语法，主要介绍 Python 的基础语法、变量、流程控制、函数、类与对象，以及模块应用等知识。

第 3 章金融量化分析工具的准备——Pandas 基础，围绕 Pandas 内部的 Series 和 DataFrame 对象，详细介绍如何利用 Pandas 处理二维数据表信息，如二维数据表文件的读取、行与列的定位、添加等。

第 4 章金融量化分析工具的准备——NumPy 基础，重点介绍 ndarray 对象的创建和 ndarray 数组数据的访问，以及 NumPy 数组操作、NumPy 模块的主要函数和 NumPy 随机数处理等。

第 5 章金融量化分析数据的准备，重点介绍如何通过 Tushare、Akshare、qstock 和 Alpha Vantage API 等方式获取与分析数据，以及如何通过 Pandas 进行数据清洗，并通过 CSV 文件或 SQLite 数据库存储数据等。

第 6 章金融量化交易策略开发实战，详细介绍趋势追踪交易策略、顶底背离交易策略、小市值交易策略、海龟交易策略与网格交易策略的历史回测代码和回测结果等。

第 7 章金融量化分析常用的工具模块，详细介绍金融量化分析中常用的技术分析指标，如 TA-Lib 模块、金融统计结果计算模块 Empyrical 与金融可视化专业模块 Mplfinance 等。

第 8 章金融量化分析高级应用，详细介绍统计学模型与现代金融理论在金融量化交易中的应用，包括基本的回归模型在金融量化分析中的应用、ARIMA 与 VAR 模型在金融量化分析中的应用，以及金融资产组合优化理论在金融量化分析中的具体应用等。

第 9 章金融量化回测框架 Backtrader 实战应用，详细介绍开源量化交易策略回测框架 Backtrader 的数据读取、自定义指标、指标调用、自定义策略类，以及观察器与分析器的应用等。

读者对象

阅读本书需要读者具备一定的金融投资基础知识，以及对程序设计有基本的理解能力，建议读者最好对 Python 编程语言有基本的了解。具体而言，本书主要适合以下读者阅读：

- ❑ 有一定 Python 编程基础的量化分析初学者；
- ❑ 了解量化投资的基础理论而希望开发量化投资策略的投资者；

- ❏ 已掌握 Python 基础语法而希望寻求 Python 应用场景的程序员；
- ❏ 高校金融、大数据和投资等专业的学生与老师。

阅读建议

- ❏ 基础相对薄弱的读者，建议从第 1 章开始顺次阅读本书；
- ❏ 具备 Python 语言基础的读者，可以从第 2 章开始阅读本书；
- ❏ 对金融数据获取感兴趣的读者，可以直接阅读第 5 章；
- ❏ 对金融数据可视化感兴趣的读者，可以直接阅读 7.3 节；
- ❏ 对交易策略实战感兴趣的读者，可以直接阅读第 6 章；
- ❏ 对 Backtrader 框架感兴趣的读者，可以直接阅读第 9 章。

本书配套资源

本书涉及的数据文件、源文件和教学 PPT 需要读者自行下载。请在清华大学出版社网站（www.tup.com.cn）上搜索本书，然后在本书页面上的"资源下载"模块中单击"网络资源"或"课件下载"按钮即可下载；读者也可以关注微信公众号"方大卓越"，然后回复数字"3"获取下载网址。

阅读反馈

限于笔者水平，书中可能还存在一些疏漏，敬请广大读者指正，笔者会及时进行勘误，并将勘误内容传至出版社网站上供读者下载。读者在阅读本书的过程中如果有疑问，可以发电子邮件到 bookservice2008@163.com 获得帮助。

致谢

感谢恩师连平先生、陈伟利先生和郑乡明老师多年来对我的培养与关心！
感谢欧振旭在本书出版过程中给予笔者的大力支持与帮助！
感谢笔者的家人给予笔者的理解与支持！

肖建军
2024 年 3 月

目录

第1章 金融量化交易策略分析概述 ··················· 1
1.1 金融量化分析简介 ··················· 1
- 1.1.1 金融量化分析的应用范畴 ··················· 1
- 1.1.2 金融量化分析的基本流程 ··················· 2
- 1.1.3 金融量化分析的方法与工具 ··················· 2
- 1.1.4 金融量化分析的优势 ··················· 3

1.2 金融量化分析的困局 ··················· 3
- 1.2.1 金融量化分析策略的同质化 ··················· 4
- 1.2.2 量化分析工具的局限性 ··················· 4
- 1.2.3 量化分析结果的随机性 ··················· 5

1.3 金融量化分析注意事项 ··················· 5
1.4 本章小结 ··················· 6
1.5 思考题 ··················· 6

第2章 金融量化分析工具的准备——基础语法 ··················· 7
2.1 Python 简介 ··················· 7
- 2.1.1 Python 数据处理的优势 ··················· 7
- 2.1.2 Python 的基本语法 ··················· 8

2.2 Python 变量 ··················· 9
- 2.2.1 变量的命名规则 ··················· 9
- 2.2.2 数值型变量 ··················· 10
- 2.2.3 布尔类型变量 ··················· 10
- 2.2.4 字符串类型变量 ··················· 11
- 2.2.5 列表类型变量 ··················· 14
- 2.2.6 元组类型变量 ··················· 16
- 2.2.7 集合类型变量 ··················· 17
- 2.2.8 字典类型变量 ··················· 18

2.3 流程控制 ··················· 19
- 2.3.1 逻辑判断 ··················· 20
- 2.3.2 if 判断 ··················· 20
- 2.3.3 循环语句 ··················· 21

2.4 函数 ··················· 23

2.4.1 函数的定义与调用 23
2.4.2 函数的参数 24
2.4.3 lambda 匿名函数 26
2.4.4 Python 高阶函数 27
2.5 类与对象 31
2.5.1 创建类与实例对象 31
2.5.2 面向对象的封装 35
2.5.3 面向对象的继承 37
2.5.4 面向对象的多态 38
2.6 模块应用 39
2.6.1 模块的安装、卸载与调用 39
2.6.2 Python 内置模块示例 1：datetime 模块 41
2.6.3 Python 内置模块示例 2：os 模块 44
2.7 本章小结 45
2.8 思考题 45

第 3 章 金融量化分析工具的准备——Pandas 基础 46
3.1 Pandas 简介 46
3.1.1 Pandas 的主要优势 46
3.1.2 Pandas 的主要功能 47
3.1.3 Pandas 的底层结构 47
3.2 Series 对象 48
3.2.1 创建 Series 对象 48
3.2.2 访问 Series 对象数据 50
3.2.3 Series 对象的常用属性 50
3.2.4 Series 对象的常用函数 51
3.3 DataFrame 对象 55
3.3.1 DataFrame 对象的数据存储结构 55
3.3.2 创建 DataFrame 对象 56
3.3.3 DataFrame 对象的常用属性 59
3.3.4 DataFrame 的列操作方法 60
3.4 Pandas 金融量化分析应用 66
3.4.1 统计计算 67
3.4.2 累计计算 67
3.4.3 获取 CSV 文件数据 68
3.4.4 获取 SQLite 数据库中的数据 70
3.5 Pandas 数据可视化 72
3.5.1 折线图 72

3.5.2　直方图 ··· 77
3.6　本章小结 ··· 79
3.7　思考题 ··· 79

第 4 章　金融量化分析工具的准备——NumPy 基础 ·································· 80
4.1　NumPy 简介 ·· 80
　　4.1.1　NumPy 的主要优势 ··· 80
　　4.1.2　NumPy 的主要功能 ··· 81
　　4.1.3　ndarray 的底层结构 ··· 81
4.2　ndarray 对象的创建 ··· 82
　　4.2.1　创建 ndarray 对象的方法 ·· 82
　　4.2.2　创建特殊的 ndarray 对象 ·· 83
4.3　ndarray 数组数据的访问 ·· 84
　　4.3.1　索引 ·· 84
　　4.3.2　切片 ·· 86
4.4　NumPy 数组操作 ··· 88
　　4.4.1　修改 ndarray 数组形状 ·· 88
　　4.4.2　合并 ndarray 数组 ··· 91
　　4.4.3　分割 ndarray 数组 ··· 92
　　4.4.4　删除 ndarray 数组数据 ·· 93
　　4.4.5　添加数组数据 ·· 94
4.5　NumPy 模块的主要函数 ·· 95
　　4.5.1　统计类函数 ··· 95
　　4.5.2　线性代数类函数 ·· 97
　　4.5.3　排序与筛选类函数 ··· 98
4.6　NumPy 随机数处理 ·· 102
　　4.6.1　NumPy 处理随机数问题的优势 ··· 102
　　4.6.2　生成随机数 ··· 102
　　4.6.3　随机抽样 ·· 104
　　4.6.4　随机模拟实验 ·· 105
4.7　本章小结 ·· 107
4.8　思考题 ··· 107

第 5 章　金融量化分析数据的准备 ·· 108
5.1　数据获取 ·· 108
　　5.1.1　从 Tushare 平台上获取数据 ··· 108
　　5.1.2　从 AkShare 模块中获取数据 ·· 110
　　5.1.3　从 qstock 模块中获取数据 ··· 112
　　5.1.4　从 Alpha Vantage API 中获取数据 ··· 118

5.2 数据清洗 ·· 124
    5.2.1 数据清洗的内容 ·· 124
    5.2.2 数据清洗示例 ·· 125
    5.2.3 数据清洗进阶——JSON 数据清洗 ··· 128
5.3 数据存储 ·· 131
    5.3.1 用 CSV 文件存储数据 ·· 131
    5.3.2 用 SQLite 数据库存储数据 ·· 132
5.4 本章小结 ·· 138
5.5 思考题 ··· 138

第 6 章 金融量化交易策略开发实战 ··· 139

6.1 趋势追踪交易策略 ··· 139
    6.1.1 趋势追踪交易策略介绍 ··· 139
    6.1.2 趋势追踪交易策略实战代码 ··· 140
    6.1.3 趋势追踪交易策略实战代码详解 ·· 142
6.2 顶底背离交易策略实战 ··· 146
    6.2.1 顶底背离交易策略介绍 ··· 146
    6.2.2 顶底背离交易策略实战代码 ··· 147
    6.2.3 顶底背离交易策略实战代码详解 ·· 148
6.3 小市值交易策略实战 ·· 149
    6.3.1 小市值交易策略介绍 ·· 149
    6.3.2 小市值交易策略实战代码 ·· 150
    6.3.3 小市值交易策略实战代码详解 ··· 152
6.4 海龟交易策略实战 ··· 153
    6.4.1 海龟交易策略介绍 ··· 153
    6.4.2 海龟交易策略实战代码 ··· 153
    6.4.3 海龟交易策略实战代码详解 ··· 156
6.5 网格交易策略实战 ··· 159
    6.5.1 网格交易策略介绍 ··· 159
    6.5.2 网格交易策略实战代码 ··· 160
    6.5.3 网格交易策略实战代码详解 ··· 164
6.6 本章小结 ·· 167
6.7 思考题 ··· 167

第 7 章 金融量化分析常用的工具模块 ··· 168

7.1 TA-Lib 模块 ·· 168
    7.1.1 TA-Lib 模块的安装 ··· 168
    7.1.2 TA-Lib 模块的函数类别 ·· 170
    7.1.3 TA-Lib 模块的常用函数 ·· 174

7.2 Empyrical 模块 ································· 176
7.2.1 Empyrical 模块的优点 ················· 177
7.2.2 Empyrical 模块的用途 ················· 177
7.2.3 Empyrical 模块的常用函数 ··········· 177
7.3 Mplfinance 模块 ······························ 184
7.3.1 Mplfinance 模块的优点 ················ 184
7.3.2 Mplfinance 模块的主要函数 ·········· 185
7.3.3 通过 Mplfinance 模块绘制 K 线图 ········· 189
7.4 本章小结 ······································ 199
7.5 思考题 ··· 199

第 8 章 金融量化分析高级应用 ···················· 200
8.1 金融数据回归分析 ·························· 200
8.1.1 回归分析的基本原理 ···················· 200
8.1.2 回归分析的步骤 ·························· 201
8.1.3 构建回归模型示例 ······················· 201
8.2 金融数据时间序列 ARIMA 模型回归分析 ······· 203
8.2.1 时间序列分析模型介绍 ················· 203
8.2.2 ARIMA 模型的计算公式 ·············· 204
8.2.3 构建 ARIMA 模型示例 ················· 205
8.3 金融数据时间序列 VAR 模型回归分析 ········ 215
8.3.1 VAR 模型介绍 ···························· 215
8.3.2 构建 VAR 模型示例 ····················· 216
8.4 金融资产组合优化量化分析 ··············· 223
8.4.1 马科维茨模型 ····························· 223
8.4.2 利用 cvxpy 模块求解马科维茨模型 ········ 224
8.4.3 金融资产组合优化问题解决方案（通用） ······· 226
8.5 本章小结 ······································ 227
8.6 思考题 ··· 228

第 9 章 金融量化回测框架 Backtrader 实战应用 ·········· 229
9.1 Backtrader 框架简介 ························ 229
9.1.1 Backtrader 框架的优势与特点 ········ 229
9.1.2 Backtrader 回测框架的工作流程 ······· 230
9.2 Backtrader 框架的数据准备 ················ 230
9.2.1 数据准备注意事项 ······················· 230
9.2.2 数据读取函数 ····························· 231
9.2.3 使用 GenericCSVData 函数读取数据 ······· 231
9.2.4 使用 PandasData 函数读取数据 ········· 235

  9.2.5 同时加载多组数据 ·········· 236
  9.2.6 读取非 OHLC 数据 ·········· 238
  9.2.7 使用 resampledata 函数进行数据重新采样 ·········· 241
9.3 Backtrader 框架的指标 ·········· 242
  9.3.1 定义指标的核心要素 ·········· 242
  9.3.2 定义指标的步骤 ·········· 243
  9.3.3 定义指标示例 ·········· 245
9.4 Backtrader 框架的数据引用 ·········· 249
  9.4.1 加载数据的基础引用 ·········· 249
  9.4.2 加载数据的切片引用 ·········· 250
  9.4.3 指标值的引用 ·········· 250
  9.4.4 数据引用综合案例 ·········· 251
9.5 Backtrader 框架的自定义策略类 ·········· 255
  9.5.1 自定义策略类的核心问题 ·········· 255
  9.5.2 Backtrader 策略类的内部生命周期函数 ·········· 255
  9.5.3 Backtrader 策略类实例讲解 ·········· 256
9.6 Backtrader 框架的观察器应用 ·········· 263
  9.6.1 观察器的核心用途 ·········· 263
  9.6.2 默认加载观察器 ·········· 263
  9.6.3 加载内置的观察器 ·········· 264
  9.6.4 加载自定义观察器 ·········· 266
9.7 Backtrader 框架的分析器应用 ·········· 268
  9.7.1 分析器与观察器的关系 ·········· 268
  9.7.2 分析器之交易记录——Transactions 类 ·········· 268
  9.7.3 分析器之交易记录——TradeAnalyzer 类 ·········· 271
9.8 本章小结 ·········· 272
9.9 思考题 ·········· 272

第1章 金融量化交易策略分析概述

金融市场资产价格瞬息万变，无论专业投资机构还是个人投资者，都希望借助现代计算工具与手段辅助投资行为，以期获得高于市场平均收益的投资效果。这些计算工具与手段包括易懂、易用的 Python 编程语言，功能强大、使用便捷的 Python 计算工具模块（如 Pandas、NumPy、Backtrader 等）。通过学习与使用这些计算工具，完全可以验证各类投资理论，探索更为有效的交易策略，从而提升自我对金融市场的认知水平，最终提升交易胜算概率。

本书由浅入深，引领零基础读者快速自主开发量化交易策略，也对有计量经济学基础的读者提供开发基于一般回归模型、ARIMA 模型、VAR 模型的交易策略方案。为了便于读者开发完全自主独立的量化交易策略，本书还详细介绍开源的专业量化策略回测框架平台 Backtrader 的使用。通过对这些内容的逐步深入学习，读者完全可以独立开发各类量化交易策略。

本章的学习目标：
- 了解金融量化分析的基本流程；
- 了解金融量化分析的优势与困局。

1.1 金融量化分析简介

金融量化分析是指利用数学、统计学和计算机科学等工具，对金融市场进行定量分析和预测的方法。它的基本思想是通过收集大量历史数据，建立数学模型来描述金融市场的运作规律，并利用这些模型来进行交易决策和风险管理。

1.1.1 金融量化分析的应用范畴

金融量化分析应用广泛，包括股票、债券、期货、外汇等市场的分析和交易，以及投资组合管理、风险控制等方面。
- 资产定价：量化分析可以通过构建数学模型和算法来估计资产的价值和风险，如股票、债券、期货、期权等金融产品的定价。
- 投资组合管理：通过量化分析可以帮助投资者构建和优化的投资组合，以达到最小化风险、最大化收益或达到某个特定的目标。
- 风险管理：量化分析可以帮助金融机构评估和管理风险，包括市场风险、信用风险和操作风险等。
- 交易策略和算法交易：量化分析可以帮助交易员设计和实现有效的交易策略和算法交易，以取得最大化交易效益。
- 高频交易：通过应用量化分析可以帮助交易员捕捉瞬时的市场机会，并在毫秒级别的时间内进行高速交易。

总之，金融量化分析的应用范畴非常广泛，它已经成为现代金融领域不可或缺的一部分。

1.1.2 金融量化分析的基本流程

进行金融量化分析，需要遵循一定的基本流程，这些流程为金融量化分析提供了程序保障。一般情况下，金融量化分析的基本流程包括以下几个步骤。

（1）问题定义，即明确研究的问题和目标，如资产定价、投资组合管理、风险管理等。

（2）数据获取，即收集和整理相关数据，包括金融市场的历史价格数据、经济指标数据、公司财务数据等。

（3）数据预处理，即对数据进行清洗、转换和缺失值处理等预处理操作，以保证数据的质量和完整性。

（4）特征工程，即从原始数据中提取有用的特征，并进行数据降维和特征选择等操作，以提高模型的精度和泛化能力。

（5）模型建立，即选择适当的算法和模型结构，并进行参数调整和优化等操作，以构建准确可靠的量化模型。

（6）模型验证，即对构建的模型进行验证和测试，以评估模型的性能和泛化能力。

（7）模型应用，即将构建好的模型应用到实际问题中，如资产定价、投资组合管理、风险管理等。

（8）模型监测，即对模型进行定期监测和维护，以保证模型的有效性和稳定性。

以上是金融量化分析的基本流程。在实际应用中，可根据具体问题和数据进行适当调整和修改。

1.1.3 金融量化分析的方法与工具

在金融量化分析的过程中，不仅需要具备一定的数学基础，还需要具备一定的计算工具与计算环境，二者缺一不可。其中，构建金融量化分析模型需要一定的数学基础，完成历史数据回测需要构建计算环境。目前，金融量化分析常用的方法与工具包括以下几种。

- 数学模型：包括时间序列模型、回归模型、机器学习模型等，用于对金融市场和金融产品进行定价、预测和分析。
- 统计分析：包括统计描述、假设检验、方差分析等，用于对金融数据进行分析和推断。

- 数据挖掘：包括分类、聚类、关联规则挖掘等，用于发现数据中的模式和规律，以提高模型的预测能力。
- 优化算法：包括线性规划、整数规划、动态规划等，用于求解投资组合和风险控制等问题。
- 人工智能：包括神经网络、深度学习、自然语言处理等，用于自动处理金融数据的分析和预测。
- 编程语言和软件工具：包括 Python、R、MATLAB、SAS 等编程语言，以及 Quantopian、QuantConnect、Alpha Vantage 等金融量化分析平台和软件工具。
- 数据库和云计算：包括 MySQL、MongoDB、AWS、Azure 等数据库和云计算平台，以便存储和处理大量的金融数据。

以上是一些常用的金融量化分析方法和工具。在实际应用中，可根据具体问题和数据进行选择和应用。

1.1.4 金融量化分析的优势

与传统的金融分析方法和金融交易方式相比，金融量化分析具有明显的优势，具体如下。

- 客观性：金融量化分析基于数据进行分析，能够有效地消除人为情绪和主观判断的干扰，从而使投资决策更加客观、理性和科学。
- 高效性：金融分析工作需要处理大量的数据，单纯依靠人工分析这些数据，耗时费力。通过基于计算机工具的量化分析可以自动处理海量数据，不仅能大大缩短分析时间，而且同时也能够降低人为误差。
- 可重复性：金融量化分析是基于数学模型和数据进行分析和预测的，可以在相同的条件下重复分析和验证结果，以提高分析结果的可信度。
- 量化风险控制：金融量化分析可以对市场风险进行有效的量化和控制，通过优化投资组合和风险管理策略，以提高投资收益并降低风险。
- 自动化交易：金融量化分析可以实现自动化交易，即根据分析结果自动调整投资组合和交易策略，以降低交易成本，提高投资效率。

综上所述，金融量化分析具有客观性、高效性、可重复性、量化风险控制和自动化交易等优势，能够为各类投资者、基金管理人和交易员等金融相关人员提供有力的决策依据。

1.2 金融量化分析的困局

尽管金融量化应用范围广、工具丰富、优势明显，但是在现实操作中金融量化分析也会面临一些困局。

1.2.1 金融量化分析策略的同质化

量化分析策略的同质化是指在市场上出现了大量相似或重复的量化策略，这些策略可能使用了相似的数据、模型、算法和交易规则，导致市场上的量化交易员和基金管理人员之间出现了激烈的竞争。

造成量化策略同质化的主要原因包括以下几个方面。

- 数据来源的同质化：随着金融数据的公开和普及，越来越多的交易员和基金管理人员都可以使用相同的数据源进行分析和预测，导致分析结果的相似性。
- 量化分析模型和算法的同质化：某些常见的模型和算法已经被广泛应用于量化分析中，如时间序列模型、回归模型、机器学习算法等，这些模型和算法可能会被多个人或机构使用。
- 计算工具的同质化：越来越多的投资者与投资机构在投资决策过程中开始使用诸如 Python、R 等编程语言进行数据分析和建模，计算工具的同质化导致计算过程与计算结果的同质化。

对于量化策略同质化问题，可以从以下几个维度克服。

- 选择多样化的数据来源：量化交易员和基金管理人员应该尽可能选择多样化的数据来源，以避免使用相同的数据进行分析和预测。
- 选择独特的模型和算法：量化交易员和基金管理人员可以尝试开发独特的模型和算法，以提高策略的独特性和差异性。
- 优化交易规则：在同质化的情况下，交易规则的优化和调整可以帮助交易员和基金管理人员获得更好的交易效果。

1.2.2 量化分析工具的局限性

尽管量化分析工具可以提高分析效率和准确度，但也存在一些局限性。以下是一些常见的局限性。

- 数据缺失或错误：量化分析依赖于大量的数据，但是数据缺失或错误可能会导致分析结果不准确。
- 过度拟合：量化分析使用的模型和算法可能会过度拟合历史数据，导致对未来数据的预测不准确。
- 黑天鹅事件：量化分析可能无法预测突发事件，如自然灾害和金融危机等，这些事件可能会对市场产生不可预测的影响。
- 模型偏差：量化分析使用的模型和算法可能会存在一定的偏差，从而导致分析结果的误差。
- 交易成本：量化分析通常需要频繁交易，但频繁交易可能会导致高交易成本，降低投资收益。
- 竞争激烈：随着越来越多的人开始使用量化分析工具，市场上的竞争也变得越来越激烈,导致量化分析策略的同质化和交易效果的下降。

综上所述,量化分析工具的局限性包括数据缺失或错误、过度拟合、黑天鹅事件、模型偏差、交易成本高和竞争激烈等方面,需要量化分析从业人员谨慎使用并及时调整策略。

1.2.3 量化分析结果的随机性

量化分析结果的随机性是指,尽管使用相同的数据和模型进行分析,但在不同的时间和情况下结果可能会有所不同,这是由于金融市场的复杂性和随机性导致的。以下是一些常见的随机因素。

- 市场风险:金融市场的风险是无法完全预测和控制的,市场波动可能会导致分析结果出现偏差。
- 噪声因素:金融数据中存在大量的噪声,如数据的错误、不准确和缺失等,这些因素可能会影响分析结果的准确性。
- 模型偏差:量化分析所使用的模型和算法可能会存在一定的偏差,这些偏差可能会影响分析结果的稳定性和准确性。
- 竞争因素:量化分析策略在市场中的表现会受到其他投资者的影响,例如,大量资金涌入某个投资领域可能会导致市场行情的不稳定和结果的随机。

综上所述,量化分析结果的随机性是由市场风险、噪声因素、模型偏差和竞争因素等多种因素共同作用带来的。在进行量化分析时,需要充分考虑这些随机因素,并采取相应的措施来降低分析结果的随机性。例如,可以加入多种数据和模型来提高分析结果的准确性和稳定性。

1.3 金融量化分析注意事项

鉴于金融量化分析优势与困局并存,为了更有效地开发量化交易策略,需要注意以下事项。

- 确保数据质量:开发量化投资策略的基石是数据,没有数据就没有策略,数据质量对策略的表现有着决定性的影响。因此,需要收集尽可能多的数据,并确保数据的准确性、完整性和及时性。
- 梳理策略逻辑:量化投资策略的逻辑需要清晰、可靠、可复制。在开发策略时,需要考虑不同的市场环境、行情波动和投资风险,设计出不同情景下的交易策略。
- 优化策略算法:量化投资策略的核心是算法,需要根据策略的逻辑选择合适的算法。常用的算法包括均值回归、趋势跟踪、机器学习等。
- 完善风险控制机制:量化投资策略的风险控制非常重要。在策略中设置风险控制指标,如止损、止盈、仓位控制等;同时,需要定期评估策略的风险水平,及时调整风险控制指标,通过这些指标及时发现风险并采取应对措施,从而避免产生过度承担风险的行为操作。

❑ 系统分析回测结果：在开发完策略后，需要进行回测测试，模拟交易策略在历史数据上的表现。回测测试可以评估策略的有效性和稳定性，并优化策略的参数。在分析策略回测结果时，必须从收益性和风险性两个大的维度评估，判别策略的优劣，最终筛选出有一定水平正收益、交易频率适当（交易频率不能过低，以避免赌博行为）、胜算概率较高的策略进行实盘交易。

1.4 本章小结

本章介绍了金融量化分析的基本概况、流程与主要的分析方法和工具。金融量化分析虽然具备客观性、全面性、有效性等优势，但也存在诸如量化分析策略同质化、量化分析工具有局限性、量化分析结果有随机性等劣势。但总体而言，金融量化分析依然是进行金融投资决策的基石，是金融投资技术的主流。

1.5 思考题

1. 金融量化分析的基本流程是什么？
2. 如何应对金融量化分析的困局？

第 2 章　金融量化分析工具的准备——基础语法

由于本书使用 Python 作为金融量化分析工具，因此在进行金融量化分析之前，本章先结合金融量化分析的相关知识，对 Python 语法和基本用法进行介绍，如变量、函数、逻辑判断、流程控制、类与对象等，从而为后续金融量化分析的学习打好基础。

说明：本章介绍的为 Python 的基础知识，适合零基础的读者学习。

本章的学习目标：
- 掌握 Python 变量的使用；
- 掌握 Python 判断、循环语言的使用方法；
- 掌握 Python 函数的使用方法；
- 掌握 Python 常用模块的安装与使用方法；
- 了解 Python 类的使用方法。

2.1　Python 简介

Python 是一种通用的解释型高级编程语言，它简单易学，语法结构可读性强，拥有大量的第三方库和框架，可以用于各种不同的应用场景，如 Web 开发、数据科学和人工智能等。在金融量化分析中，数据获取、数据处理和数据预测等领域均属于 Python 擅长的领域。

2.1.1　Python 数据处理的优势

进行金融量化分析的工具很多，如 MATLAB、R、SPSS、EViews 等，甚至使用 Excel 都可以作为金融量化分析的工具。本书之所以选择 Python 作为编程语言工具，主要是因为以下几个原因。
- Python 具有简单易学和可读性强的语法结构，这使得金融从业者能够快速上手。Python 代码通常比其他语言的代码更简洁，更易于理解和维护。
- Python 拥有丰富的第三方模块和工具，可以快速地进行数据分析、统计计算和机器学习等领域的开发。例如，NumPy、Pandas、Matplotlib 等模块能够帮助量化分析人员进行数据处理和可视化，scikit-learn、TensorFlow 等框架能够支持机器学习和深度学习的相关应用。
- Python 是一种解释型语言，它能够快速运行和调试代码，可以节省编译的时间，避免烦琐的编译过程，这对迭代开发和快速的原型开发非常有帮助。
- Python 是开源语言，可以免费使用，并且其社区非常活跃，有很多开发者为其贡献代码和文档，支持更新和维护，因此，在开发过程中可以得到更多的帮助和支持。

基于以上优势，金融量化分析通常采用 Python 作为编程语言工具，大多数金融投资量化分析框架也是基于 Python 实现的。

2.1.2 Python 的基本语法

作为最流行的计算机语言之一，Python 具有独立风格的语法结构，在程序设计过程中必须遵循这些基本语法。

1．函数、变量、对象名称必须区分大小写

在定义变量和调用函数等过程中，Python 要求区分大小写，如 Buy 与 buy 是两个不同的独立函数。

2．标点符号必须使用英文字符输入

在 Python 编程中，冒号、逗号、分号、括号、引号等各种标点符号必须使用英文符号，如果使用中文输入这些标点符号会报错。

3．注释方法

为了增强代码的可读性，Python 允许使用以下两种方式进行注释。
- 在代码后添加符号"#"，例如，代码"import time # 引入 time 模块"只执行 import time，而"#"后面的内容不被 Python 执行。
- 使用一对三个单引号（'''）或一对三个双引号（"""），将引号之间的内容设定为注释。例如，在代码中输入"'''这是一个注释'''"，则三个单引号之间的"这是一个注释"被视为注释，不被执行。

4．行对齐与缩进

Python 要求代码靠左对齐，如果使用条件、循环、定义对象（函数、方法）等，则需要进行缩进。代码缩进方法是输入四个空格或一个 Tab 键（一般使用 Tab 键）。

5．允许在一行中写多条语句

Python 代码一般是一行只写一条语句。在特殊情况下，也允许一行写多条语句，这些语句之间需要用分号隔开。

6. 允许一条语句写在多行

如果一条语句过长，为了提高代码的可读性，Python 允许在每行末尾添加斜杠 "\"，表示下一行代码也是本行代码的一部分，即下一行代码与本行代码一起被执行。

2.2 Python 变量

在进行金融量化分析时，会涉及各类金融数据，读取、处理、分析和存储这些金融数据是金融量化分析的基本操作。这些金融数据一般分为浮点数、整数、字符串、列表、元组、字典等类型，本节重点介绍如何使用 Python 变量来存储和操作这些不同类型的金融数据。

2.2.1 变量的命名规则

变量的命名规则有利于提升 Python 代码的可读性，便于后期理解与维护；另外，Python 语法对变量定义也设置了一些规则，不符合语法的变量定义会出现错误提示。因此，在定义 Python 变量时，既要遵循 Python 的语法规定，也要体现 Python 的语言风格，以便增加代码的可读性。Python 变量的命名规则主要包括以下几种。

- 变量名称可以由字母、数字及下画线组成，但数字不能作为变量名的开头。例如，"价格_1""price_1""Price_1""_Price_1"均符合 Python 变量的命名规则，而"1_Price"则不符合 Python 变量的命名规则。
- Python 自带的关键字不能作为变量名。Python 3 中有 35 个关键字，如表 2.1 所示。

表 2.1 Python 3 中的关键字

and	continue	FALSE	Is	raise
as	def	for	lambda	return
assert	del	from	nonlocal	try
async	elif	global	None	TRUE
await	else	if	not	while
break	except	import	or	with
class	finally	in	pass	yield

- Python 自带的内置函数名不能作为变量名。Python 3 自带 154 个内置函数（可以使用命令"dir(＿＿builtins＿＿)"查询）。常见的内置函数如表 2.2 所示。

表 2.2 Python 3 常见的内置函数

abs	ascii	bytes	compile	credits	dir
all	bin	callable	complex	delattr	display
any	bool	chr	copyright	dict	divmod

续表

enumerate	getattr	iter	min	print	slice
eval	globals	len	next	property	sorted
exec	help	license	object	range	str
filter	hex	list	oct	repr	sum
float	id	locals	open	reversed	super
format	input	map	ord	round	tuple
frozenset	int	max	pow	setattr	zip

2.2.2 数值型变量

金融量化分析需要处理大量的数据，一般通过数值型变量来存储各类金融数据，这些变量主要包括以下两种。

- 整数型变量（int）：用来表示整数类型的数据。例如，持仓股票个数、股票交易次数等均可用整数型变量表示。
- 浮点型变量（float）：用来表示带有小数的数据。例如，股票收盘价价格、投资收益率等可以使用浮点型变量表示。

Python 在创建变量时即对该变量进行赋值，并根据赋值数据的类型定义该变量的数据类型。可以通过 Python 内置函数"type(变量名)"来查看该变量的数据类型（见示例2.1）。

【示例2.1】数值型变量的应用。

代码如下：

```
# 定义交易次数
trade_times = 20
# 定义交易胜率
win_rate = 0.72
# 打印变量数据类型
print("trade_times 的数据类型为：", type(trade_times))
print("win_rate 的数据类型为：", type(win_rate))
```

程序输出结果如下：

```
trade_times 的数据类型为： <class 'int'>
win_rate 的数据类型为： <class 'float'>
```

说明：

- 变量"trade_times"为整数 int 类型变量。
- 变量"win_rate"为浮点 float 类型变量。

2.2.3 布尔类型变量

布尔类型变量（bool）只有两个值，即 True 与 False，分别表示"真"与"假"。由于布尔对象（bool）是整数对象（int）的子类，布尔类型变量等价于整数类型中的 1 与 0，即 True 与 1 等价，False 与 0 等价。

【示例2.2】布尔类型变量的应用。

需求说明：

- 首先设定止盈价格 price_win 的变量值为 10.00。
- 设置现价 price_now 的变量值为 9.85。
- 如果现价 price_now 的变量值大于止盈价 price_win 的变量值，则变量 win_value 的值设为 True；否则变量 win _ value 的值设为 False。

代码如下：

```
# 设置止盈价格变量名为 price_win
price_win = 10.00
# 设置现价变量名为 price_now
price_now = 9.85
# 如果现价 price_now 大于止盈价格 price_win
if price_now > price_win:
    # 变量 win_value 被赋值为 True
    win_value = True
# 否则
else:
    # 变量 win_value 被赋值为 False
    win_value= False
    # 打印变量 win_value
    print("win_value 的值为：", win_value)
```

程序输出结果如下：

```
win_value 的值为： False 字符串类型变量
```

2.2.4 字符串类型变量

Python 使用字符串类型变量来存储文本字符和字符串内容，如股票名称和公司代码等信息。在 Python 编程中会大量出现字符串类型变量，字符串对象相关方法与函数也是 Python 基础的重要组成部分。

1. 字符串类型变量

Python 一般使用英文输入法下的双引号" "和单引号' '来包裹赋值的字符串类型变量的内容，有时为了存储字符串的内部格式，会使用三个单引号来包裹带有排版格式的字符串内容。具体应用方式见示例2.3。

【示例2.3】字符串类型变量的应用。

代码如下：

```
# 定义股票名称
stock_name = '贵州茅台'
# 定义股票代码
stock_code = '600519.SH'
# 定义带格式的字符串变量
a = '''
    公司股票：浦发银行    贵州茅台
```

```
    行     业：银行业    白酒行业
'''
```

说明：

❑ 字符串是由单个字符组合的数组组成的，Python 可以通过索引号读取字符串中的部分字符。字符串的索引号从 0 开始。例如，读取字符串类型变量的第 2 个字符，可以通过"字符串变量名[1]"来实现。

❑ 字符串变量支持切片操作。例如，str_name[2:5]表示读取字符串 str_name 变量中第 3～6 个字符的内容。

❑ 字符串变量支持逆序切片。例如，str_name[-2:]表示读取字符串 str_name 变量从倒数第 2 个到最后一个字符之间的内容。

2. 字符串类型变量常用函数与方法

（1）find 函数

功能：用于在一个字符串中查找另一个子字符串，并返回子字符串第一次出现的索引位置，如果未找到则返回-1。

语法：str.find(sub[, start[, end]])。

参数：

❑ sub：查找的子字符串。

❑ start：可选参数，指定查找的起始位置。默认值为 0，表示从字符串的开头开始查找。

❑ end：可选参数，指定查找的结束位置。默认为字符串的长度，即查找到字符串的末尾。

【示例 2.4】str.find 函数的应用。

代码如下：

```
# 在股票代码变量 stock_code 中查找是否包含字符串 SH
print(stock_code.find('SH'))
# 在股票代码变量 stock_code 中查找是否包含 SZ
print(stock_code.find('SZ'))
```

程序输出结果如下：

```
0
-1
```

（2）replace 函数

功能：用于替换字符串变量中指定的字符串，输出结果为替换后的字符串变量。

语法：str.replace(old, new[, count])。

参数：

❑ old：字符串类型，要被替换的子字符串。

❑ new：字符串类型，用来替换旧字符串的新字符串。

❑ count：可选参数，指定替换的次数，默认为所有出现的旧字符串都被替换。如果指定了 count 参数，则只有前 count 个出现的旧字符串会被替换为新字符串，其他出现的旧字符串将保持不变。

【示例2.5】str.replace函数的应用。

代码如下：

```
# 将股票代码变量stock_code中的SH替换为"沪市"
print(stock_code.replace('SH', '沪市'))
```

程序输出结果如下：

```
沪市.600519
```

（3）strip函数

功能：用于去除字符串开头和结尾的指定字符（默认为空格和换行符）。

语法：str.strip([chars])。

参数：chars为可选参数，指定要去除的字符。默认值为空格和换行符，表示去除空格和换行符。

【示例2.6】str.strip函数的应用。

代码如下：

```
# 将股票代码变量stock_code中的SH.删除
print(stock_code.strip('SH.'))
```

程序输出结果如下：

```
600519
```

（4）join函数

功能：用于将序列中的元素连接成一个字符串。

语法：str.join(iterable)。

参数：iterable表示一个可迭代对象，如列表、元组和字符串等。

【示例2.7】str.join函数的应用。

代码如下：

```
# 定义列表变量，元素为字符串类型数据
date_list = ['2023', '1', '15']
# 设置连接符号变量为字符串类型数据
string1 = '-'
# 将date_list内部元素使用string1进行连接，生成一个新的字符串类型数据
string1.join(date_list)
```

程序输出结果如下：

```
'2023-1-15'
```

（5）count函数

功能：用于计算某个子字符串在当前字符串中出现的次数。

语法：str.count(sub, start=0, end=len(string))。

参数：

❑ str：要进行计数操作的字符串。

❑ sub：要查找的子字符串。

- start:开始查找的索引位置(默认为 0)。
- end:结束查找的索引位置(默认为 len(string))。

【示例2.8】str.count 函数的应用。

代码如下:

```
# 统计字符串类型变量 stock_list 中含有 SH 的个数
stock_list = '600000.SH 600519.SH 600188.SH'
# 在字符串变量 stock_list 中出现 SH 的次数
stock_list . count ('SH')
```

程序输出结果如下:

```
3
```

2.2.5 列表类型变量

列表(list)是在金融量化分析过程中常用的一种数据类型,在进行金融量化分析时,需要各类序列类型的原始数据,它们均可保存在列表变量中。例如,股票每日收盘价即可以列表类型进行存储,并可通过列表对象方法对列表内部元素进行各类操作。

1. 列表变量

在 Python 中,列表会将所有各类数据元素都放在一对中括号"[ ]"里面,相邻数据元素之间用逗号分隔。在金融量化分析中,常用列表变量来保存各类序列数据,如一段期间的日线序列数据、策略收益率变动序列数据等。

【示例2.9】创建列表。

代码如下:

```
# 定义一个存储开盘价序列的列表变量 open_list
open_list = [10.12, 10.58, 11.00, 13.25]
# 定义一个存储股票代码的列表变量 stock_list
stock_list = ['600000.SH', '000001.SZ', '600188.SH']
```

2. 列表变量的常用方法(函数)

(1) append 方法

功能:在列表末尾添加新的元素。

语法:list.append(item)。

参数:item 表示要添加到列表末尾的元素。

说明:list.append 函数将在原地修改列表,即它会直接修改调用它的列表,而不是创建一个新列表。

【示例2.10】list.append 方法的应用。

代码如下:

```
# 在列表变量 stock_list 末尾添加元素 000007.SZ
stock_list.append('000007.SZ')
```

```
# 打印输出添加元素 000007.SZ 后的列表 stock_list
print(stock_list)
```

程序输出结果如下:

```
['600000.SH', '000001.SZ', '600188.SH', '000007.SZ', '000007.SZ']
```

(2) insert 方法

功能：将指定对象插入列表的指定位置。

语法：list.insert(index, item)。

参数：

- index：设置要插入元素的位置。
- item：设置要插入列表的元素。

【示例 2.11】list.insert 方法的应用。

代码如下：

```
# 在列表变量 stock_list 的第 2 个位置（列表的索引号也是从 0 开始的）插入元素 600188.SH
stock_list.insert(1, '600188.SH')
# 打印输出插入新元素后的列表 stock_list
print(stock_list)
```

程序输出结果如下:

```
['600000.SH', '600188.SH', '000001.SZ', '600188.SH']
```

(3) remove 方法

功能：删除列表中某个值的第一个匹配项。

语法：list.remove(item)。

参数：item 为要从列表中删除的元素。

【示例 2.12】list.remove 方法的应用。

代码如下：

```
# 从列表变量 stock_list 中删除元素 000007.SZ
stock_list.remove('000007.SZ')
# 打印输出删除元素 000007.SZ 后的列表 stock_list
print(stock_list)
```

程序输出结果如下:

```
['600000.SH', '600188.SH', '000001.SZ', '600188.SH']
```

(4) pop 方法

功能：删除列中的一个元素（默认为最后一个元素），并返回该元素的值。

语法：list.pop(index)。

参数：index 用于设置要删除的元素的索引位置。如果不传入任何参数，则默认删除列表的最后一个元素。

【示例 2.13】list.pop 方法的应用。

代码如下：

```
stock_list.pop(1)
# 从列表变量 stock_list 中删除第 2 个元素
```

程序输出结果如下：

```
'600188.SH'
```

（5）count 方法

功能：统计某个元素在列表中出现的次数。

语法：list.count(item)。

参数：item 用于设置需要统计出现次数的元素。

【示例 2.14】list.count 方法的应用。

代码如下：

```
# 统计列表变量 stock_list 中 600000.SH 出现的次数
times = stock_list.count('600000.SH')
# 打印输出列表 stock_list 中包含 600000.SH 的次数
print('600000.SH 在列表中出现的次数：', times)
```

程序输出结果如下：

```
1
```

（6）sort 方法

功能：对原列表进行排序，如果指定参数，则使用比较函数来指定要比较的函数。

语法：list.sort(key=None, reverse=False)。

参数：

- key：可选参数，用于指定排序时要使用的键（函数）。
- reverse：可选参数，用于指定排序顺序，如果为 True 则按照降序排列，否则按照升序排列。
- 如果不指定这两个参数，则按照默认顺序（即升序）排序。

【示例 2.15】按 stock_list 元素的数字部分升序排序。

代码如下：

```
# 定义函数
def get_stock_num(stock_code):
    # 返回从第 4 个字符开始到最后一个字符即股票代码
    return stock_code[3:]

# 列表对象按逆序，将 get_stock_num 函数返回值进行排序
stock_list.sort(key=get_stock_num, reverse=False)
# 打印排序后的列表变量
print(stock_list)
```

程序输出结果如下：

```
['000001.SZ', '600000.SH', '600188.SH']
```

2.2.6 元组类型变量

元组（tuple）与列表（list）的类型一样，可以存储包含多个元素的变量。与列表不同的是，元组一旦创建就不可以对内部元素进行追加和删除操作。

元组变量可以通过圆括号"( )"进行创建。为了区分元组的圆括号"( )"与运算符的圆括号"( )"，当元组内部只有一个元素时，需要在该元素后面加上一个逗号","。

【示例 2.16】元组变量赋值与内部元素读取。

代码如下：

```
# 定义并赋值元组类型的变量 stock_tuple_1 内部有多个元素
stock_tuple_1 = ('贵州茅台', '中国石化', '工商银行')
# 定义并赋值元组类型的变量 stock_tuple_2 内部只有一个元素
stock_tuple_2 = ('赢时胜',)
# 元组元素的读取
print('stock_tuple_1 第 3 个元素为：', stock_tuple_1[2])
# 两个元组变量的数学运算
stock_tuple_3 = stock_tuple_1 + stock_tuple_2
print('stock_tuple_1 + stock_tuple_2 生成的元组变量 stock_tuple_3 为：', stock_tuple_3)
```

程序输出结果如下：

```
stock_tuple_1 元组的第 3 个元素为： 工商银行
stock_tuple_1+stock_tuple_2 生成的元组变量 stock_tuple_3 为： ('贵州茅台', '中国石化', '工商银行', '赢时胜')
```

说明：
- 元组的相关函数与列表函数的使用方式基本一致。
- 两个元组可以相加，相加结果是两个元组元素合并在一起，如果元素相同，则相同元素会重复出现在新的元组内。
- 虽然两个元组可以相加，但是两个元组不可以进行相减运算。

2.2.7 集合类型变量

列表和元组内部元素按顺序存储，并且可以包含值相同的元素。集合类型变量（set）则与列表、元组不同，它是一种存放不重复元素的数据类型，并且集合中的元素都是无序的。

1. 集合变量

在 Python 中，集合类型变量既可以通过大括号{ }来创建，也可以通过 Python 内置函数 set 传入一个列表或元组进行创建（见示例 2.17）。

【示例 2.17】创建集合类型变量。

代码如下：

```
# 定义集合类型变量
stock_set1 = {'贵州茅台', '中国石化', '工商银行'}
# 打印集合类型变量 stock_set1
print(stock_set1)

# 定义集合类型变量
stock_set2 = set(stock_list)
# 打印集合类型变量 stock_set2
```

```
print(stock_set2)
```

程序输出结果如下:

```
{'工商银行', '中国石化', '贵州茅台'}
{'000001.SZ', '600188.SH', '600000.SH'}
```

说明:

- 由于集合内部元素是无重复、无顺序保存的,因此,集合内部元素无法通过索引或切片形式读取。判断元素与集合的关系只可以通过 in 关键词来判断。例如 set_1={1,2,3},1 in set_1 返回结果为 True,4 in set_1 则返回结果为 False。
- 有时,为了清除列表或元组内部重复的元素,可以将列表或元组强制转成集合类型,即要保证内部元素的唯一性。
- 集合的相关方法与列表方法的使用方式基本一致。

2. 集合变量的常用方法(函数)

Python 中的集合变量可以通过集合类成员方法(函数)完成多种操作,如添加元素、删除元素和插入元素等,具体方法(函数)包括以下几种。

- set.add(item):向集合中添加一个元素,如果元素已经存在,则不会进行任何操作。
- set.update(iterable):向集合中添加一个可迭代对象中的所有元素。
- set.remove(item):从集合中删除一个元素,如果元素不存在,则引发 KeyError 异常。
- set.discard(item):从集合中删除一个元素,如果元素不存在,则不会进行任何操作。
- set.pop:删除并返回集合中的任意一个元素,如果集合为空,则引发 KeyError 异常。
- set.clear:从集合中删除所有元素。
- set.copy:返回集合的一个副本。
- set.union(other_set):返回一个包含两个集合中所有元素的新集合。
- set.intersection(other_set):返回一个包含两个集合中共同元素的新集合。
- set.difference(other_set):返回一个包含所有存在于第一个集合但不存在于第二个集合中的元素的新集合。
- set.symmetric_difference(other_set):返回一个包含所有存在于两个集合中但不重复的元素的新集合。
- set.issubset(other_set):检查第一个集合是否为第二个集合的子集,返回布尔值。
- set.issuperset(other_set):检查第一个集合是否为第二个集合的超集,返回布尔值。

需要注意的是,集合是可变对象,上述方法都会修改原始集合,而不是返回新的集合。如果需要一个新的集合而不影响原始集合,则可以使用 set.copy 函数创建一个副本。

2.2.8 字典类型变量

字典类型(dict)变量也是金融量化分析中经常用到的一种 Python 数据类型。与列表、元组、集合类型数据不同，字典是通过键值对的形式存储数据。

1. 字典变量

在 Python 中，字典类型变量需要通过大括号{ }进行创建，字典内部每个元素以 key：value 的形式存放。例如，{'stock_code':'600000.SH'}表示字典中有一个键为 stock_code，对应的值为 600000.SH。

【示例 2.18】创建字典。

代码如下：

```
# 定义字典类型变量 stock_info_dict
stock_dict = {'stock_name':'贵州茅台', 'date':'2023-01-16', 'price':1912.90}
# 打印字典类型变量 stock_info_dict
print(stock_dict)
```

程序输出结果如下：

```
{'stock_name': '贵州茅台','date': '2023-01-16', 'price': 1912.9 }
```

2. 字典变量的常用函数

- dict.keys：返回一个包含字典所有键的列表。
- dict.values：返回一个包含字典所有值的列表。
- dict.items：返回一个包含字典所有键值对的列表，每个键值对表示一个元组。
- dict.get(key, default=None)：返回给定键的值，如果键不存在，则返回默认值。
- dict.pop(key, default=None)：删除并返回给定键的值，如果键不存在，则返回默认值。
- dict.popitem：删除并返回字典中的任意一个键值对。
- dict.clear：删除字典中的所有键值对。
- dict.update(other_dict)：将另一个字典中的键值对添加到当前字典中。
- dict.fromkeys(iterable, value=None)：返回一个新字典，其键为可迭代对象中的元素，值为指定的值。
- dict.setdefault(key, default=None)：返回给定键的值，如果键不存在，则将给定键和默认值插入字典。

需要注意的是，字典是可变对象，上述函数都会修改原始字典，而不是返回新的字典。如果需要一个新的字典而不影响原始字典，则可以使用 copy 函数创建一个副本。

2.3 流程控制

Python 的流程控制包括条件语句和循环语句，其中，条件语句包括 if 语句、if…else 等语句，循环语句包括 for 语句与 while 语句。逻辑判断在流程控制中发挥基础作用。

2.3.1 逻辑判断

在 Python 中，逻辑判断涉及布尔类型变量与逻辑运算符两个要素。其中，逻辑运算符包括 and（与）、or（或）和 not（非），这 3 种逻辑运算符使用的函数如下：

- and：条件 1 and 条件 2，表示如果条件 1 和条件 2 都是 True 则返回 True，否则返回 False。
- or：条件 1 or 条件 2，表示如果条件 1 和条件 2 都是 False 则返回 False，否则返回 True。
- not：not 条件 1，表示如果条件 1 是 True 则返回 True，否则返回 False。

and（与）、or（或）和 not（非）这 3 种逻辑运算符可以一起使用，一般使用括号来标记运算优先级。

【示例 2.19】逻辑运算符的应用。

代码如下：

```
# 设置两个条件，分别为 con1 与 con2
# 条件 con1 表示字典 stock_dict 的键 name 对应的值为"贵州茅台"
con1 = stock_dict['stock_name'] == '贵州茅台'
# 条件 con2 表示字典 stock_dict 的键 trade_date 对应的值为"20230120"
con2 = stock_dict['date']=='20230116'
# 打印结果：con1 与 con2 同时为真
print(con1 and con2 )
# 打印结果：stock_dict['trade_date']=='20230121'为假
print(stock_dict['stock_name']=='贵州茅台' and stock_dict['date']==
'2023-01-16')
```

程序输出结果如下：

```
False
True
```

2.3.2 if 判断

if 语句既可以进行单一条件判断，又可以进行多条件判断。单一条件判断通过 if…else 语句实现，多条件判断可通过 if…elif…else 语句实现。

1．if…else 单一条件判断

if…else 语句是 Python 编程中最常用的判断语法结构。通过 if…else 条件判断可以设置触发条件，并执行对应条件的代码与功能。例如，金融量化策略在判断是否满足入场交易条件时，可以通过 if…else 语句进行判断。if…else 条件判断语句的语法如下：

```
if 条件判断:
    执行语句 1
else:
    执行语句 2
```

【示例 2.20】单一条件判断流程的应用。

代码如下:

```python
# 买入价为10元
buy = 10
# 收盘价为9元
close = 9
# 如果收盘价大于买入价的1.1倍
if close > buy * (1+0.1):
    print('卖出')
# 否则
else:
    print('继续持有')
```

程序输出结果如下:

```
继续持有
```

2. if…elif…else多条件判断

if…elif…else 可以完成判断条件多于两个的判断任务,使用语法如下:

```
if 条件判断 1:
    执行语句 1
elif 条件判断 2:
    执行语句 2
else:
    执行语句 3
```

【示例 2.21】多条件判断流程的应用。

说明:如果收盘价大于买入价的 20%,则打印"上涨超过 20%";如果收盘价介于买入价的 1~1.2 倍之间,则打印"上涨幅度小于 20%";否则打印"无上涨"。

代码如下:

```python
# 条件1:如果收盘价大于买入价的1.2倍
if buy * (1+0.2) < close:
    print("太棒了!!上涨幅度超过20%!")
# 条件2:如果收盘价大于买入价但小于买入价的1.2倍
elif buy * (1+0.2) >= close>buy:
    print("还可以!!上涨幅度小于20%!")
# 条件3:其余情形(否则)
else:
    print("没有上涨!")
```

程序输出结果如下:

```
没有上涨!
```

2.3.3 循环语句

Python 中的循环语句包括 for 循环和 while 循环。for 循环与 while 循环都可以执行循环操作,二者的主要区别在于:for 循环先循环,后判断是否符合继续循环的条件;而 while 循环是先判断是否执行循环的条件,当满足循环的条件时再执行循环体操作。

1. for循环

金融量化分析常常需要多次执行相同的操作,例如,需要针对多个数据文件进行相同的读取和分析操作等。for 循环作用于一个可迭代对象,可迭代对象包括列表、元组、集合、字典和字符串等。for 循环可以实现遍历可迭代对象内部的全部元素并重复执行特定的操作,直至可迭代对象内部的元素全部遍历结束。语法如下:

```
for 变量 in 可迭代变量:
    执行语句(重复执行部分)
```

【示例2.22】利用 for 循环将列表内的股票名称全部打印出来。

代码如下:

```
# 创建列表变量"stock_buy_list",用于存储需要买入的股票名称
stock_buy_list = ['贵州茅台', '工商银行', '老白干', '复星医药']
# 使用 for 循环遍历列表变量"stock_buy_list"内部的每个元素
for stock_name in stock_buy_list:
    # 打印列表变量"stock_buy_list"内部的每个元素
    print(stock_name)
```

程序输出结果如下:

```
贵州茅台
工商银行
老白干
复星医药
```

2. while循环

与 for 循环相似,while 循环也可以根据设置的条件执行重复的操作,语法格式如下:

```
while 条件判断:
    执行语句(重复执行部分)
```

while 循环需要事先指定一个循环结束的条件,每循环一次,在开始之前都需要进行一次条件判断,如果满足这个 while 条件就可以继续进行循环,否则就终止循环,跳转至 while 循环之外的代码语句。如果 while 未设置终止循环条件,则需要在 while 循环内部的执行语句中设置循环终止条件;否则,该 while 循环将一直重复运行循环内部的代码,从而造成无限循环或死循环的情形。

【示例2.23】利用 while 循环将列表内的股票名称逐个打印出来。

代码如下:

```
# 设置计数器,初始值为 0
i = 0
# 当计数器小于"stock _ buy _ list"列表长度时,则执行while循环内部语句
while i < len(stock_buy_list):
    # 打印 stock_name
    print(stock_buy_list[i])
    # 计算器加1
    i += 1
```

程序输出结果如下:

```
贵州茅台
工商银行
老白干
复星医药
```

3．break关键字

在 for 与 while 循环结构中，如果需要在循环体内部中断循环，则可以通过 break 关键字来实现。在利用 break 终止循环结构继续运行之前，一般需要进行逻辑判断是否执行 break 语句。

4．continue关键字

continue 关键字的作用是在 for 循环体内结束本次循环，继续执行下一次循环。与 break 关键字一样，使用 continue 关键字时也需要与逻辑判断语句相结合。

【示例 2.24】打印列表内的股票名称，"工商银行"除外。

代码如下：

```
# 使用for循环遍历列表变量"stock_buy_list"内部的每个元素
for stock_name in stock_buy_list:
    # 设置执行"continue"语句的逻辑判断条件
    # 当遇到循环至"工商银行"时，则跳出本次循序，执行下一次循环
    if stock_name == '工商银行':
        continue
    print(stock_name)
```

程序输出结果如下：

```
贵州茅台
老白干
复星医药
```

2.4 函　　数

在 Python 中，函数是一段可重用的代码块，可用于完成特定的功能。Python 函数既可以接受参数，也可以产生返回值。Python 提供了一些内置函数，如 print 和 len 函数等，同时其也支持用户自定义函数。

2.4.1 函数的定义与调用

在调用函数之前，必须事先对函数进行定义。由于每个函数会执行特定的功能，所以在定义函数之前需要确定函数的功能，以便进行代码封装。如果函数内部计算需要从函数外部调取数据，则需要为函数设置形式参数。

在函数体内部完成计算后，如果需要返回计算结果，则可以通过 return 语句返回函数计算结果。如果无须返回计算结果，则可以省略 return 语句或 return None（返回空值）。定

义函数的语法如下:

```
def 函数名称（形式参数列表）:
    函数体代码
    return 函数结果
```

说明:
- 创建与定义函数必须通过 def 关键字来声明,函数名称通常与函数功能相关,以提高函数的可读性。def 关键字与函数名称之间用一个空格分隔。
- 函数的形式参数列表为可选项,可以根据函数功能的实际需要确定是否需要设置形式参数。形式参数可以直接设置默认值,如果函数调用时不传递实际参数,则按默认值执行函数。
- 可以通过"函数名称（参数列表）"方式调用函数。

【示例 2.25】定义计算股票的收益率函数。

代码如下:

```
# 定义函数 calculate_return_ratio
# 参数：buy_price 与 sell_price
def calculate_return_ratio(buy_price, sell_price):
    return_ratio = sell_price / buy_price - 1
    return return_ratio

# 定义 buyprice 变量,用于存储买入价格
buyprice = 10
# 定义 sellprice 变量,用于存储卖出价格
sellprice = 11
# 设置变量 investratio,用于保存 caculate_return_ratio 函数返回值
investratio = calculate_return_ratio(buyprice, sellprice)
# 打印函数返回值
print(investratio)
```

程序输出结果如下:

```
0.100000
```

说明:
- 函数名称为 calculate_return_ratio。
- 函数的形式参数有两个,即 buy_price 与 sell_price。
- 函数功能为计算参数 sell_price 与参数 buy_price 之间的收益率。
- 函数返回值为 return_ratio。
- investratio = calculate_return_ratio(buyprice, sellprice)中的 buyprice 与 sellprice 是实际参数,分别代表 10 与 11。

2.4.2　函数的参数

Python 函数在定义时需要设置形式参数。形式参数的数目可以是 0 个,也可以是多个,甚至是不确定数量。在定义函数的过程中,必须注意形式参数的不同设置方法,防止发生各类报错的情形。

1．形式参数的顺序

当形式参数为多个时，调用函数所传递的实际参数顺序应该与形式参数的顺序保持一致。但是，如果直接将实际参数赋值给形式参数关键字，则形式参数的顺序可以与函数调用时的实际参数的顺序不一致。例如，calculate_return_ratio(buy_price, sell_price)函数包括两个形式参数，第一个形式参数为 buy_price，第二个形式参数为 sell_price。

- 如果以 calculate_return_ratio(10, 20)调用该函数，则 10 代表第一个形式参数 buy_price，20 代表第二个形式参数 sell_price。
- 如果以 calculate_return_ratio(sell_price=20, buy_price=10)调用该函数，10 仍然代表第一个形式参数 buy_price，20 仍然代表第二个形式参数 sell_price。

2．形式参数默认值的设置

形式参数既可以全部设置为默认值，也可以部分设置为默认值。但是，如果只为部分形式参数设置了默认值，则设置了默认值的形式参数应该集中放置在形式参数末尾，即在没有设置默认值的形式参数前，不允许出现设置默认值的形式参数，否则会报错 SyntaxError: non-default argument follows default argument。例如：

- def calculate_return_ratio(buy_price=10, sell_price)就会报错。
- def calculate_return_ratio(buy_price, sell_price=20) 则是正确写法，此时以 calculate_return_ratio(10)调用函数 calculate_return 会返回 1.0 的正确结果，即 calculate_return_ratio 的实际参数 10 代表形式参数 buy_price，而 sell_price 以默认值参与函数体内的计算。

3．可变形式参数

形式参数的长度可以是事先不确定的，即函数可以接受不确定数量的实际参数。在 Python 中，可变参数有两种表示方式，一种是基于元组的可变参数，通常以*args 表示；另一种是基于字典的可变参数，通常以**kwargs 表示。

【示例 2.26】元组类型可变参数的应用。

代码如下：

```
# 函数 my_function 的形式参数为元组类型的可变参数
def my_function(*args):
    print(*args)

# 调用函数 my_function，直接传入元组类型的实际参数
my_function(1, 2)
```

程序输出结果如下：

```
1 2
```

说明：

- 自定义函数 my_function 的可变参数*args，其中 args 表示元组类型变量，在调用 my_function 函数时传入的 1 和 2 即为元组 args 的值。

- *表示打开元组变量 args。在本例中，print(*args)为打印元组变量 args 内部的元素，即输出结果为 1 2。如果改为 print(args)则为打印元组变量 args，输出结果为(1,2)。

【示例 2.27】字典类型可变参数的应用。

代码如下：

```
# 函数my_function 的形式参数为字典类型的可变参数
def my_function(**kwargs):
    print(kwargs)

# 调用函数my_function，传入字典类型的实际参数
my_function(price=10, volume=300)
```

程序输出结果如下：

```
{'price': 10, 'volume': 300}
```

说明：

- 定义 my_function 时可变参数为**kwargs，即说明在该函数调用时应该以字典形式传递实际参数。
- 在本例中，当调用 my_function 函数时，实际参数为 price=10, volume=300。如果直接以数值 10 与 300 作为实际参数调用该函数，即 my_function(10, 300)，则会报错 TypeError: my_kwargs_function() takes 0 positional arguments but 2 were given。

2.4.3 lambda 匿名函数

lambda 匿名函数是一种可以在代码中临时定义并调用的小型函数。lambda 匿名函数通常是一行代码，并且只被使用一次。

语法：lambda 参数列表: 函数体。

说明：

- lambda 匿名函数的参数列表可以包含 0 个或多个参数。如果是多个参数，则可以用逗号分隔。
- lambda 匿名函数体通常是一个表达式，用于计算并返回的函数结果。

【示例 2.28】lambda 匿名函数的应用。

代码如下：

```
# 创建匿名函数，并将返回值赋给add 变量
add = lambda x, y: x + y

# 调用lambda 匿名函数，并传入实际参数3、5给匿名函数中的x 与y 形式参数
result = add(3, 5)
print(result)
```

程序输出结果如下：

```
8
```

说明：

- 本例使用 lambda 关键字定义了一个匿名函数并赋值给变量 add，lambda 匿名函数

需要接受两个参数,即 x 和 y,lambda 匿名函数的功能是计算 x+y 的值,并将计算结果返回。
- 由于 lambda 匿名函数通常只被使用一次,因此它的主要优势在于简洁性和可读性。如果需要定义一个功能复杂的函数,通常应该使用常规函数定义,使其代码更易于理解和维护。

2.4.4 Python 高阶函数

高阶函数是指可以接受函数作为参数或者以返回函数作为结果的函数。Python 中的许多内置函数都是高阶函数,如 map、filter 和 reduce 等。

1. map 函数

功能:将一个可迭代对象中的元素作为参数传递给某个函数,该函数将返回一个新的可迭代对象,返回的可迭代对象包含函数的全部返回值。

语法:map(function, iterable)。

参数:
- function:需要多次执行的函数。
- iterable:可迭代对象。

【示例 2.29】map 函数的应用:根据 price 列表元素计算收益率。

代码如下:

```
# 创建浮点类型数据的列表 price
prices = [100.0, 105.5, 110.2, 108.0, 112.3, 115.5]
# 计算 price 列表内部元素之间的涨跌幅
returns = map(lambda p:round((p-prices[0])/prices[0], 2), prices)
print(list(returns))
```

程序输出结果如下:

```
[0.0, 0.055, 0.10, 0.08, 0.12, 0.15]
```

说明:
- 在本例中,map 函数中的 function 是一个 lambda 匿名函数,该 lambda 匿名函数的功能是计算收益率。
- 高阶函数 map 将 lambda 匿名函数应用于列表 price 的每个元素中,即计算列表 price 中的每个元素与第 1 个元素的涨幅作为返回值并逐个保存在 returns 变量中。
- 在本例中,map 函数的返回值 returns 是 map 类型数据,map 类型数据的内容不能直接打印出来,可以将该变量强制转换为列表类型,即进行 list(returns) 操作后方可打印。

2. filter 函数

功能:filter 函数用于过滤一个可迭代对象中的元素,并返回一个新的可迭代对象,其中只包含满足指定条件的元素。在金融领域内,filter 函数常被用于条件筛选,如筛选出符合要求的股票代码、剔除数据序列中的空值与异常值等。

语法：filter(function, iterable)。

参数：

- function：需要执行的函数，该函数用于指定具体的过滤条件。
- iterable：可迭代对象，用于指定需要进行过滤的元素集。

【示例 2.30】filter 函数的应用：从股票列表中筛选出深市股票代码。

代码如下：

```
# 创建股票代码列表 stocks_list
stocks_list= ['60000.SS','000001.SZ','600004.SS','600519.ss', '000032.sz']
# 在股票代码列表 stocks_list 中筛选出结尾是 "SS" 的股票代码，并保存至 stocks_SS 列表
stocks_SS = filter(lambda x: x[-2:].upper() == 'SS', stocks_list)
print(list(stocks_SS))
```

程序输出结果如下：

```
['60000.SS', '600004.SS', '600519.ss']
```

说明：

- 本例中的筛选函数 function 为 lambda 匿名函数，该 lambda 匿名函数将参数最后两位转换为大写格式与 "SS" 进行比较。
- filter 函数以 lambda 匿名函数比较结果来确定留下的元素，如果 lambda 匿名函数比较结果为 True，则该元素被保留在 filter 函数的返回结果内；如果比较结果为 False，则该元素不被保留在 filter 函数的返回结果内。
- filter 函数的返回值内容不能直接被打印出来，可以将其转换成为列表类型数据后方可被打印。

【示例 2.31】filter 函数的应用：筛选符合条件的股票。

代码如下：

```
# 定义 stock 变量，即元素为字典的列表类型数据
stocks = [
    {'symbol': 'AAPL', 'pe_ratio': 31.24, 'dividend_yield': 1.24},
    {'symbol': 'GOOG', 'pe_ratio': 27.35, 'dividend_yield': 0.78},
    {'symbol': 'MSFT', 'pe_ratio': 35.12, 'dividend_yield': 0.87},
    {'symbol': 'AMZN', 'pe_ratio': 76.43, 'dividend_yield': 0},
]

# 筛选出市盈率低于 35 的股票
low_pe_stocks = filter(lambda stock: stock['pe_ratio'] > 35, stocks)
print(r'市盈率低于 30 的股票：{}'.format(list(low_pe_stocks)))

# 筛选出股息率高于 1%的股票
high_dividend_stocks = filter(lambda stock: stock['dividend_yield'] > 1, stocks)
print(r'股息率高于 1%的股票：{}'.format(list(high_dividend_stocks)))
```

程序输出结果如下：

```
市盈率低于 30 的股票：[{'symbol': 'MSFT', 'pe_ratio': 35.12, 'dividend_yield': 0.87}, {'symbol': 'AMZN', 'pe_ratio': 76.43, 'dividend_yield': 0}]
股息率高于 1%的股票：[{'symbol': 'AAPL', 'pe_ratio': 31.24, 'dividend_yield':
```

1.24}]

【示例 2.32】 filter 函数的应用：数据清洗之剔除空值与异常值。

代码如下：

```
# 创建含有空值 None 的列表 data
data = [0.5, 0.3, None, 0.7, 0.2, 21.2, 0.6, None, 0.9, 1.0]
# 剔除 data 列表中的空值
clean_data = list(filter(lambda x: x is not None, data))
print(r'去除空值 None 之后的序列：{}'.format(clean_data))

# 剔除异常值（偏离均值超过 2 倍标准差的值）
# 计算均值
mean = sum(clean_data) / len(clean_data)
# 计算标准差
std_dev = (sum((x - mean) ** 2 for x in clean_data) / len(clean_data)) ** 0.5

# 剔除偏离均值超过 2 倍标准差的值
filtered_data = filter(lambda x: abs(x - mean) <= 2 * std_dev, clean_data)
print(r'去除异常值后的序列：{}'.format(list(filtered_data)))
```

程序输出结果如下：

```
去除空值 None 之后的序列：[0.5, 0.3, 0.7, 0.2, 21.2, 0.6, 0.9, 1.0]
去除异常值后的序列：[0.5, 0.3, 0.7, 0.2, 0.6, 0.9, 1.0]
```

说明：

- lambda x: x is not None 返回布尔类型数据，判断 x 不是空值。如果 x 是空值 None，则返回 False；如果 x 不是空值 None，则返回 True。
- 在本例中，异常值的标准定义为偏离均值附近 2 倍标准差，其中，21.2 属于异常值，因此被剔除。

3. reduce 函数

功能：用于对一个可迭代对象中的元素逐个应用一个函数，从而将所有元素缩减为单个值。在金融领域计算中，reduce 函数可以用于累计收益率计算、资产组合收益率计算等场景。

语法：

```
from functools import reduce
reduce(function, iterable[, initializer])
```

参数：

- function：用于指定要应用的函数。
- iterable：可迭代对象，用于指定需要逐一处理的元素集。
- initializer：可选的初始值，用于在可迭代对象为空时作为结果返回。

【示例 2.33】 reduce 函数的应用：计算列表元素加总求和。

代码如下：

```
# 导入 functools 模块中的 reduce 函数
from functools import reduce
```

```
# 创建整数型列表 numbers
numbers = [1, 2, 3, 4, 5]
# 计算列表 numbers 内部元素的总行
product = reduce(lambda x, y: x + y, numbers, 20)
print(product)
```

程序输出结果如下：

```
15
```

在金融领域中，reduce 函数可以用于计算累计收益率和加权平均收益率等。

【示例 2.34】 reduce 函数的应用：基于每日收益率计算累计收益率。

代码如下：

```
from functools import reduce

# 创建收益率列表 returns
returns = [0.1, 0.2, 0.3]
# 以 returns 列表内部元素为每期收益率，计算 returns 列表的累计收益率
cumulative_return = reduce(lambda x, y: x * (1 + y), returns, 1) - 1
print(cumulative_return)
```

程序输出结果如下：

```
0.716
```

说明：

- reduce 函数的 function 参数为一个 lambda 匿名函数，可迭代对象 iterable 为列表 returns，初始值 initializer 参数为 1，表明当不满足匿名函数计算要求时，reduce 函数返回结果为 1。
- 当 reduce 函数第 1 次调用这个 lambda 函数时，x 的初始值为 1，y 的值为 0.1，即将 returns 列表的第 1 个元素 0.1 作为 y 的初始值。因此，第 1 次调用时，x 的值为 1，y 的值为 0.1。
- 以后每次调用 lambda 函数时，x 的值都是上一次调用的结果，而 y 的值则是 returns 列表中的下一个元素。因此，当第 2 次调用时，x 的值为 1.1，y 的值为 0.2；当第 3 次调用时，x 的值为 1.32，y 的值为 0.3。
- reduce 函数返回的值为 $(1.32 \times (1 + 0.3)) - 1$，即累计收益率减去初始值 1，结果为 0.716。

【示例 2.35】 reduce 函数的应用：计算投资组合加权平均收益率。

代码如下：

```
"""
这是一个使用 reduce 函数计算投资组合加权平均收益率的示例：
假设持有三个资产 A、B、C：
收益率：10%、20%、30%；
权 重：0.3、0.4、0.3。
现计算这个投资组合的加权平均收益率：
"""
from functools import reduce

# 三个资产 A、B、C 的收益率存放于 returns 列表
returns = [0.1, 0.2, 0.3]
```

```
# 三个资产 A、B、C 的权重存放于 weights
weights = [0.3, 0.4, 0.3]
# 计算三个资产 A、B、C 的实际收益率,存放于 weighted_returns 列表
weighted_returns = [r * w for r, w in zip(returns, weights)]
# 通过 reduce 函数计算三个资产 A、B、C 组合的实际收益率
weighted_average_return = reduce(lambda x, y: x + y, weighted_returns) / sum(weights)
print(weighted_average_return)
```

程序输出结果如下:

```
0.2
```

说明:
- 收益率和权重分别存储在列表 returns 和 weights 中。
- 使用 zip 函数将这两个列表打包成一个元组列表,将每个元组中的收益率和权重相乘得到加权收益率列表 weighted_returns,即[0.03, 0.08, 0.09]。
- reduce 函数应用于 weighted_returns 列表,计算出加权平均收益率。当第 1 次调用 lambda 匿名函数时,x 的初始值为 weighted_returns 列表的第 1 个元素,即 0.03,y 的值为 weighted_returns 列表的第 2 个元素,即 0.08。因此,当第 1 次调用时,x 的值为 0.03,y 的值为 0.08。此后每次调用这个 lambda 匿名函数时,x 的值都是上一次调用的结果,而 y 的值则是 weighted_returns 列表中的下一个元素。因此,当第 2 次调用时,x 的值为 0.11,y 的值为 0.09,返回结果为 0.2。

2.5 类 与 对 象

作为面向对象的程序语言,类 class 与对象 object(或 instance)是 Python 的两个重要概念。其中:类是一种定义对象类型的结构,用于封装数据和函数;对象则是类的实例,可以访问类中定义的属性和方法。

2.5.1 创建类与实例对象

在创建类时,需要完成对类内部成员的定义。类内部成员主要包括类变量、初始化构造函数、类成员函数及 property 属性等,具体内容如下。

1. 类变量

- 类变量又称为类属性,是指定义在类中而不是在类函数中的变量。它是所有实例共享的变量,可以被类的所有实例对象、类内部的所有函数访问和修改。
- 类变量无论在类内部访问还是在类外部访问,其访问的方式均为"类名称.类变量"。类变量可以看作类的全局变量,它在整个类的生命周期中都是存在的。
- 类变量通常用于存储与类有关的数据,如类的成员数量和类的名称等。类变量还可以用于在类的所有实例之间共享数据,如记录所有实例对象的计数器等。

2. 初始化构造函数 __init__

- 构造函数的名称是 __init__()，它是用于初始化类的实例对象的特殊函数，构造函数在创建类的实例对象时自动调用，用于设置实例对象的初始状态。
- 构造函数通常用于初始化实例变量，即定义在实例对象中的变量。实例变量是每个实例对象独有的，它们在实例对象创建时被分配，并在整个实例对象的生命周期中存在。
- 构造函数是可选的。如果没有定义构造函数，Python 会使用默认的构造函数来创建实例对象。默认的构造函数不会做任何事情，只会创建一个空的实例对象。如果需要在创建实例对象时执行一些初始化操作，例如设置实例变量的初始值，则需要定义一个构造函数。

3. 类成员函数

- 类成员函数是定义在类中的函数，它通常用于实现类的功能，如计算和操作数据等。
- 类成员函数必须包含一个名为 self 的参数，该参数用于表示调用该函数的实例对象。在调用类成员函数时，Python 会自动将实例对象作为第 1 个参数传递给该函数。因此，在定义类成员函数时，必须将 self 参数作为第 1 个参数。
- 类成员函数可以访问并修改类的属性、类构造函数中初始化的变量及实例对象变量。类成员函数也可以用于修改实例对象的状态，如设置实例变量的值、添加和删除实例变量等操作。
- 类成员函数被类实例对象进行调用的格式为"类实例对象.类成员函数"。

【示例 2.36】创建类与实例对象。

代码如下：

```
"""
这是一个定义类变量、类构造函数的示例:
"""
class StockClass:
    # 定义类变量 count，用于统计类调用次数
    count = 0

# 定义类构造函数 __init__，利用类创建对象时需要传递参数 code
    def __init__(self, code):
        # 将外部传递的参数 name 存储于类函数内部变量
        self.code = code
        # 调用类变量 count，并修改类变量 count 的值
        StockClass.count += 1  # 计数器加 1
        print('类 StockClase 构造函数 __init__ 被调用。')

# 定义记录函数 log
    def log(self):
        print(r'类内部调用类变量：本次实例类变量值为{}，本次实例对象参数为{}。'
.format(StockClass.count, self.code))
```

```
a = StockClass("600000.SS")
a.log()
print(r'类外部调用类变量：第 1 次调用类变量 StockClass.count 值为{}'
.format(StockClass.count))
b = StockClass("600519.SS")
b.log()
print(r'类外部调用类变量：第 2 次调用类变量 StockClass.count 值为{}'
.format(StockClass.count))
```

程序输出结果如下：

```
类 StockClase 构造函数__init__被调用。
类内部调用类变量：本次实例类变量值为 1，本次实例对象参数为 600000.SS。
类外部调用类变量：第 1 次调用类变量 StockClass.count 值为 1
类 StockClase 构造函数__init__被调用。
类内部调用类变量：本次实例类变量值为 2，本次实例对象参数为 600519.SS。
类外部调用类变量：第 2 次调用类变量 StockClass.count 值为 2
```

说明：

- 本例中设置了自定义类 StockClass 没有继承父类。
- 类 StockClass 设置了成员变量 count，用于计数类 StockClass 被实例化的次数。无论在类 StockClass 内部，还是在类 StockClass 外部，调用类成员变量 count 的函数均为 StockClass.count。
- 类 StockClass 设置了构造函数__init__，参数为 2 个，即 self 和 code。self 为类 StockClass 实例对象本身，code 为类 StockClass 实例化时必须传入的外部参数变量。构造函数__init__内部通过 self.code=code 将类实例参数传入类内部，以便类实例函数调用。
- 类 StockClass 内部定义了 log 函数，该类的成员函数仅有一个参数 self。
- 类 StockClass 在创建实例对象 a 时，传入了类__init__函数需要的初始化参数 code。
- 类 StockClass 的实例 a 与实例 b 可以执行内部函数 log，即 a.log 和 b.log 函数。

4. property属性

- property 是一种特殊的装饰器，它可以将类的函数转换为属性，从而使得这个属性看起来像一个普通的数据属性，但实际上它是通过方法函数计算得到的。例如，在定义类成员函数前一行加上"@property"，则该类成员函数即被转换为属性。
- 通过添加@property 修饰转换的属性是只读的，不能直接修改。如果需要修改该属性，则可以使用@property 的 setter 函数来实现（具体实现方法见下方代码）。
- 如果需要删除 property 属性，则可以使用@property 的 deleter 函数来实现。删除了该属性后，如果再通过实例对象调用 property 属性则会报错（具体实现方法见下方代码）。

【示例 2.37】设置 property 属性。

代码如下：

```
"""
这是一个@property 属性定义、修改、删除的示例：
"""
```

```python
class StockClass:
    # 定义类构造函数__init__
    def __init__(self, price, volume):
        self._price = price
        self._volume = volume

    # 设置property属性cost_value，记录总金额
    @property
    def cost_value(self):
        return self._price*self._volume

    # 设置property属性cost_value为可修改状态
    @cost_value.setter
    def cost_value(self,price_volume):
        self._price,self._volume = price_volume

    # 设置propety属性cost_value为可删除状态
    @cost_value.deleter
    def cost_value(self):
        # 删除内部变量
        del self._price
        del self._volume

a = StockClass(10,200)
# 打印输出实例对象a的property属性cost_value
print(r'实例对象a.cost_value属性为：{}'.format(a.cost_value))
# 修改实例对象a的property属性cost_value
a.cost_value = (20,200)
# 打印输出修改后实例对象a的property属性cost_value
print(r'实例对象a.cost_value属性修改后为：{}'.format(a.cost_value))
# 删除实例对象a的cost_value属性
del a.cost_value
print(a.cost_value)
```

程序输出结果如下：

实例对象a.cost_value属性为：2000
实例对象a.cost_value属性修改后为：4000
报错信息AttributeError: 'StockClass' object has no attribute '_price'

说明：

❏ 类StockClass内部通过@property定义了属性cost_value，即在def cost_value(self)前一行添加"@property"。此时，类属性cost_value仅能被读出，不能进行修改。

❏ 为了实现修改类属性cost_value，首先需要重新定义cost_value函数的内容，再在重新定义的 cost_value 函数前一行添加"@cost_value.setter"。此时，类属性cost_value 不仅可以被读出，而且可以被修改。注意，在 setter 函数的cost_value(self,price_volume)参数中，price_volume 是包括两个数值的元组，分别用于传递给cost_value函数内部的self._price和self._volume。

❏ a.cost_value = (20,200)实现重新设置a.cost_value的属性，此时的a.cost_value值为4000。

❏ 为了实现删除类属性cost_value，首先需要重新定义cost_value函数的内容，再在

重新定义的 cost_value 函数前一行添加"@cost_value.deleter"。此时，类属性 cost_value 不仅可以被读出、修改，而且可以被删除。本例通过 del a.cost_value 删除 a 的 cost_value 属性后，无法再通过 a.cost_value 调用此属性。

2.5.2 面向对象的封装

封装是指将类内部使用的变量设置为私有变量，防止外部进行修改。当外部调用类实例所包含的函数时，不能修改类内部的私有变量及私有函数。

1. 私有变量

在 Python 中定义类时，可以通过在变量名前添加两个下画线即"__"（注意中间没有空格）将变量定义为私有变量。私有变量只能在类的内部访问，外部无法直接访问，这样可以确保变量不会被意外修改或访问。

- 如果一定要直接访问类中的私有变量，则可以通过"_类名__变量名"的形式来访问类内部的私有变量。但并不推荐这种做法，因为私有变量被设计为仅在类的内部使用，直接访问可能会导致代码不稳定和不可维护。
- 私有变量也可以通过@property 属性进行修改。

【示例 2.38】读取私有变量的方式。

代码如下：

```
"""
这是一个类私有变量读取的示例:
"""
class StockClass:
    # 类构造方法内有私有变量__price
    def __init__(self, price):
        self.__price = price

    # 通过类普通成员函数读取私有变量__price
    def get_price(self):
        return self.__price

    # 通过property属性获取私有变量__price
    @property
    def price(self):
        return self.__price

    # 通过属性setter函数修改私有变量__price
    @price.setter
    def price(self, price):
        self.__price = price

a = StockClass(10)
print(r'调用内部函数读取私有变量__price为：{}'.format(a.get_price()))
print(r'直接读取私有变量__price为：{}'.format(a._StockClass__price))
# 设置property属性price，实现修改类私有变量__price
a.price = 20
```

```
print(r'修改后的私有变量__price为: {}'.format(a.get_price()))
```

程序输出结果如下:

```
调用内部函数读取私有变量__price为: 10
直接读取私有变量__price为: 10
修改后的私有变量__price为: 20
```

说明:
- 本例中设置了私有变量__price,通过类内部成员函数 get_price 可以调取私有变量__price 的值。
- a._StockClass__price 直接读取实例 a 中的私有变量__price 的值。
- a.price=20 直接修改了 property 属性,同步修改私有变量__price 的值。

2. 私有函数

在 Python 类中,可以通过在函数名前添加两个下画线__将函数定义为私有函数。
- 私有函数只能在类的内部访问,外部无法直接访问,这样可以确保方法不会被意外调用。
- 如果一定要直接访问类中的私有函数,则可以通过"_类名__私有函数"的形式来访问类内部的私有函数。但并不推荐这种做法,因为私有函数被设计为仅在类的内部使用,直接访问可能会导致代码不稳定和不可维护。

【示例 2.39】定义类私有函数。

代码如下:

```
class MyClass:
    def __init__(self):
        pass

    def get_private_method(self):
        # 调用类的私有函数
        self.__private_method()

    def __private_method(self):
        print("现在执行私有函数.")

# 实例化
my_object = MyClass()
print('调用实例的 get_private_method 函数:')
my_object.get_private_method()
print('----------------------------------')

print('实例直接调用类私有函数:')
my_object._MyClass__private_method()
```

程序输出结果如下:

```
调用实例的 get_private_method 函数:
现在执行私有函数.
----------------------------------
实例直接调用类私有函数:
现在执行私有函数.
```

2.5.3 面向对象的继承

在面向对象编程中，继承是一个重要的概念，它允许一个类（称为子类或派生类）继承另一个类（称为父类或基类）的属性和函数。

- 在 Python 中，继承是通过在子类定义时指定父类作为其基类来实现的。
- 子类可以使用父类的属性和函数，也可以重写父类的函数，但是子类的实例不能修改父类的属性和函数。在 Python 中，一个类可以同时继承多个类，这被称为多重继承。
- 子类可以通过调用 super 函数来调用父类的函数，这样可以避免在代码中出现硬编码的父类名称。
- 在继承中，如果子类和父类都定义了同名的属性或函数，则子类的属性或函数会覆盖父类的属性或函数。

【示例 2.40】子类继承父类。

代码如下：

```python
"""
这是一个子类继承父类的示例：
"""
# 定义类 Stock
class Stock:
    # 构造函数，传入 code 参数
    def __init__(self, code):
        self.code = code

    def get_code(self):
        print(r"执行父类 get_code 函数，股票代码为：{}".format(self.code))

# 定义类 MyStock，继承父类 Stock
class MyStock(Stock):
    # 构造函数，传入 code、name 参数
    def __init__(self, code, name):
        # 调用 super 函数，引入父类构造函数
        super().__init__(code)
        self.name = name

    def get_code(self):
        super().get_code()
        print("执行子类 get_code 函数，股票代码为：{}，股票名称为：{}"
.format(self.code,self.name))

stock = MyStock("600000.SS", "浦发银行")
stock.get_code()
```

程序输出结果如下：

```
执行父类 get_code 函数，股票代码为：600000.SS
执行子类 get_code 函数，股票代码为：600000.SS，股票名称为：浦发银行
```

说明：
- super 函数代表父类，super().__init__(code)执行父类 Stock 构造函数，即将 code 参数传递给父类 Stock 的内部 self.code；而 MyStock 类继承了 Stock 类，因此 MyStock 内部也有 self.code 变量。
- super().get_code()执行父类 Stoc 的内部 get_code 函数。

2.5.4 面向对象的多态

多态是指类可以具有多种形态，即子类可以与父类有不同的表现形态，子类可以重新构造父类中出现的函数功能。

【示例 2.41】类的多态。

代码如下：

```
"""
这是一个类多态性的示例：
"""
# 定义类 Stock
class Stock:
    # 构造函数，传入 code 参数
    def __init__(self, code):
        self.code = code

    def get_code(self):
        print(r"执行父类 get_code 函数，股票代码为：{}".format(self.code))

# 定义类 MyStock，继承父类 Stock
class MyStock(Stock):
    # 构造函数，传入 code、name 参数
    def __init__(self, code, name):
        # 调用 super 函数，引入父类构造函数
        super().__init__(code)
        self.name = name

    def get_code(self):
        print("执行 MyStock，{}代码为{}。".format(self.name, self.code))

# 定义类 YourStock，继承父类 Stock
class YourStock(Stock):
    # 构造函数，传入 code、name 参数
    def __init__(self, code, name):
        # 调用 super 函数，引入父类构造函数
        super().__init__(code)
        self.name = name

    def get_code(self):
        print("执行 YourStock，股票代码为：{}，股票名称为：{}。"
.format(self.code,self.name))

my_stock = MyStock("600000.SS", "浦发银行")
my_stock.get_code()
```

```
your_stock = YourStock("000001.SZ", "平安银行")
your_stock.get_code()
```

程序输出结果如下：

执行 MyStock，浦发银行代码为 600000.SS。
执行 YourStock，股票代码为：000001.SZ，股票名称为：平安银行。

说明：
- 子类 MyStock 与子类 YourStock 均继承 Stock 类。
- 子类 MyStock 与子类 YourStock 均定义了内部函数 get_code，当实例 my_stock 对象与实例 your_stock 对象调用 get_code 函数时，分别执行对应类的成员函数。

2.6 模块应用

在使用 Python 进行金融量化分析过程中，通常都会调用外部或内置的各类模块，这些模块一般都是以 ".py" 结尾的模块文件的形式进行保存。Python 提供了简单、方便地调用这些模块文件的函数。

2.6.1 模块的安装、卸载与调用

Python 中有部分模块为系统内置的模块，如 time 模块、datetime 模块和 os 模块等，这些模块在安装 Python 后就已同步完成安装，无须另行单独安装。很多可以实现特定功能的模块，如金融量化分析经常要用到的 Pandas 模块、NumPy 模块和 Matplotlib 模块等都不属于内置模块，这些模块需要执行安装操作后才可调用。本节仅以 Windows 操作系统环境为例，介绍 Python 模块的安装方法。

Python 模块的安装通常有两种方式，一种是通过 pip 命令自动安装，另一种是通过下载 whl 文件，再安装该 whl 文件。

1. pip命令自动安装

在进行金融量化分析时，我们经常使用 Anaconda 作为 Python 的执行环境，可以通过打开 Anaconda Prompt 命令窗口（Windows 系统自带的 dos 命令行窗口也可以），在命令窗口的命令行中输入 "pip install 模块名称"。

【示例 2.42】安装 akshare 模块。

代码如下：

```
"""
安装 akshare 模块（akshare 模块提供了下载各类金融市场行情数据的方法）
"""
pip install akshare
# 从清华大学源中使用 pip 方法安装 akshare 模块
pip install -i https://pypi.tuna.tsinghua.edu.cn/simple akshare
```

说明：

使用 pip 安装 akshare 模块时，可以选择不同的下载源，具体如下：
- 清华大学的下载源为 https://pypi.tuna.tsinghua.edu.cn/simple。
- 阿里云的下载源为 http://mirrors.aliyun.com/pypi/simple/。
- 中国科技大学的下载源为 https://pypi.mirrors.ustc.edu.cn/simple/。
- 豆瓣的下载源为 http://pypi.douban.com/simple/。

2．手工安装".whl"文件

在安装模块的过程中会遇到各种报错，此时可以将适合本地系统的模块安装文件（通常以".whl"为后缀名的文件）下载到本地，然后通过"pip install 本地模块文件"命令进行安装。

以安装 TA-Lib 模块为例（TA-Lib 模块提供了金融量化分析所需的各类技术指标的下载方法），具体操作步骤如下：

（1）登录网址：https://www.lfd.uci.edu/~gohlke/Pythonlibs/。

（2）在网页中找到 TA-Lib 栏目，选择适合本地环境的版本（版本说明：cp310 表示 Python 3.10 版，win_amd64 表示 Windows 64 位操作系统），如 TA_Lib-0.4.24-cp310-cp310-win_amd64.whl。

（3）将适合本地环境的".whl"安装文件保存至本地环境，如本地的 Python 版本为 3.10，硬件是 64 位，可以下载 TA_Lib-0.4.24-cp310-cp310-win_amd64.whl 至 D 盘根目录（"D：/"）。

（4）在 Anaconda Prompt 命令窗口（或 Windows 系统自带的 Dos 命令窗口）中输入命令 pip install D：/TA_Lib-0.4.24-cp310-cp310-win_amd64.whl。

3．模块的卸载

当需要卸载模块时，在 Anaconda Prompt 命令窗口（或 Windows 系统自带的 Dos 命令窗口）中输入命令"pip uninstall 模块名称"即可。

4．模块的调用

有两种方法可以调用 Python 模块，第一种是直接使用 import 关键字导入模块，第二种是使用 from…import 语句导入模块，具体语法如下：

```
# 直接导入模块
import 模块名称
# 从模块中导入部分函数
from 模块名称 import 函数
```

在导入模块后，可使用下面的方式调用模块内函数或类：

```
# 调用模块中的函数
模块名称.模块内部函数()
# 调用模块中的类
模块名称.模块内部类名称()
```

Python 允许在模块名称中使用别名代替（如 import pandas as pd），具体语法如下：

```
# 用别名代替模块名
import 模块名称 as 模块别名
# 调用函数
模块别名.模块内部函数名称()
# 调用类
模块别名.模块内部类名称()
```

【示例 2.43】调用 os 模块函数。

代码如下：

```
# 引入 os 模块
import os
# 调用 os 模块的 listdir 函数，读取"D:/"盘下的全部文件名称并存入列表变量
file_name_list = os.listdir('D:/')
```

2.6.2　Python 内置模块示例 1：datetime 模块

datetime 模块比 time 模块可以更为便捷地处理与日期、时间相关的操作。datetime 模块定义了 5 个类，即 date 类（处理日期的类）、time 类（处理时间的类）、datetime 类（处理时间日期的类）、timedelta 类（处理两个 datetime 对象的差值的类）与 tzinfo 类（处理时区相关信息的类）。datetime 模块处理时间相关问题的函数主要包括以下几个方面。

- datetime.datetime(year, month, day[, hour[, minute[, second[, microsecond[, tzinfo]]]]])：创建一个表示特定日期和时间的 datetime 对象。
- datetime.date(year, month, day)：创建一个表示特定日期的 date 对象。
- datetime.time([hour[, minute[, second[, microsecond[, tzinfo]]]]])：创建一个表示特定时间的 time 对象。
- datetime.timedelta([days[, seconds[, microseconds[, milliseconds[, minutes[, hours[, weeks]]]]]]])：表示时间间隔的对象，可以在 datetime 和 date 对象之间进行算术运算。
- datetime.datetime.now([tz])：返回当前日期和时间的 datetime 对象。
- datetime.datetime.utcnow：返回当前 UTC 日期和时间的 datetime 对象。
- datetime.datetime.fromtimestamp(timestamp[, tz])：根据时间戳创建一个 datetime 对象。
- datetime.datetime.strptime(date_string, format)：将一个字符串解析为 datetime 对象。
- datetime.datetime.strftime(format)：将 datetime 对象格式化为字符串。
- datetime.date.weekday：返回日期的星期几，星期一为 0，星期日为 6。

【示例 2.44】datetime 模块的应用 1。

代码如下：

```
from datetime import date, time, datetime, timedelta, timezone

# date 类的 today 函数
today = date.today()
```

```python
print(f"1---date.today():今天的日期是{today}")

# 生成日期变量（仅含有年月日）
specific_date = date(2022, 1, 1)
print(f"2---date(2022, 1, 1):特定的日期是{specific_date}")

# 返回日期为周几
day_of_week = today.weekday()
print(f"3---today.weekday():今天是一周中的第 {day_of_week + 1} 天")

# 使用time 类函数生成时间变量（包含小时、分钟、秒）
current_time = time(14, 30, 45)
print(f"4---time(14, 30, 45):特定的时间是{current_time}")

# 使用datetime 类的now 函数获取当前时间
now = datetime.now()
print(f"5---datetime.now():现在的日期和时间是{now}")

# 构建datetime 实例（包含年、月、日、时、分、秒）
specific_datetime = datetime(2022, 1, 1, 14, 30, 45)
print(f"6---datetime(2022, 1, 1, 14, 30, 45):特定的日期和时间是
{specific_datetime}")

# 将datetime 对象按指定格式转换成文本形式
specific_datetime_format = specific_datetime.strftime(format='%Y/%m/%d')
print(f"7---datetime 实例.strftime(formate):将datetime 对象格式化输出
{specific_datetime_format}")

# 将指定格式的文本转换为datetime 对象
dt_str = '2023-04-22 15:30:00'
dt = datetime.strptime(dt_str, '%Y-%m-%d %H:%M:%S')
print(f"8---datetime.strptime(text,formate):将文字转成datetiem 对象{dt}")

# 使用timedelta 类函数生成新的datetime 变量
future_date = today + timedelta(days=10)
print(f"9---（today + timedelta(days=10)）:十天后的日期是：{future_date}")

# datetime 类型变量之间可以进行加减运算
date_diff = future_date - today
print(f"10---（future_date - today）:两个日期之间相差 {date_diff.days} 天")

# 通过timezone 类的utc 属性显示时区信息
UTC = timezone.utc
print(f"11---timezone.utc: UTC 时区：{UTC}")

# timezone 函数也可以通过使用timedelta 函数进行时区变化
new_timezone = timezone(timedelta(hours=8))
print(f"12---timezone(timedelta(hours=8)):新时区（UTC+8）:{new_timezone}")

# 生成特定时区的当前时间
local_datetime = datetime.now(new_timezone)
print(f"13---datetime.now(new_timezone):特定时区下的当前日期和时间：
{local_datetime}")
```

程序输出结果如下：

```
1---date.today(): 今天的日期是 2023-04-22
2---date(2022, 1, 1): 特定的日期是 2022-01-01
3---today.weekday(): 今天是一周中的第 6 天
4---time(14, 30, 45): 特定的时间是 14:30:45
5---datetime.now(): 现在的日期和时间是 2023-04-22 08:47:55.672203
6---datetime(2022, 1, 1, 14, 30, 45): 特定的日期和时间是 2022-01-01 14:30:45
7---datetime 实例.strftime(formate): 将 datetime 对象格式化输出 2022/01/01
8---datetime.strptime(text,formate): 将文字转成 datetiem 对象 2023-04-22 15:30:00
9---(today + timedelta(days=10)): 十天后的日期是: 2023-05-02
10---(future_date - today): 两个日期之间相差 10 天
11---timezone.utc: UTC 时区: UTC
12---timezone(timedelta(hours=8)): 新时区（UTC+8）: UTC+08:00
13---datetime.now(new_timezone): 特定时区下的当前日期和时间: 2023-04-22 08:47:55.673199+08:00
```

说明：

在 Python 中，datetime 类型的数据可以进行加减运算，但需要满足以下条件。

- 参与运算的两个 datetime 数据类型必须是同一类型，例如都是 datetime.date 类型或 datetime.datetime 类型。
- 两个 datetime 数据类型相减得到的结果是一个 datetime.timedelta 类型的对象，表示两个时间的时间差。
- datetime 数据类型可以与 datetime.timedelta 类型进行加减运算，从而得到一个新的 datetime 数据类型。

【示例 2.45】datetime 模块的应用 2。

代码如下：

```
import datetime

# 创建一个 datetime.date 类型的对象，表示今天的日期
today = datetime.date.today()
print("今天的日期是: ", today)

# 创建一个 datetime.timedelta 类型的对象，表示一天的时间差
one_day = datetime.timedelta(days=1)

# 计算明天的日期
tomorrow = today + one_day
print("明天的日期是: ", tomorrow)

# 创建一个 datetime.datetime 类型的对象，表示当前日期和时间
now = datetime.datetime.now()
print("当前日期和时间是: ", now)

# 创建一个 datetime.timedelta 类型的对象，表示一小时的时间差
one_hour = datetime.timedelta(hours=1)
# 计算一小时后的时间
one_hour_later = now + one_hour
print("一小时后的时间是: ", one_hour_later)
```

程序输出结果如下：

```
今天的日期是： 2023-04-27
明天的日期是： 2023-04-28
当前日期和时间是： 2023-04-27 20:22:11.654940
一小时后的时间是： 2023-04-27 21:22:11.654940
```

2.6.3 Python 内置模块示例2：os 模块

os 模块是 Python 内置的一个标准模块,它提供了访问操作系统文件相关功能的接口,可以方便地进行文件和目录操作以及设置文件的权限等。os 模块的主要函数包括以下几点。

- os.name：返回当前的操作系统名称。
- os.getcwd：返回当前工作目录的路径。
- os.chdir(path)：改变当前工作目录为指定的路径。
- os.listdir(path='.')：返回指定目录下的所有文件和目录的名称列表。
- os.mkdir(path[, mode])：创建一个新的目录。
- os.makedirs(name[, mode])：递归创建多层目录。
- os.rmdir(path)：删除一个空目录。
- os.removedirs(path)：递归删除多层空目录。
- os.remove(path)：删除一个文件。
- os.rename(src, dst)：重命名或移动一个文件或目录。
- os.path.abspath(path)：返回指定路径的绝对路径。
- os.path.exists(path)：判断指定路径是否存在。
- os.path.isdir(path)：判断指定路径是否为目录。
- os.path.isfile(path)：判断指定路径是否为文件。
- os.path.join(path1[, path2[, ...]])：将多个路径组合成一个完整的路径。

【示例 2.46】os 模块的应用。

代码如下：

```
import os

# 获取当前的工作目录
current_dir = os.getcwd()
print(f'当前工作目录：{current_dir}')
# 切换工作目录
os.chdir('d:/backtrader_test/')
current_dir = os.getcwd()
print(f'当前工作目录：{current_dir}')
# 列出目录中的文件和子目录
dir_contents = os.listdir(current_dir)
print(f'当前目录中的文件和子目录：{dir_contents}')
```

程序输出结果如下：

```
当前工作目录：d:\backtrader_test
当前工作目录：d:\backtrader_test
当前目录中的文件和子目录：['.idea', 'backtrader_indicators.py']
```

2.7 本章小结

本章介绍了 Python 的基本语法与基本应用。实际上，Python 语法内容非常庞杂，需要讲解的内容非常多，但是，鉴于本书是聚焦金融量化分析及交易策略开发的，因此，本章仅介绍了开发金融量化交易策略过程中所必须具备的 Python 基础知识，如变量、逻辑判断、函数、类、模块等。只要掌握了这些基础知识，再结合后面章节中的 Pandas 和 NumPy 库的学习，读者就可以在不借助任何第三方回测平台的条件下独立完成开发量化交易策略回测的工作。

2.8 思考题

1. 列表变量有哪些函数？这些函数的应用场景是什么？
2. 字典变量有哪些函数？这些函数的应用场景是什么？
3. 列表与元组的相似点和不同点是什么？二者的应用场景有何差异？

第 3 章 金融量化分析工具的准备——Pandas 基础

Pandas 是一个主要用于数据清理、数据分析和数据可视化等重要的 Python 模块。本章将基于金融量化分析的具体需求，系统地介绍 Pandas 模块的主要使用方法。

本章的学习目标：
- 掌握 Pandas 的数据结构；
- 掌握 pandas.Series 对象的创建与基本使用方法；
- 掌握 pandas.DataFrame 对象的创建与基本使用方法；
- 掌握 Pandas 可视化的方法。

3.1 Pandas 简介

Pandas 这个名字来源于面板数据 Panel Data 与数据分析 data analysis 这两个名词的组合。Pandas 最初被应用于金融量化交易，目前在农业、工业、交通等众多行业的数据分析工作中均有应用。

3.1.1 Pandas 的主要优势

Pandas 之所以广泛用于各类领域的数据分析和数据处理工作，与 Pandas 在处理数据领域的显著优势密不可分。Pandas 在处理数据方面的优势主要体现在以下几个方面。
- 可处理格式多样的数据源文件。Pandas 可从多种格式的数据文件中提取数据，如 Excel、CSV、SQL、JSON、HTML、TXT、HDF 5、XML、SAS 等文件。
- 函数功能丰富、调用简便。Pandas 提供了丰富的数据处理方法与函数，这些方法与函数涵盖数据清洗、数据类型转换、数据分组与聚合、数据合并与连接、数据可视化等功能，这使 Pandas 具备处理复杂数据分析工作的能力。
- 功能扩展性高。Pandas 与 NumPy、Matplotlib、scikit-learn 等专业应用模块高度集成，Pandas 模块函数可以与上述模块函数直接结合使用，实现功能扩展、优势互补。
- 数据处理运算速度高。由于 Pandas 模块底层是基于高效科学计算模块 NumPy 实现的，自身内部采取向量化操作模式且支持并行计算，所以，Pandas 在处理金融量化分析数据时具备强大的高速运算能力。

3.1.2 Pandas 的主要功能

Pandas 的主要功能有以下几点。
- 数据获取。Pandas 提供了从不同格式的文件中（如 Excel、CSV、SQL、JSON、HTML、TXT、HDF 5、XML 和 SAS 等）加载数据的方法。
- 数据存储。在获取外部数据后，Pandas 内部以 Series 对象或 DataFrame 对象方式进行存储，这两种对象数据均具有索引属性，可进行快速查询和定位。
- 数据清洗。Pandas 通过 fillna、dropna、duplicated 和 drop_duplicates 等函数进行数据清洗。
- 数据处理包括以下几个方面。
  - 数据选择与过滤：Pandas 提供了多种方式来选择和过滤数据，包括 loc、iloc、query、isin 和 where 等函数。
  - 数据统计与聚合：Pandas 提供了丰富的实现数据统计的函数，包括 sum、mean、median、count、min、max、var 和 std 等。Pands 同时还可以使用 groupby 函数进行数据分组和聚合操作。
  - 数据合并与拼接：Pandas 提供了多种方式来合并和拼接数据，包括 merge、join 和 concat 等函数。
  - 数据结构变形与重构：Pandas 提供了多种方式来实现数据内部结构变形和重构，包括 stack、unstack、pivot 和 melt 等函数。
  - 时间序列处理：Pandas 对时间序列数据的处理和分析非常强大，包括日期类型的转换、滚动窗口分析和时序差分等。

3.1.3 Pandas 的底层结构

Pandas 的底层结构由 NumPy 数组和自定义数据类型组成，其中，Series 对象和 DataFrame 对象是 Pandas 自定义的两类数据结构。
- Series 对象：是一种带有标签的一维数组，可以存储任意类型的数据。每个数据点都有一个与之对应的标签，一般称为索引。Series 可以被视为一个由索引和值组成的字典。
- DataFrame 对象：是由多个 Series 对象组成的表格型数据结构，可以被视为一个二维数组，其中，每一列可以是不同的数据类型。DataFrame 具有行索引和列索引，可以进行行列操作，支持多种类型的数据操作。

Pandas 模块的全部功能均建立在 Series 对象与 DataFrame 对象之上。加深对 Series 对象与 DataFrame 对象的理解是掌握 Pandas 的核心所在。

3.2 Series 对象

在 Pandas 中，Series 是一种一维数组结构，内部可以存储各类序列数据，如数值类型、布尔类型、字符串类型、日期类型、分类类型（如 pandas.Categorical）、时间序列类型及 NumPy 模块中的 ndarray 类型数据。因此，Series 对象在 Pandas 模块中的应用场景非常丰富。

3.2.1 创建 Series 对象

在 Pandas 中创建 Series 对象是通过 pandas.Series 函数实现的。创建 Series 对象的数据必须是一维的，Series 只能包含一维的数据，不能包含多维数组；Series 对象数据必须是可哈希的，如整数、字符串、元组等类型；Series 内部数据可以有缺失值，即可以使用 NaN 表示缺失值，以便处理缺失数据。

1. Series函数

功能：通过 Series 函数创建 Pandas 中的 Series 对象。
语法：pandas.Series(data，*args)。
参数：
- data：必选参数，可以是列表、NumPy 数组、字典、标量等类型数据，用于设置生成 Series 对象的数据。
- index：可选参数，可以是列表、NumPy 数组、标量或其他可迭代对象类型数据，表示 Series 对象的索引。
- dtype：可选参数，字符串类型数据，用于设置 Series 对象的数据类型，可以是 NumPy 数据类型或 Python 内置的数据类型。
- copy：可选参数，布尔类型数据，用于设置是否复制数据，默认为 False，表示直接引用原始数据。
- name：可选参数，字符串类型数据，用于设置 Series 对象的名称，可以通过 Series.name 查看该属性。

说明：
- 通过设置 index 参数，可以为 Series 对象指定特定的索引。
- 通过设置 dtype 参数，可以将 Series 对象的数据类型转换为指定的类型。

2. 以列表数据创建Series对象

以列表数据创建 Series 对象是创建 Series 对象最方便的一种方式。由于列表数据内部包含丰富的数据类型，因此，使用列表数据创建 Series 对象，可以解决大部分 Series 对象的创建问题。

【示例 3.1】 以列表数据创建 Series 对象。

代码如下：

```python
# 引入 Pandas 模块
import pandas as pd

# 定义 Series 类原始数据
stock_name_list = ['工商银行', '南京银行', '招商银行']

# 定义 Series 类 index 的值
index_value = ['第一', '第二', '第三']

# 定义 Series 类的 name 属性
series_name = '银行上市公司'

# 创建 Series 类，原始数据为 stock_name_list，索引 index 为 index_value，名称 name
为 series_name
stock_series = pd.Series(stock_name_list, index=index_value, name=
series_name)

# 打印 Series 类 stock_series
print(stock_series)
```

程序输出结果如下：

```
第一      工商银行
第二      南京银行
第三      招商银行
Name: 银行上市公司, dtype: object
```

3．以字典数据创建Series对象

当字典类型数据作为 Series 对象生成的输入数据时，如果没有传入索引 index 参数，则会按照字典的键来构造索引；如果传递了索引 index 参数，则根据索引 index 参数创造 Series 对象。

【示例 3.2】 以字典数据创建 Series 对象。

代码如下：

```python
# 定义字典类型变量
dict_data = {'股票名称':'工商银行', '股票代码':'601398'}

# 没有传入索引 index 参数，使用字典变量的键作为 Series 对象的索引
stock_series_1 = pd.Series(dict_data, name='stock_series_1')

# 打印 Series 对象 stock_series_1
print(stock_series_1)
# 定义索引变量 series_index，"股票名称"属于字典变量的键，而 2 则不属于字典变量的键
series_index = ['股票名称', 2]

# 传入索引 index 参数，使用 index 参数作为 Series 对象的索引
stock_series_2 = pd.Series(dict_data, index=series_index, name=
'stock_series_2')

# 打印 Series 对象 stock_series_2
```

```
print(stock_series_2)
```

程序输出结果如下:

```
股票名称      工商银行
股票代码      601398
Name: stock_series_1, dtype: object
股票名称      工商银行
2           NaN
Name: stock_series_2, dtype: object
```

说明:当传递的索引值 2 无法找到与其对应的值时,则使用 NaN(非数字)填充。

3.2.2 访问 Series 对象数据

通常可以通过两种方法访问 Series 对象数据,一种方法是利用数据的位置索引访问;另一种方法是利用索引标签访问。

- 利用数据的位置索引访问 Series 对象数据:与调取列表类型数据(list)一样,Pandas 的 Series 对象数据也可以通过 Series 内部数据元素自身的下标进行访问。下标索引从 0 开始计数,以此类推,可以获得 Series 序列中的任何位置的元素。与列表数据一样,Series 对象数据也支持切片操作。
- 利用数据的索引标签访问 Series 对象数据:与字典 dict 类型数据相似,Series 对象索引标签与字典对象的键 key 相似,Series 对象数据元素与字典对象的值 value 相似,即 Series 对象数据可通过键(index 索引标签)来访问值(Series 对象数据)。

【示例 3.3】访问 Series 对象的内部数据。

代码如下:

```
# 创建一个 Series 对象,定义三家银行名称及对应的索引值
stock_series = pd.Series(['工商银行', '南京银行', '招商银行'], index=['a', 'b', 'c'])

# 利用数据的位置索引([0])访问 Series 对象数据的第 1 个值
print(stock_series[0])
# 利用数据的索引标签('b')访问 Series 对象数据的第 2 个值
print(stock_series['b'])
```

程序输出结果如下:

```
工商银行
南京银行
```

3.2.3 Series 对象的常用属性

Series 对象的常用属性主要包括 axes、values、index、dtype、shape、name 和 size 等,在进行数据分析与处理过程中常常需要调取这些属性信息。

【示例 3.4】访问 Series 对象的常用属性。

代码如下:

```
# axes:以列表形式返回所有行索引标签
print('stock_series.axes: ', stock_series.axes)
```

```
# dtype：返回对象的数据类型
print('stock_series.dtype: ', stock_series.dtype)

# empty：返回是否为一个空的 Series 对象
print('stock_series.empty: ', stock_series.empty)

# ndim：返回输入数据的维数，Series 对象数据维数均为 1
print ('stock_series.ndim: ', stock_series.ndim)

# size：返回输入数据的元素数量
print('stock_series.size: ', stock_series.size)

# values：以 ndarray 的形式返回 Series 对象
print('stock_series.values: ', stock_series.values)

# index：返回一个 RangeIndex 对象，用来描述索引的取值范围
print('stock_series.index: ', stock_series.index)
```

程序输出结果如下：

```
stock_series.axes: [Index(['a','b','c'], dtype='object')]
stock_series.dtype: object
stock_series.empty: False
stock_series.ndim: 1
stock_series.size: 3
stock_series.values: ['工商银行' , '南京银行' , '招商银行']
stock_series.index: Index(['a','b','c'],dtype='object')
```

3.2.4 Series 对象的常用函数

pandas.Series 对象内置的方法与函数很丰富，下面介绍几个常用的函数。

1. head和tail函数

功能：分别返回 Series 对象的前 *n* 行和后 *n* 行数据。
语法：Series.head(n=5)。
参数：n 用于指定返回 Series 对象的前 *n* 行，默认为 5。
【示例 3.5】head 与 tail 函数的应用。
代码如下：

```
# 创建一个 Series 对象
s = pd.Series([1, 2, 3, 4, 5])
# 返回 Series 对象的前 2 行数据
print(s.head(2))
# 返回 Series 对象的后 2 行数据
print(s.tail(2))
```

程序输出结果如下：

```
basic
Copy
```

```
0    1
1    2
dtype: int64
3    4
4    5
dtype: int64
```

2. describe函数

功能：返回 Series 对象的统计信息，如计数、平均值、标准差、最小值和最大值等。

语法：Series.describe(percentiles=None, include=None, exclude=None)。

参数：

- percentiles：指定要显示的百分位数列表，类型为列表，默认为[.25, .5, .75]，即25%、50%和 75%的百分位数。如果要自定义百分位数，可以传入一个包含浮点数的列表，如[.1, .2, .3, .4, .6, .7, .8, .9]。
- include：指定要包含的数据类型列表，类型为字符串或列表，默认为 None，表示包含所有数据类型。如果仅包含某些数据类型，可以传入一个包含数据类型名称的字符串或列表，如'number'或['number', 'datetime']。
- exclude：指定要排除的数据类型列表，类型为字符串或列表，默认为 None，表示不排除任何数据类型。如果要排除某些数据类型，可以传入一个包含数据类型名称的字符串或列表，如'object'或['object', 'category']。

【示例 3.6】describe 函数的应用。

说明：使用 describe 函数获取 Series 对象内部数据的统计特质值，包括内部元素个数、均值、标准差、最小值、1/4 位数及最大值等。

代码如下：

```
# 返回pandas.Series 对象统计信息
print(s.describe())
```

程序输出结果如下：

```
count    5.000000
mean     3.000000
std      1.581139
min      1.000000
25%      2.000000
50%      3.000000
75%      4.000000
max      5.000000
dtype: float64
```

3. value_counts函数

功能：返回 Series 对象中每个值的计数。

语法：Series.value_counts(normalize=False, sort=True, ascending=False, bins=None, dropna=True)。

参数：

- normalize：如果设置为 True，则返回每个唯一值的相对频率而不是计数。默认为

False。
- sort：如果设置为 True，则按计数值对输出进行排序。默认为 True。
- ascending：如果设置为 False，则按降序排列。默认为 False。
- bins：只对数字数据有效，指定要使用的箱数。
- dropna：如果设置为 False，则包括缺失值。默认为 True。

【示例 3.7】value_counts 函数的应用。

说明：使用 value_counts 函数统计 Series 对象内部各元素出现的次数。

代码如下：

```
# 创建一个 Series 对象
s = pd.Series([1, 2, 2, 3, 3, 3, 4, 4, 4, 4, 5])
# 返回每个值的计数
print(s.value_counts())
```

程序输出结果如下：

```
4    4
3    3
2    2
5    1
1    1
dtype: int64
```

4. sort_values 函数

功能：按值的大小对 Series 对象进行排序。

语法：Series.sort_values(axis=0, ascending=True, inplace=False, kind='quicksort', na_position= 'last', ignore_index=False, key=None)。

参数：

- axis：指定排序的轴。对于 Series 对象，只能为 0。默认为 0。
- ascending：指定排序的顺序。如果为 True，则按照值的升序排列；如果为 False，则按照值的降序排列。默认为 True。
- inplace：指定是否直接修改原始 Series 对象。如果为 True，则直接修改原始 Series 对象；如果为 False，则返回一个排序后的新的 Series 对象。默认为 False。
- kind：指定排序算法，可选值包括'quicksort'、'mergesort'和'heapsort'。默认为'quicksort'。
- na_position：指定缺失值的位置。如果为'last'，则将缺失值放在排序的最后；如果为'first'，则将缺失值放在排序的最前面。默认为'last'。
- ignore_index：指定是否忽略索引。如果为 True，则在排序后重置索引；如果为 False，则保留原始索引。默认为 False。
- key：指定一个函数用于计算排序关键字。默认为 None。

【示例 3.8】sort_values 函数的应用。

说明：使用 sort_values 函数将 Series 对象的内部元素进行排序，默认是升序排序。

代码如下：

```
# 创建一个 Series 对象
s = pd.Series([3, 5, 1, 4, 2])
# 对 Series 对象进行排序
print(s.sort_values())
```

程序输出结果如下：

```
2    1
4    2
0    3
3    4
1    5
dtype: int64
```

5. map 函数

功能：根据指定的函数对 Series 对象中的每个值进行映射。

语法：Series.map(arg, na_action=None)。

参数：

- arg：要应用于 Series 对象内每个元素的函数，也可以是一个字典、Series 或其他可迭代对象。如果是字典或 Series，则将 Series 的每个元素映射到字典中或 Series 的相应值上。
- na_action：指定如何处理缺失值。可选参数为'ignore'或'raise'，默认为 None。如果为'ignore'，则将缺失值视为无操作，否则将引发异常。

【示例 3.9】map 函数的应用。

代码如下：

```
# 创建一个 Series 对象
s = pd.Series([1, 2, 3, 4, 5])
# 对 Series 对象中的每个值进行平方映射
s_squared = s.map(lambda x: x**2)
print(s_squared)
```

程序输出结果如下：

```
0     1
1     4
2     9
3    16
4    25
dtype: int64
```

6. apply 函数

功能：对 Series 对象中的每个值应用指定的函数。

语法：Series.apply(func, convert_dtype=True, args=())。

参数：

- func：要应用于每个元素的函数或可调用对象。
- convert_dtype：如果为 True，则尝试将结果转换为原始 Series 对象的数据类型。默认为 True。
- args：传递给函数的其他参数，以元组形式提供。例如，args=(10,)表示将 10 作为函数的最后一个参数参与运算；args=(10,11)表示将 10 与 11 作为函数的两个参数参与运算。

【示例 3.10】apply 函数的应用。

代码如下：

```
# 定义自定义函数
def my_func(x, y, z):
    return x - y + z

# 创建 Series 对象
s = pd.Series([1, 2, 3])

# 对 Series 对象的每个元素执行 my_func 函数，其中，后两个参数由元组类型的变量 args 提供
result = s.apply(my_func, args=(10, 20))
print(result)
```

程序输出结果如下：

```
0    11
1    12
2    13
dtype: int64
```

说明：
- my_func 函数：包括 3 个形式参数，分别为 x、y 与 z。
- s.apply(my_func, args=(10,20))：my_func 的形式参数 y 与 z 分别为 args 元组内部的 10 与 20，而形式参数 x 为 Series 对象 s 内部的每一个元素。

以上是 pandas.Series 对象一些常用的函数，除此之外还有其他函数，具体可以参考 Pandas 官方文档。

3.3 DataFrame 对象

Series 对象可以存储一维数据元素，DataFrame 对象则可以存储二维数据。因此，DataFrame 对象在现实中具有更广阔的应用场景。

3.3.1 DataFrame 对象的数据存储结构

在 Pandas 中，pd.DataFrame 内部数据存储格式是二维、异构、大小可变的表格。具体来说，它由以下几个部分组成。
- 数据区域（Data）：存储数据本身，通常是一个二维的 NumPy 数组（numpy.ndarray），每一列可以有不同的数据类型。
- 行索引（Index）：用于唯一标识每一行，通常是一个 pd.Index 对象或其子类，如

pd.RangeIndex。
- 列索引（Columns）：用于唯一标识每一列，通常是一个 pd.Index 对象或其子类，如 pd.RangeIndex 或 pd.MultiIndex。
- 轴标签（Axes）：pd.DataFrame 对象同时具有行和列两个轴，因此有两个轴标签，分别对应行索引和列索引。
- pd.DataFrame 还有一些其他属性，如数据类型（dtype）、形状（shape）和内存信息（memory_usage()）等。

总之，pd.DataFrame 这种数据结构非常适合处理复杂和结构化的数据，大部分金融领域的数据均可存储在 pd.DataFrame 对象中，并可通过 Pandas 和 NumPy 进行便捷分析。

3.3.2 创建 DataFrame 对象

Pandas 通过 pandas.DataFrame 函数实现 DataFrame 对象的创建。创建 DataFrame 对象的数据源可以是空值、列表嵌套列表、列表嵌套字典、列表嵌套 Series 对象等。

1. DataFrame函数

功能：创建 Pandas 中 DataFrame 对象的构造函数。
语法：pandas.DataFrame(data, *args)。
参数：

- data：字典、二维数组、Series 等类型数据，用于设置构建 DataFrame 的数据来源。data 数据可以是结构化的，也可以是非结构化的，如 JSON、CSV、非关系型数据库中的数据等。如果数据为字典类型，则字典中的每个键对应 DataFrame 中的一个列，每个键的值对应该列中的数据。如果 data 数据为二维数组，则数组中的每一行对应 DataFrame 中的一行，每一列对应一个 DataFrame 的列。
- columns：列表或元组类型数据，用于设置 DataFrame 的列名，columns 长度必须与 data 中的每行数据的长度相同。如果不指定列名，则默认为 0～n-1 的数字序列。
- index：列表、元组或数组类型数据，设置 DataFrame 的行标签，index 长度必须与 data 中每一列数据的长度相同。如果不指定行标签，则默认为 0～n-1 的数字序列。
- dtype：用于设定 DataFrame 中每列数据的数据类型，可以是 Python 数据类型（如 int、float、bool、str 等）或 NumPy 数据类型。如果不指定数据类型，则 Pandas 会自动推断数据类型。
- copy：布尔类型数据，用于设置是否复制数据。如果设置为 True，则复制数据而不是共享数据。默认值为 False，即共享数据。
- index_col：字符串类型或整数类型数据，用于设置 DataFrame 中的某列作为行标签，可以是列名或列索引。
- header：整数类型数据，用于设置哪一行作为列名。默认值为 0，即将第 1 行作为列名。
- skiprows：整数类型数据，用于设置跳过指定的行数，可以用来忽略文件或数据中的标题或其他不需要的行。
- na_values：用于指定应该视为缺失值的值，可以是单个值、列表、字典或一系列值。在读取数据时，这些值将被转换为 NaN。
- sep/delimiter：指定列之间的分隔符，用于读取 CSV 或文本文件。

2. 创建空的DataFrame对象

当不确定 pandas.DataFrame 数据内容时，可以先通过 pandas.DataFrame 函数创建一个空的 DataFrame 对象或者只包括列名的空 DataFrame 对象。在获取数据之后，再将数据保存至 DataFrame 对象内。

【示例 3.11】创建空的 DataFrame 对象。

代码如下：

```
# 引入 Pandas 模块
import pandas as pd

# 创建一个空的 DataFrame 对象
df = pd.DataFrame()
# 打印这个空的 DataFrame 对象
print(df)
print('-----------------------------')
# 创建一个已包括列名的空数据框
df = pd.DataFrame(columns=['code', 'open', 'close'])
# 打印这个空的 DataFrame 对象
print(df)
```

程序输出结果如下：

```
Empty DataFrame
Columns: []
Index: []
-----------------------------
Empty DataFrame
Columns: [code, open, close]
Index: []
```

3. 使用列表创建DataFame对象

可以使用一维列表或嵌套列表来创建一个 DataFrame。

【示例 3.12】使用列表创建 DataFrame 对象。

代码如下：

```
# 定义并赋值一个一维列表
stock_1_dim = ['工商银行', '招商银行']
# 使用一维列表创建一个 DataFrame 对象 stock_df_1
stock_df_1 = pd.DataFrame(stock_1_dim)
# 打印 DataFrame 对象的内容
print('stock_df_1: \n', stock_df_1)
# 定义并赋值一个二维列表
stock_2_dim = [['工商银行', 601398, '四大银行'], ['招商银行', 600036, '股份银行']]
# 使用二维列表创建一个 DataFrame 对象 stock_df_2
stock_df = pd.DataFrame(stock_2_dim, columns=['股票名称', '股票代码', '类别'],
```

```
    index=['a', 'b'])
# 打印 DataFrame 对象的内容
print('stock_df_2: \n', stock_df)
```

程序输出结果如下：

```
stock_df_1:
       0
0  工商银行
1  招商银行
stock_df_2:
    股票名称    股票代码    类别
a  工商银行    601398   四大银行
b  招商银行    600036   股份银行
```

4、使用字典嵌套列表创建 DataFrame 对象

如果创建 DataFrame 对象时传递了参数索引 index 值，索引的长度应该与被嵌套列表的长度相同。如果创建 DataFrame 对象时未传递索引 index 值，索引将默认为 range(n)，其中 n 为被嵌套的列表长度。

【示例 3.13】使用字典嵌套列表创建 DataFrame 对象。

代码如下：

```
# 定义并赋值一个字典嵌套列表
stock_dict = {'股票名称':['工商银行','招商银行'], '股票代码':[601398,600036]}
# 使用字典嵌套列表创建一个 DataFrame 对象
stock_dict_df = pd.DataFrame(stock_dict)
# 打印 DataFrame 对象内容
print(stock_dict_df)
```

程序输出结果如下：

```
   股票名称   股票代码
0  工商银行   601398
1  招商银行   600036
```

4. 使用列表嵌套字典创建DataFrame对象

列表嵌套字典可以作为输入数据构建 DataFrame 对象，默认情况下，字典的键被用作列名。如果列表中的字典元素键值对出现不一致，即列表内嵌套的字典的 key 无法找到对应的 value，将使用 NaN 代替。

【示例 3.14】使用列表嵌套字典创建 DataFrame 对象。

代码如下：

```
# 定义并赋值一个列表嵌套字典
stock_list = [{'股票名称': '工商银行', '股票代码': 601398 }, { '股票名称':
'招商银行', '股票分类': '股份银行', '股票代码':600036}]
# 使用列表嵌套字典创建一个 DataFrame 对象
stock_list_df = pd.DataFrame(stock_list)
# 打印 DataFrame 对象的内容
print(stock_list_df)
```

程序输出结果如下：

```
   股票名称    股票代码   股票分类
```

```
0  工商银行   601398   NaN
1  招商银行   600036   股份银行
```

5. 使用字典嵌套Series对象创建DataFrame对象

【示例3.15】使用字典嵌套 Series 对象创建 DataFrame 对象。

代码如下：

```
# 定义并赋值一个嵌套 Series 对象的字典变量
stock_dict = {'股票名称':pd.Series(['工商银行','招商银行'], index=['a','b']),
'股票代码':pd.Series([601398, 600036], index=['a','b'])}
# 构建一个 DataFrame 对象
stock_dict_df = pd.DataFrame(stock_dict)
# 打印 DataFrame 对象
print(stock_dict_df)
```

程序输出结果如下：

```
   股票名称   股票代码
a  工商银行   601398
b  招商银行   600036
```

3.3.3 DataFrame 对象的常用属性

DataFrame 对象的常用属性主要包括以下几点。
- columns：返回数据框中的列标签。
- index：返回数据框中的行标签。
- values：返回数据框中的值。
- shape：返回数据框中的维度。
- dtypes：返回数据框中每个列的数据类型。

示例3.16演示了 Pandas 中 DataFrame 对象的常用属性的调用函数。

【示例3.16】访问 DataFrame 对象属性。

代码如下：

```
# 创建一个数据框
df = pd.DataFrame({'Name': ['Alice', 'Bob'], 'Age': [25, 30]})
# 返回列标签
print(f'df.columns 属性：{df.columns}\n')
# 返回行标签
print(f'df.index 属性：{df.index}\n')
# 返回值
print(f'df.values 属性：\n{df.values}\n')
# 返回维度
print(f'df.shape 属性：{df.shape}\n')
# 返回数据类型
print(f'df.dtypes 属性：\n{df.dtypes}')
```

程序输出结果如下：

```
df.columns 属性：Index(['Name', 'Age'], dtype='object')
df.index 属性：RangeIndex(start=0, stop=2, step=1)
```

```
df.values 属性：
[['Alice' 25]
 ['Bob' 30]]

df.shape 属性：(2, 2)
df.dtypes 属性：
Name     object
Age       int64
dtype: object 股票名称    股票代码
```

3.3.4 DataFrame 的列操作方法

虽然 DataFrame 和 Series 有很多不同之处，但是它们也有一些共同点。例如，它们都支持许多相同的操作，如索引、切片、布尔索引、条件查询和排序等。此外，它们都提供了相同的函数和属性。例如，DataFrame 对象也有 head、tail、info 和 describe 等函数，通过调用这些函数，可以实现 DataFrame 对象的数据查看和信息统计等。

1．访问DataFrame对象数据列

分析 DataFrame 对象的内部数据，需要访问 DataFrame 对象的内部数据列。Pandas 提供了以下几种访问 DataFrame 对象的数据列的方式。

- 列名：可以通过列名选取一列，此方法适用于列名是一个有效的 Python 变量名的情况。
- 属性：如果列名是有效的 Python 变量名，并且不包含空格等特殊字符，则可以使用属性选取。
- 切片：可以使用 iloc 属性，以切片方式选取多列。
- 列索引：可以使用 loc 属性结合列名来选取数据列。
- 布尔索引：可以使用 loc 数据结合布尔索引选取多列。

【示例 3.17】访问 DataFrame 对象数据列。
代码如下：

```
# 创建一个数据框
df = pd.DataFrame({'name': ['华天科技','海南高速','兴业证券'], 'price':[9.48,
5.89, 6.50]})

# 列名选取一列
name_col = df['name']
print(f'1---列名选取一列：\n{name_col}')

# 属性选取一列
name_col = df.name
print(f'\n2---属性选取一列：\n{name_col}')

# 切片选取多列
cols = df.iloc[:, 0:2]
print(f'\n3---切片选取多列：\n{cols}')
```

```
# 列索引选取一列
name_col = df.loc[:, 'name']
print(f'\n4---列索引选取一列：\n{name_col}')

# 布尔索引选取多列
cols = df.loc[df['price'] > 6,['name','price']]
print(f'\n5---布尔索引选取多列：\n{cols}')
```

程序输出结果如下：

```
  1---列名选取一列：
0    华天科技
1    海南高速
2    兴业证券
Name: name, dtype: object

2---属性选取一列：
0    华天科技
1    海南高速
2    兴业证券
Name: name, dtype: object

3---切片选取多列：
   name  price
0  华天科技   9.48
1  海南高速   5.89
2  兴业证券   6.50

4---列索引选取一列：
0    华天科技
1    海南高速
2    兴业证券
Name: name, dtype: object

5---布尔索引选取多列：
   name  price
0  华天科技   9.48
2  兴业证券   6.50
```

2. 添加DataFrame对象数据列

在pandas.DataFrame对象中，添加数据列的常用方式有以下几种。

- ❑ 直接赋值：通过 pandas.DataFramd 实例对象 df['新列名']进行赋值，可以直接添加一列数据。
- ❑ 使用 loc 函数：直接对 df.loc[:, '新列名']进行赋值，在原有的数据框基础上添加一列数据。
- ❑ 使用 assign 函数：通过 df.assign(新列名=列表数据)，将列表数据添加至新列名对应的列内。需要注意的是：
  - ➢ df.assign 函数可以在现有的 DataFrame 上添加新的列，并返回一个新的 DataFrame 对象，即原有的 DataFrame 对象数据不发生变化。
  - ➢ 在 df.assign 函数中，新列名不需要使用引号包裹，这一点与其他方式不同。

【示例 3.18】添加 DataFrame 对象数据列。

代码如下：

```
# 创建一个数据框
df = pd.DataFrame({'name': ['华天科技', '海南高速','兴业证券'],
                'price':[9.48, 5.89, 6.50]})
# 直接赋值
df['open'] = df.price
# 使用 loc 函数
df.loc[:,'close'] = df.price.values
# 使用 assign 函数
df_assign = df.assign(high=df['price'])
# 打印 df 对象内容
print(df)
# 打印 assign 函数返回的 df_assign
print(df_assign)
```

程序输出结果如下：

```
   name  price  open  close
0  华天科技   9.48  9.48   9.48
1  海南高速   5.89  5.89   5.89
2  兴业证券   6.50  6.50   6.50
   name  price  open  close  high
0  华天科技   9.48  9.48   9.48  9.48
1  海南高速   5.89  5.89   5.89  5.89
2  兴业证券   6.50  6.50   6.50  6.50
```

说明：

df_assign = df.assign(high=df['price'])表示：

- 新生成了一个名称为 df_assign 的 DataFrame 对象。
- df_assign 内容包含原有的 DataFrame 对象 df 的全部内容，并且生成了一个新列 high（注意，新列名 high 不需要用引号包裹）。
- 原有的 DataFrame 对象 df 的内容没有发生变化，即 df 对象中没有新列 high。

3. 删除 DataFrame 对象数据列

如果需要删除 DataFrame 对象的数据列，则有以下几种方式。

- 使用 del 语句：通过 del 关键字即可直接删除指定的 DataFrame 对象的数据列。例如，del df['price']表示删除 price 列数据。
- 使用 pop 函数：pop 函数是 pandas.DataFrame 对象的一个函数，可以删除指定的一列数据，并返回所删除的那一列数据。
- 使用 drop 函数：drop 函数也是 pandas.DataFrame 对象的一个函数。与 pop 函数不同的是，drop 函数除了需要指定删除的列名称，还需要设置参数 axis=1（表示按列操作），并且执行 drop 函数返回的是删除指定列后的 DataFrame 对象。例如，df.drop('price', axis=1)表示删除 price 列数据。

【示例 3.19】删除 DataFrame 对象数据列。

代码如下：

```python
# 创建一个数据框
df = pd.DataFrame({'name': ['华天科技', '海南高速','兴业证券'],
                   'price':[9.48, 5.89, 6.50],
                   'open':[10.22, 6.02, 6.79],
                   'high':[10.24, 6.10,6.81]})
print('df 原始数据：\n',df)
# 使用 del 语句删除一列数据
del df['price']
# 使用 drop 函数删除一列数据
df = df.drop('high', axis=1)
# 使用 pop 函数删除一列数据
open = df.pop('open')
print('\n 三种方法删除后的 df: \n',df)
print('\ndf.pop()函数返回值：\n',open)
```

程序输出结果如下：

```
df 原始数据：
    name  price  open   high
0  华天科技   9.48  10.22  10.24
1  海南高速   5.89   6.02   6.10
2  兴业证券   6.50   6.79   6.81

三种方法删除后的 df:
    name
0  华天科技
1  海南高速
2  兴业证券

df.pop()函数返回值：
0    10.22
1     6.02
2     6.79
Name: open, dtype: float64
```

4．DataFrame对象数据排序

在序列分析中，常常会有排序的需求。在pandas.DataFrame中，可以使用多种方法对数据进行排序，其中常用的方法包括以下几种。

❑ 使用 sort_values 函数。该函数可以按照指定的列（可以是多列）对数据进行排序，可以指定升序或降序排列。sort_values 函数的主要参数包括：

➢ by：指定按照哪些列进行排序，可以是单个列名，也可以是多个列名组成的列表。例如，by='price'或 by=['code', 'price']。

➢ axis：指定按照行或列进行排序，0 表示按照行进行排序，1 表示按照列进行排序，默认为 0。

➢ ascending：指定是否按照升序排列，默认为 True，即按照升序排列；如果设置为 False，则按照降序排列。

➢ inplace：指定是否在原数据框基础上进行排序，默认为 False，即不在原数据框基础上进行排序；如果设置为 True，则在原数据框基础上进行排序。

➢ ignore_index：指定是否忽略索引，即将排序后的结果重新生成索引。默认为

False，即不忽略索引；如果设置为 True，则将排序后的结果重新生成索引。

【示例3.20】sort_values 函数的排序。

代码如下：

```
# 创建一个数据框
df = pd.DataFrame({'name': ['华天科技', '海南高速','兴业证券'],
                   'price':[9.48, 5.89, 6.50]})
print('df 原始数据: \n',df)
# 使用 lambda 表达式将 Name 列中的文本转换为小写字母，然后按照转换后的结果排序
df = df.sort_values(by='price', ignore_index=True, ascending=True)
print('\n 排序后的 df，默认升序: \n',df)
```

程序输出结果如下：

```
df 原始数据:
    name  price
0  华天科技   9.48
1  海南高速   5.89
2  兴业证券   6.50

排序后的 df，默认升序:
    name  price
0  海南高速   5.89
1  兴业证券   6.50
2  华天科技   9.48
```

❑ 使用 sort_index 函数。该函数可按照索引进行排序，还可以指定升序或降序排列。其主要参数包括 axis、ascending 和 inplace 等。

❑ 使用 nlargest 和 nsmallest 函数。这两个函数分别返回指定列中最大的 n 个值和最小的 n 个值。这两种函数的参数相同，具体如下：

➢ n：选出最大的值，可以是一个整数或一个百分数。如果是整数，则表示要选出最大的 n 个值；如果是百分数，则表示要选出占总数的前 n% 的值。默认为 5。

➢ columns：按照哪一列或哪几列进行最大值的选取，可以是一个列名或一个列名列表。默认为 None，表示对整个数据框或序列进行最大值的选取。

➢ keep：当有相同的最大值时，要保留哪一个。如果设置为 first，则保留第一个出现的最大值；如果设置为 last，则保留最后一个出现的最大值；如果设置为 all，则保留所有出现的最大值。默认为 first。

【示例3.21】nlargest 函数的排序。

代码如下：

```
# 创建一个数据框
df = pd.DataFrame({'name': ['华天科技', '海南高速','兴业证券'],
                   'price':[9.48, 5.89, 6.50]})
print('df 原始数据: \n',df)
# 选取 price 列中最大的 2 个值
df_nlargest = df.nlargest(2, 'price')
# 输出选取的结果
print('\n 选出 price 列中最大的 2 个值: \n',df_nlargest)
```

程序输出结果如下:

```
df 原始数据:
    name  price
0  华天科技  9.48
1  海南高速  5.89
2  兴业证券  6.50

选出 price 列中最大的 2 个值:
    name  price
0  华天科技  9.48
2  兴业证券  6.50df 原始数据:
```

5. DataFrame数据查询

Pandas 提供了多种数据查询的方法,常用的数据查询包括以下几种。

- 使用 query 函数:可以按指定的查询条件表达式或函数进行查询,该函数的主要参数包括以下两个。
    - expr:必备参数,表示要查询的条件表达式。例如,'price > 6'表示 df['price > 6']。
    - inplace:可选参数,表示是否在原数据框基础上进行修改,默认为 False,即不修改原数据框。

【示例 3.22】query 函数的查询。

代码如下:

```
# 创建一个数据框
df = pd.DataFrame({'name': ['华天科技', '海南高速','兴业证券'],
            'price':[9.48, 5.89, 6.50]})

# 查询 price 列大于 6 的行
df.query('price > 6')
```

程序输出结果如下:

```
    name  price
0  华天科技  9.48
2  兴业证券  6.50
```

- 使用 isin 函数:查询某列是否包含特定值。例如,df[df[name].isin(['华天科技', '海南高速'])]表示查询出 name 列是"华天科技"或"海南高速"的所有行数据。
- 使用 str.contains 函数:可以在 DataFrame 中进行基于字符串的模式匹配查询。如果需要进行正则表达式匹配,则可以将 str.contains 函数中的 regex 参数设置为 True,并将字符串模式设置为一个正则表达式。

【示例 3.23】str.contains 函数的查询。

代码如下:

```
# 创建一个数据框
df = pd.DataFrame({'name': ['华天科技', '海南高速','汉王科技','海南橡胶',
'南国置业'],
            'price':[9.48, 5.89, 25.20, 4.61, 2.22]})
# 查询 name 列中包含"科技"的行
print('包含"科技"的行: \n',df[df['name'].str.contains('科技')])
```

```
print('--------------------------------')
# 查询 name 列中符合正则表达式'\w{1}南'的行，即"南"前面有一个字符的行
print('"南"前面有一个字符的行：\n',df[df['name'].str.contains('\w{1}南',
regex=True)])
print('--------------------------------')
# 查询 name 列中符合正则表达式'^南'的行：以"南"开头的行
print('以"南"开头的行：\n',df[df['name'].str.contains('^南',regex=True)])
```

程序输出结果如下：

```
包含"科技"的行：
    name  price
0  华天科技   9.48
2  汉王科技  25.20
--------------------------------
"南"前面有一个字符的行：
    name  price
1  海南高速   5.89
3  海南橡胶   4.61
--------------------------------
以"南"开头的行：
    name  price
4  南国置业   2.22
```

❑ 使用 apply 函数：查询符合自定义规则的数据结果（见示例 3.24）。

【示例 3.24】apply 函数的查询。

代码如下：

```
# 定义一个函数，判断参数是否大于 5
def count_long_str(number):
    if number > 6:
        return 1
    else:
        return 0
# 创建一个数据框
df = pd.DataFrame({'name':['华天科技','海南高速','汉王科技','海南橡胶',
'南国置业'],
                   'price':[9.48, 5.89, 25.20, 4.61, 2.22]})
# 对 price 列进行操作，选出价格大于 5 的行
print(df[df['price'].apply(count_long_str) > 0])
```

程序输出结果如下：

```
    name  price
0  华天科技   9.48
2  汉王科技  25.20
```

3.4 Pandas 金融量化分析应用

在金融量化分析过程中，使用 Pandas 可以快捷、方便地进行各类统计计算、自定义函数计算及数据读取与存储等。

3.4.1 统计计算

Pandas 可通过各种统计函数对 DataFrame 或 Series 对象进行统计计算，主要的统计函数包括 min、max、mean、median、var、std 和 mode 等。

【示例 3.25】Pandas 常规统计。

代码如下：

```
# 创建一个数据框
df = pd.DataFrame({'name': ['华天科技','海南高速','兴业证券'],
                   'price':[9.48, 5.89, 6.50],
                   'open':[10.22, 6.02, 6.79],
                   'high':[10.24, 6.10,6.81]})
print('price 列的最大值：',df['price'].max())
print('price 列的方差：',df['price'].var())
print('price 列的均值：',df['price'].mean())
```

程序输出结果如下：

```
price 列的最大值： 9.48
price 列的方差： 3.6901000000000015
price 列的均值： 7.29
```

3.4.2 累计计算

在金融量化分析中，经常需要处理累计计算问题，如在计算最大回撤率时，就需要计算截止每一行的累计收益率的最大值。Pandas 为 Series 对象提供了几种常用的累计计算函数，如 cumsum、cumprod、cummax 与 cummin 等。

【示例 3.26】Pandas 累计计算。

代码如下：

```
print('price 列原数据为：',df['price'])
print('计算 price 列数据的累计加总：',df['price'].cumsum())
print('计算 price 列数据的累计乘：',df['price'].cumprod())
print('计算 price 列数据的累计最小值：',df['price'].cummin())
print('计算 price 列数据的累计最大值：',df['price'].cummax())
```

程序输出结果如下：

```
price 列原数据为： 0    9.48
1    5.89
2    6.50
Name: price, dtype: float64

计算 price 列数据的累计加总： 0    9.48
1    15.37
2    21.87
Name: price, dtype: float64

计算 price 列数据的累计乘： 0    9.4800
1    55.8372
```

```
2    362.9418
Name: price, dtype: float64

计算price列数据的累计最小值: 0    9.48
1    5.89
2    5.89
Name: price, dtype: float64

计算price列数据的累计最大值: 0    9.48
1    9.48
2    9.48
Name: price, dtype: float64
```

3.4.3 获取 CSV 文件数据

处理数据，首先需要获取数据。Pandas 可以方便地从多种格式的数据文件中读取数据，例如，TXT、Excel、HTML、JSON、CSV 等格式文件保存的数据均可被 Pandas 读取。鉴于金融量化分析中会大量涉及 CSV 格式的数据文件读取，本节以 CSV 格式文件为例，讲解 Pandas 如何从数据文件中获取数据。

CSV（Comma-Separated Values）文件是一种以逗号分隔的文本文件。Pandas 通过 read_csv 函数可以方便地打开 CSV 文件，并获取 CSV 文件的内部数据。

语法：pandas.read_csv(*args,**kwargs)。

参数：

- filepath_or_buffer：要读取的 CSV 文件路径或 URL 字符串，可以是本地文件路径或网络 URL。
- sep：分隔符，默认为逗号。
- delimiter：别名参数，用于指定分隔符。
- header：用于指定哪一行为列名，可以是整数或列表。默认为'infer'，表示自动推断。
- names：用于指定列名，可以是列表或数组。如果 header=None，则必须指定 names。
- index_col：用于指定作为索引的列，可以是列名或列号。默认为 None。
- usecols：要读取的列，可以是列名或列号的列表或元组。默认为 None，表示读取所有列。
- dtype：指定每一列的数据类型，可以是字典、数组或单个数据类型。默认为 None，表示自动推断。
- skiprows：要跳过的行数，可以是整数或列表。默认为 None。如果希望从第 4 行开始读取 CSV 文件数据，则参数 skiprows 可以设置为 3，即正式数据跨越前 3 行数据。
- skipfooter：要跳过的行数，从文件底部开始数。默认为 0。
- nrows：要读取的行数。默认为 None，表示读取所有行。
- na_values：用于指定缺失值的表示方法，可以是字符串、列表、字典或者 None。默认为 None。

- parse_dates：用于解析日期时间，默认为 False。当 CSV 文件中包含日期列时，可以将该日期列名赋值给参数 parse_dates，则该日期列将会自动转换为日期类型。如果不设置 parse_datas 参数，则该日期列仍为字符串 str 类型数据。
- infer_datetime_format：用于自动推断日期时间格式，默认为 False。
- encoding：CSV 文件的编码方式，可以是字符串或 None。例如，encoding='utf-8-sig'。默认为 None，表示自动推断。CSV 文件常用的编码方式及其对应的编码名称包括以下几个。
  - UTF-8：一种通用的 Unicode 编码，支持所有语言的字符，适用于多语言环境和国际化应用程序。
  - UTF-8-SIG：在 UTF-8 编码方式中加入了 BOM 标识，用于标识文本数据的字节序（Byte Order）。
  - GBK：主要用于中文编码，GBK 是 GB2312 的扩展版，支持更多的汉字字符，适用于中文环境和中文应用程序。
  - GB2312：主要用于中文编码，适用于中文环境和中文应用程序。
  - ISO-8859-1：一种用于西欧语言的编码方式，支持英语、法语、德语、西班牙语等语言，适用于欧洲国家和西欧语言环境。
  - Shift-JIS：一种用于日语编码的方式，主要适用于日本的应用程序和日语环境。
  - Big5：一种用于中文繁体字版编码的方式，主要适用于中国台湾和中国香港地区的应用程序和中文繁体字环境。
- squeeze：用于将单列数据的 DataFrame 转换为 Series 对象。默认为 False。

【示例 3.27】打开位于 D 盘根目录下的 sz000004.csv 文件。

代码如下：

```
# 读入 CSV 文件数据
stock_df = pd.read_csv(
    'd:/sz000004.csv',
    usecols=['trade_date','open','close','high','low','code'],
    parse_dates=['trade_date'],
    index_col=['trade_date'],
    encoding='utf-8-sig')
# 打印 stock_df 数据内容
print(stock_df.head(2))
```

程序输出结果如下：

```
   trade_date   open   close  high   low    code
0  2022-01-04  19.49  20.49  20.65  19.36  sz000002
1  2022-01-05  20.43  21.17  21.61  20.36  sz000002
```

说明：

- parse_dates=['trade_date']：trade_date 列被设置为 Pandas 中的 DatetimeIndex 数据。
  - DatetimeIndex 是 Pandas 中专门用于处理日期和时间的索引类型，它提供了许多方便的功能，如日期范围生成、日期时间戳转换、日期时间索引切片等。
  - DatetimeIndex 对象可以通过多种方式创建。例如，可以使用 Pandas 的 date_range 函数创建一个 DatetimeIndex 对象，该函数可以生成一个固定频率的时间序列。

又例如，pd.date_range('2023-05-01', periods=10)创建了一个包含 10 个日期的时间序列。

➢ DatetimeIndex 对象包含许多有用的函数。例如，可以使用 DatetimeIndex 对象的 resample 函数对时间序列数据进行重采样，使用 shift 函数移动时间序列数据，使用 rolling 函数进行滚动计算等。DatetimeIndex 类型还支持时区处理、时差计算和日期时间字符串的解析等功能，使得 Pandas 成为一个非常强大的时间序列数据分析库。

➢ parse_dates 参数也可以接收字典形式的输入。例如，pd.read_csv('data.csv', parse_dates={'datetime': ['date', 'time']})会将'data.csv'文件中的"date"列和"time"列合并，并将其解析为日期时间格式，同时将其存储为一个名为"datetime"的列。

❑ index_col=['trade_date']将 trade_date 列设为索引，也可用通过列序号表示。例如，将数据的第 1 列设置为索引列，可以通过 index_col=0 实现。

3.4.4 获取 SQLite 数据库中的数据

除了从 CSV 数据文件中读取文件外，金融量化分析工作也会使用各种数据库系统来管理数据。常用的数据库管理系统包括 SQLite、MySQL、Oracle、Microsoft SQL Server 和 PostgreSQL 等，其中，SQLite 由于自身的轻量、高效、可移植和跨平台等优势，非常适用于金融量化策略开发领域。因此，本节选择 SQLite 为例，讲解 Pandas 如何与数据库相结合，一起完成数据管理的基础工作。

1．SQLite数据库介绍

SQLite 是一款由 D. Richard Hipp 于 2000 年开发的开源、轻量级的关系型数据库管理系统软件（RDBMS），它以嵌入式的方式运行，数据库文件可以直接存储在本地磁盘上。与其他关系型数据库管理系统不同的是，SQLite 不需要独立的服务器进程或网络访问，可直接使用本地文件系统来管理数据库。

SQLite 的数据类型和 SQL 语法与其他关系型数据库管理系统类似，包括整型、浮点型、文本型和日期型等数据类型，以及 SELECT、INSERT、UPDATE 和 DELETE 等 SQL 命令。此外，SQLite 还支持多种高级功能，如事务、索引和触发器等。这些功能确保了 SQLite 可以方便地处理金融领域的各类数据操作。

2．如何获取SQLite数据库中的数据

SQLite 的数据库文件以".db"或者".sqlite"后缀名保存，Pandas 提供了简洁的方式来读取 SQLite 数据库文件，并转换为 pandas.DataFrame 对象。

【示例 3.28】Pandas 读取本地 SQLite 数据库文件。

代码如下：

```
# 引入sqlite3 模块
import sqlite3
```

```
import pandas as pd

# 创建一个连接数据库的连接对象
conn = sqlite3.connect('d:/600000.db')
# 使用 Pandas 读取 SQL 查询并将结果存储在 DataFrame 中
start_date = "2023-04-17"
sql = "select * from stocks where date >= ? "
df = pd.read_sql_query(sql, conn, params=[start_date])
# 关闭连接
conn.close()
# 打印 DataFrame，查看引入的 SQLite 数据库文件的内容
print(df.head())
```

程序输出结果如下：

```
  symbol        date  open  high   low  close   volume
0   PFYH  2023-04-17  7.26  7.40  7.26   7.39  2000000
1   PFYH  2023-04-18  7.38  7.59  7.37   7.54  3000000
```

说明：

❑ SQLite 数据库文件 600000.db 内部数据包含一个 stocks 表，该表内包含 symbol、date、open、high、low、close 和 volume 字段。执行 select * from stocks 的前提是了解数据库文件 600000.db 内部包括哪些表。如果事先并不知道 SQLite 数据库文件内部的数据结构信息，则需要先行查询 SQLite 数据文件 600000.db 内部包含的数据信息，具体方法可以在 Windows 10 命令提示符窗口中执行以下操作，如图 3.1 所示。

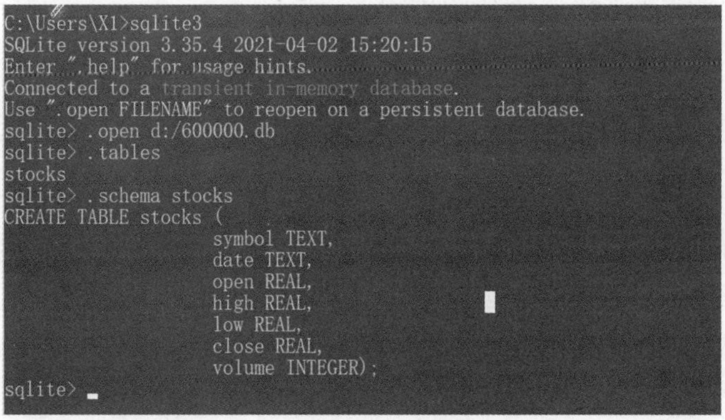

图 3.1　SQLite 命令行操作记录

- ➢ 输入"sqlite3"，表示进入 SQLite 命令行状态。
- ➢ 输入".open d:/600000.db"，表示打开数据库文件 600000.db（如果不是在 600000.db 所在目录打开的 SQLite，则 600000.db 文件名前需要带有绝对路径）。
- ➢ 输入".tables"，表示列出当前数据库文件内部包含的全部表名称。在本例中，数据库仅有一个表 stocks，即通过 pandas.read_sql_query 函数进行 SQL 查询的范围应指定为 stocks 表。
- ➢ 输入".schema stocks"，表示可以查询 stocks 表的结构信息，包括列名、数据类型和约束条件等。在本例中，stocks 表包含 7 个列名，其中，symbol 和 date 列为文本字符串类型数据，open、close、high 与 low 为浮点数类型，volume 是带

符号的整数类型。
- 在使用 Pandas 读取数据库文件前，需要通过 sqlite3.connect 函数与指定的数据库建立连接。
- 通过 pandas.read_sql_query 函数执行 SQL 查询，并将查询结果作为 pandas.DataFrame 对象返回。该函数的主要参数包括以下几种。
  - sql：要执行的 SQL 查询语句。
  - con：表示连接到数据库的引擎。例如，本例使用 sqlite3.connect 函数创建 SQLite 连接对象，并将其传递给 con 参数。
  - index_col：指定要用作 DataFrame 索引的列，可以是单个列名或多个列名的列表。
  - coerce_float：如果为 True，则将浮点数强制转换为 float 类型。
  - params：可以是字符串、列表或元组类型，表示要传递给 SQL 查询语句的参数，用于防止 SQL 注入攻击。在本例中，params=[start_date]，即指 start_date 变量可以传递给 SQL 查询语句中的占位符 "？"。
  - parse_dates：可以是布尔值、列表或字典类型，用于将指定的列解析为日期时间类型。
  - chunksize：表示要一次性读取的记录数，用于分块读取大型数据集。
- Pandas 完成数据库读取后，应该立即通过 conn.close 函数关闭程序与数据库的连接，以释放资源并确保数据的完整性。

3.5 Pandas 数据可视化

Pandas 不仅可以方便地读取、处理和分析数据，而且可便捷地实现数据可视化。Pandas 在 Matplotlib 绘图软件包的基础上封装了一个 plot 函数，调用该函数即可实现常用的绘图操作。除了使用默认的折线绘图，Pandas 还可以使用图形来实现数据可视化，如柱状图 bar、直方图 hist、箱状箱 box、区域图 area 与散点图 scatter。

3.5.1 折线图

Pandas 通过调用 plot 函数可以制作折线图，折线图的具体细节可以通过设置参数来完成。

【示例 3.29】绘制折线图：设置 trade_date 为 x 轴数据，close 与 open 为 y 轴数据。
代码如下：

```
import matplotlib.pyplot as plt

# 设置中文字体
plt.rcParams['font.sans-serif'] = ['SimHei']
# 设置清晰度
```

```
mpl.rcParams['figure.dpi'] = 300
# 打开'd:/sz000004.csv'文件,并存储于 DataFrame 对象 stock_df 内
stock_df = pd.read_csv('d:/sz000004.csv',
                    usecols=['trade_date','open','close'],
                    encoding='utf-8-sig',parse_dates=['trade_date'])
# 根据 open 列数据绘图,x 轴为索引 trade_date 列数据
stock_df.plot(x='trade_date',y=['close','open'],
            kind='line',figsize=(6, 3),
            xlabel='date',ylabel='close',
            xlim=['2022-01-04','2022-12-31'])
# 设置子图名称和显示位置
title = '图 3.1:close 折线图'
plt.suptitle(title, fontsize=12, fontweight='bold', y=0.05)
# 调整子图布局,上边缘与主图对齐,下边缘与主图 20%对齐
plt.subplots_adjust(top=1, bottom=0.30)
```

程序输出结果如图 3.2 所示。

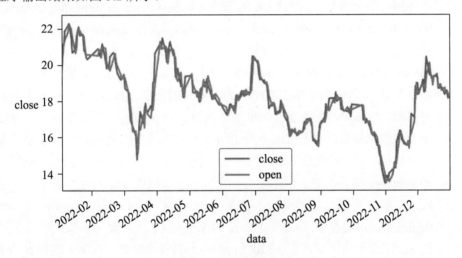

图 3.2　close 折线图示意

说明:

❑ 在使用 Pandas 绘图前,一般需要引入 matplotlib.pyplot 绘图模块,即 import matplotlib.pyplot as plt。本例通过 plt.suptitle 函数设置子图 title 信息,通过 plt.subplots_adjust 调整子图的显示位置。plt 模块的属性和函数主要包括以下几种。

➢ plt.plot 函数:绘制一个折线图。

➢ plt.scatter 函数:绘制一个散点图。

➢ plt.bar 函数:绘制一个垂直条形图。

➢ plt.barh 函数:绘制一个水平条形图。

➢ plt.pie 函数:绘制一个饼图。

➢ plt.hist 函数:绘制一个直方图。

➢ plt.title 函数:设置图形标题。例如,在本例中设置 plt.suptitle(title, fontsize=12, fontweight='bold', y=0.05),表示在 Y 轴高度 0.05 的位置设置 title 标题,title 标题内容显示在 Y 轴坐标 0.05%位置处。如果参数 y=1,则 title 显示在 xy 坐标轴居中位置的正上方。

- ➢ plt.suptitle 函数：在图形中添加全局标题。在本例中，plt.suptitle(title, fontsize=12, fontweight='bold', y=0.05)表示为整个 Figure 对象设置标题，字体大小为 12，字体粗细为 bold 加粗字体，标题位于图形顶部的 5%位置处（注意，不是 y 轴的 5%位置处）。
- ➢ plt.xlabel 函数：设置 x 轴标签。
- ➢ plt.ylabel 函数：设置 y 轴标签。
- ➢ plt.xlim 函数：设置 x 轴范围。
- ➢ plt.ylim 函数：设置 y 轴范围。
- ➢ plt.xticks 函数：设置 x 轴刻度。
- ➢ plt.yticks 函数：设置 y 轴刻度。
- ➢ plt.legend 函数：添加图例。例如，plt.legend(loc='upper right', fontsize=12)表示将图例在右上方显示。参数 loc 的选项包括'best'、'upper right'、'upper left'、'lower left'、'lower right'、'center right'、'center left'、'lower center'和'upper center'等。
- ➢ plt.grid 函数：添加网格线。例如，在 plt.grid(b=True, which='major', axis='both', color='gray', linewidth=0.5, linestyle='-')中：参数 b 为布尔值，表示是否显示网格线；参数 which 用于指定要绘制的网格线的范围，'major'表示绘制主刻度线的网格线，'minor'表示绘制次刻度线的网格线，'both'表示同时绘制主刻度线和次刻度线的网格线；参数 axis 用于指定要绘制哪个轴的网格线，'x'表示绘制 x 轴的网格线，'y'表示绘制 y 轴的网格线，'both'表示同时绘制 x 轴和 y 轴的网格线。
- ➢ plt.subplots 函数：用于创建包含一个或多个子图的 Fig 对象，并返回一个包含 Fig 对象和子图对象的元组。例如，fig, axs = plt.subplots(nrows=2, ncols=2, figsize=(8, 6))设置了 2×2 个 Figure 对象 fig 和子图对象 axs，调用特定位置为子图 axs 需要使用下标，即 axs[0, 0].plot(x, y1)表示对第 1 行第 1 列位置的子图进行绘制，axs[0, 1].plot(x, y1) 表示对第 1 行第 2 列位置的子图进行绘制。
- ➢ plt.show 函数：显示图形。

❑ pandas.DataFrame.plot 函数是一个用于绘制数据可视化图形的函数，它可以对 DataFrame 对象进行绘图并返回一个 Matplotlib 的 AxesSubplot 对象。该函数的常用参数如下：

- ➢ kind：指定绘图类型，可以是'line'（折线图）、'bar'（条形图）、'barh'（横向条形图）、'hist'（直方图）和'scatter'（散点图）等。
- ➢ x 和 y：绘图过程中使用的列名或列号，用于指定绘图的横轴和纵轴数据。例如，本例中，x='trade_date', y='close'分别指定 trade_date 列为 x 轴数据源，close 列为 y 轴数据源。如果未对 x 轴数据源指定，则使用 DataFrame 的行索引作为横轴数据。如果本例中在打开数据源文件时以 trade_date 为索引列且保证 trade_date 为日期类型数据，则可以不设置 x 值。
- ➢ title：指定绘图的标题。由于 plt.title 函数设置的 title 只能选择'left'、'center'和'right'这 3 个值之一，而通常排版要求是显示在图的底部，所以一般不在 plot 函数中设置 title 值。

- xlabel 和 ylabel：指定绘图的横轴和纵轴标签。
- xlim 和 ylim：指定绘图的横轴和纵轴范围。如果 *x* 轴是日期形式的数据，则设置 xlabel 前必须确定 *x* 轴数据源为日期类型；如果 *x* 轴数据源为文本类型，那么必须将其转换为日期类型。在本例中，read_csv 函数在打开数据文件时，可通过 parse_dates=['trade_date']将 trade_date 设置为日期类型数据，xlim=['2022-01-04', '2022-12-31']表示截取 2022-01-04 至 2022-12-31 时间段的图形进行显示。
- legend：指定是否显示图例，默认为 True。
- grid：指定是否显示网格线，默认为 False。
- color：指定绘图的颜色。
- alpha：指定绘图的透明度。
- linewidth：指定绘图中线条的宽度。
- fontsize：指定绘图中文本的字号大小。
- figsize：指定绘图的大小。
- ax：指定绘图所在的 AxesSubplot 对象，用于在已有的图形上添加新图形。
- subplots：指定是否将不同列的数据绘制在不同的子图中，默认为 False。
- sharex 和 sharey：指定是否共享横轴或纵轴，默认为 False。

【示例 3.30】 绘制折线图：close 与 open 为左边的 *y* 轴数据，chg 为右边的 *x* 轴数据。代码如下：

```
import matplotlib.pyplot as plt
from datetime import datetime
# 设置负号显示
mpl.rcParams['axes.unicode_minus'] = False
# 设置中文字体
plt.rcParams['font.sans-serif'] = ['SimHei']
# 设置清晰度
mpl.rcParams['figure.dpi'] = 300

# 打开'd:/sz000004.csv'文件并存储于 DataFrame 对象 stock_df 内
df = pd.read_csv('d:/sz000004.csv',
                 usecols=['trade_date','open','close'],
                 encoding='utf-8-sig',parse_dates=['trade_date'])

# 新增 chg 列，数据以右边的 y 轴为准
df['chg'] = df['close'] - df['open']

# 创建 Figure 对象和两个 Axes 对象
fig, ax1 = plt.subplots(figsize=(6, 3))
# ax2 为新 Axes 对象，与 ax1 共享 x 轴，但有自己的 y 轴
ax2 = ax1.twinx()

# 在第一个 Axes 对象上绘制 open 和 close 的折线图
ax1.plot(df['trade_date'], df['open'], color='blue', label='open',)
ax1.plot(df['trade_date'], df['close'], color='red', label='close',)
ax1.set_ylabel('Price', color='black', fontsize=12)
ax1.set_xlim([datetime.strptime('2022-01-04','%Y-%m-%d'),
              datetime.strptime('2022-12-31','%Y-%m-%d')])
# 添加图例
ax1.legend(loc='upper left', fontsize=10)
```

```
# 在第二个 Axes 对象上绘制 chg 的折线图
ax2.plot(df['trade_date'], df['chg'], color='green', label='chg')
ax2.set_ylabel('Change', color='black', fontsize=12)
ax2.yaxis.set_label_position('right')
# 添加图例
ax2.legend(loc='upper right', fontsize=10)

# 自动调整当前图表的 x 轴刻度标签以适应日期格式的数据
fig.autofmt_xdate()
```

程序输出结果如图 3.3 所示。

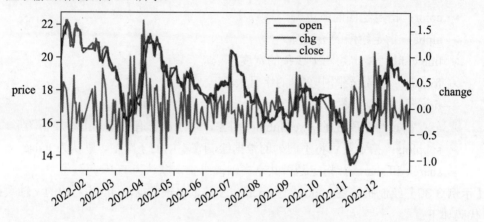

图 3.3　close、open 和 chg 折线图示意

说明：

- 在本例中，fig, ax = plt.subplots(figsize=(6, 3))表示创建一个宽度为 6 英寸、高度为 3 英寸的 Figure 对象 fig，并创建一个 Axes 对象 ax。
- Figure 对象是一个整个图表的容器，用于包含一个或多个 Axes 对象，并且可以包含其他元素（如标题、标签和图例等）。在创建 Figure 对象后，可以使用 plt 模块提供的函数进行绘图，即在使用 matplotlib.pyplot（通常别名为 plt）的 plot 和 hist 等绘图函数前必须通过 plt.figure()创建 Figure 对象实例。常用的 Figure 对象函数包括以下几种。
  - plt.figure 函数：创建一个新的 Figure 图形对象。例如，fig = plt.figure(figsize=(8, 6), dpi=200, facecolor='gray', linewidth=1)表示创建一个新的图形对象，并设置 figsize、dpi、facecolor 和 linewidth 等参数。最终的图形对象大小为 8×6 英寸，分辨率为 200DPI，背景色为灰色，边框线宽度为 1 点。
  - fig.suptitle 函数：设置 Figure 对象的标题。fig.suptitle 与 plt.suptitle 的表现基本相同，只是调用函数和作用域不同，可以根据实际需要选择使用其一即可。
  - fig.subplots_adjust：调整 Figure 对象中 Axes 对象的位置和间距。例如，fig.subplots_adjust(left=0.1, right=0.9, bottom=0.1, top=0.9, wspace=0.4, hspace=0.4)表示设置子图的边距与子图之间的垂直、水平间距。
  - fig.tight_layout 函数：自动调整子图的间距以适合 Figure 对象，便于子图不重叠并填充整个图形。该函数可以帮助用户快速生成美观的图形，无须手动调整子图布局和间距。
- ➢ fig.add_subplot 函数：在 Figure 对象中添加一个 Axes 对象，其内部包括 3 个参数，分别表示子图的行数、列数及子图所在的序号。例如，调用 fig=plt.figure() 创建 Figure 对象后，ax1 = fig.add_subplot(2, 2, 1) 表示建立 2 行 2 列的子图，ax1 位于第 1 个位置；ax2 = fig.add_subplot(2, 2, 2) 表示建立一个 2 行 2 列的子图，ax2 位于第 2 个位置；ax3 fig.add_subplot(2, 1, 2) 表示建立一个 2 行 1 列的子图，ax3 位于下方的子图，即第 2 个子图。
- ➢ fig.subplots 函数：在 Figure 对象中添加多个 Axes 对象，内部参数 nrows 用于设置子图行数，ncols 用于设置子图列数。例如，调用 fig=plt.figure() 创建 Figure 对象后，axs = fig.subplots(nrows=2, ncols=2, figsize=(8, 6)) 表示设置 2×2 个 Figure 对象 fig 和子图对象 axs，调用特定位置为子图 axs 需要使用下标，即 axs[0, 0].plot(x, y1) 表示对第 1 行第 1 列位置的子图进行绘制，axs[0, 1].plot(x, y1) 表示对第 1 行第 2 列位置的子图进行绘制。

❑ ax 对象是一个 Axes 类的实例，表示一个绘图区域。ax 对象包含许多函数可用于绘制、设置、调整和装饰绘图区域。以下是一些常用的 ax 对象函数。
- ➢ ax.plot 函数：绘制线条。
- ➢ ax.scatter 函数：绘制散点图。
- ➢ ax.bar 函数：绘制柱状图。
- ➢ ax.hist 函数：绘制直方图。
- ➢ ax.pie 函数：绘制饼图。
- ➢ ax.boxplot 函数：绘制箱线图。
- ➢ ax.imshow 函数：绘制图像。
- ➢ ax.set_xlabel 函数：设置 x 轴标签。
- ➢ ax.set_ylabel 函数：设置 y 轴标签。
- ➢ ax.set_title 函数：设置图表标题。
- ➢ ax.set_xlim 函数：设置 x 轴范围。
- ➢ ax.set_ylim 函数：设置 y 轴范围。
- ➢ ax.legend 函数：设置图例，在本例中，ax1.legend(loc='upper left', fontsize=10) 表示 ax1 对象的图例显示在左上位置处。
- ➢ ax.grid 函数：设置网格线。
- ➢ ax.text 函数：在绘图区域添加文本。
- ➢ ax.annotate 函数：在绘图区域添加注释。
- ➢ ax.axhline 函数：添加水平线。
- ➢ ax.axvline 函数：添加垂直线。

3.5.2 直方图

Pandas 有两种绘制直方图的方法，一种是直接通过 plot 函数绘制，另一种是使用 hist

函数。

- 使用 plot 函数绘制直方图，即将 plot 函数中的 kind 参数设为 hist，同时还需要设置表示箱数的参数 bins 等。
- 使用 hist 函数绘制直方图。hist 函数的基本语法为 DataFrame.hist(column, **kwargs)，主要参数包括以下几个。
    - column：指定要绘制的直方图的列，可以是列的名称或列的索引。
    - bins：指定直方图中的箱子数量，即直方图中的条数。
    - range：指定直方图中箱子的范围。默认情况下，箱子的范围是根据数据计算的。
    - density：指定是否将箱子高度标准化为密度。如果设置为 True，则直方图的总面积将为 1。
    - cumulative：指定是否绘制累计分布直方图。如果设置为 True，则绘制累计分布直方图而不是频率直方图。
    - histtype：指定绘制直方图的类型，可以是'bar'、'barstacked'、'step'或'stepfilled'。
    - align：指定箱子的对齐方式，可以是'left'、'mid'或'right'。
    - orientation：指定绘制直方图的方向，可以是'horizontal'或'vertical'。
    - color：指定直方图的颜色。
    - alpha：指定直方图的透明度。
    - grid：指定是否绘制网格线。
    - xlabelsize、ylabelsize、xticks、yticks、axvline 和 axhline：指定 x 轴、y 轴标签的大小，以及 x 轴、y 轴的刻度值、垂直线和水平线的位置与颜色。

【示例 3.31】绘制直方图：以 hist 函数绘制。

代码如下：

```python
import pandas as pd
import matplotlib.pyplot as plt

# 创建一个 DataFrame
# 打开'd:/sz000004.csv'文件并存储于 DataFrame 对象 stock_df 内
df = pd.read_csv('d:/sz000004.csv',
                 usecols=['trade_date','open','close'],
                 encoding='utf-8-sig',parse_dates=['trade_date'])

# 新增 chg 列，数据以右边的 y 轴为准
df['chg'] = df['close'] - df['open']

# 创建 Figure 对象，用于绘制一个或多个子图，Axes 对象为 Figure 中的一个子图
fig, ax = plt.subplots(figsize=(6, 3))

# 在子图对象 ax 上使用 hist 函数绘图
ax.hist(df['chg'], bins=10, density=False, cumulative=False, histtype='bar')

# 设置子图显示的网格
ax.grid(b=True)

# 设置子图的 x 轴标签
ax.set_xlabel('change')
```

```
# 设置子图的 y 轴标签
ax.set_ylabel('frequency')

# 优化图形布局
fig.tight_layout()
```

程序输出结果如图 3.4 所示。

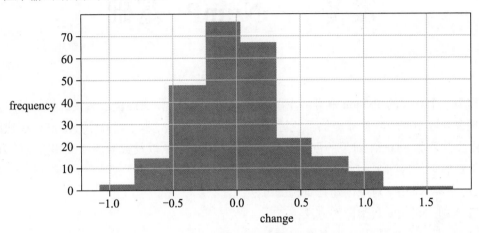

图 3.4　chg 直方图示意

3.6　本章小结

Pandas 是处理数据分析的重要模块之一。本章从 Pandas 的数据结构入手,介绍了 Pandas 重要的两种数据对象 Series 与 DataFrame 的创建,以及数据访问、删除、添加和查询等基本操作,还介绍了 Pandas 在统计计算和累计计算方面的函数和方法。

Pandas 强大的数据处理能力也体现在便捷的数据获取能力上,本章介绍了利用 Pandas 获取 CSV 数据文件和 SQLite 数据库文件的方法。Pandas 也提供了丰富的可视化图形展示方法,本章重点介绍了金融量化分析中常用的可视化图形实现方法,即折线图与直方图的绘制方法。

通过本章的学习,读者基本上可以掌握快速读取数据文件,数据序列新增、删除、运算和查询等操作,为后续独立开发金融量化交易策略模型打下基础。

3.7　思 考 题

1. 如何将 CSV 文件数据存入 SQLite 数据库文件?
2. 在 Pandas 模块中,Series 对象与 DataFrame 对象的关系是怎样的?二者存在哪些相同点与不同点?
3. DataFrame 对象列有哪些操作方法?这些操作方法有何用途?

第 4 章 金融量化分析工具的准备——NumPy 基础

作为一个开源的 Python 科学计算扩展模块，NumPy 模块提供了大量的模块函数，这为处理多维数组和矩阵计算提供了便捷、高效的解决方案。本章将介绍 NumPy 模块的基础使用方法，如 ndarray 对象的创建、修改、合并、分割，以及数据的修改和查询等方法。

本章的学习目标：
- 掌握 NumPy 对象创建与查询的方法；
- 掌握 NumPy 数组操作方法；
- 掌握 NumPy 模块函数的使用方法；
- 掌握 NumPy 模块随机数的处理方法。

4.1 NumPy 简介

NumPy 模块的名称由 Numerical 和 Python 两者的名称相结合得来。由于 NumPy 模块为数值相关计算提供了丰富的模块函数，因此，在各类数据分析和机器学习领域中，NumPy 模块也被广泛使用。

4.1.1 NumPy 的主要优势

在科学计算领域，NumPy 模块目前具有明显的优势，主要表现在以下几个方面。
- 提供了强大的 N 维数组处理方法。NumPy 的核心是多维数组对象，它可以通过向量化、索引和广播高效存储和处理大量数据，而且支持各种数组操作，如切片、索引、转置和合并等。
- 提供了广播功能。NumPy 通过广播功能可以让不同的数组进行运算，这极大地简化了代码的编写。
- 提供了丰富的数值计算及统计函数。NumPy 提供了全面的数学函数，包括随机数生成器、线性代数、傅里叶变换等函数。
- 具备与其他科学计算模块的高等级兼容性。NumPy 与其他科学计算模块（如 SciPy、Pandas 等）结合使用，可以很方便地进行数据处理与科学计算等。

- 提供了高性能计算能力。由于 NumPy 的核心代码是优化良好的 C 语言代码，所以 NumPy 既体现了 Python 的灵活性，又可以发挥 C 语言代码高速执行的优势。
- 提供了多平台使用解决方案。NumPy 支持广泛的硬件和计算平台，并且可以很好地与分布式、GPU 和稀疏数组模块配合使用。

4.1.2 NumPy 的主要功能

NumPy 的主要功能是进行科学计算，具体包括以下几点。

- 以数组形式保存、处理数据。NumPy 的核心是 ndarray（N-dimensional array，多维数组）对象，NumPy 通过 ndarray 对象为各领域数据提供了便捷的多维数组存储方式，这种数组结构可以进行各类操作，包括切片、索引、转置和合并等。
- 数学运算。NumPy 提供了各种数学函数，包括三角函数、指数函数、对数函数、幂函数和复数函数等。NumPy 也提供了各种线性代数运算函数，可以方便地进行各类线性运算，如向量和矩阵的乘法、矩阵的逆和行列式计算等。此外，NumPy 还提供了各类统计函数，可以计算平均值、方差、标准差、最大值和最小值等各类统计量。
- 生成随机数。NumPy 提供了各种随机数生成函数，可以生成不同分布的随机数，如正态分布、均匀分布和泊松分布等。

4.1.3 ndarray 的底层结构

NumPy 底层结构的核心是 ndarray 对象。ndarray 对象是一个由同类型元素组成的多维数组，其中的每个元素占用固定大小的内存，使得计算效率大幅提升。ndarray 对象有以下几个重要属性。

- shape：ndarray 的形状用一个整数元组表示，每个元素表示数组在每个维度上的大小。例如，一个二维数组的 shape 属性为(n, m)，其中，n 表示数组在第 1 维度上的大小，m 表示数组在第 2 维度上的大小。具体说，对于一个一维数组，它的 shape 只有一个元素，表示数组的长度；对于一个二维数组，它的 shape 有两个元素，分别表示数组在第 1 维度和第 2 维度上的大小；对于一个三维数组，它的 shape 有 3 个元素，分别表示数组在第 1 维度、第 2 维度和第 3 维度上的大小；以此类推。
- dtype：ndarray 中元素的数据类型，NumPy 支持的数据类型包括布尔型（bool）、整数型（int、int8、int16、int32、int64）、无符号整数型（uint、uint8、uint16、uint32、uint64）、浮点型（float、float16、float32、float64）和复数型（complex、complex64、complex128）等。
- ndim：ndarray 对象的维数（也称为秩），即数组的轴数。

NumPy 的所有功能都是基于 ndarray 对象这些基本属性基础上构建的，深入理解 ndarray 对象的基本属性，有助于理解 NumPy 灵活的多维数组处理机制，减少代码报错次数。

4.2 ndarray 对象的创建

NumPy 模块通过 ndarray 对象存放同类型元素的多维数组。ndarray 对象要求被存储的数据为相同类型的数据,并以 0 为起始下标对内部元素建立索引。

4.2.1 创建 ndarray 对象的方法

NumPy 通过 array 函数创建 ndarray 对象。
语法:numpy.array(object, dtype=None, copy=True, order='K', subok=False, ndmin=0)。
参数:
- object:序列、列表、元组、数组或其他序列类型,该参数为必须设置的参数,用以指定 array 创建的数据来源。
- dtype:可选,数组所需的数据类型,默认为 None,即自动推断数据类型。例如,将 dtype 设为 np.float,可以通过 dtype=np.float16 完成设置,也可以通过 dtype='float' 完成设置。
- copy:布尔类型数据,可选,设置是否需要复制数据,默认为 True。
- order:字符串类型数据,可选,指定数组在内存中的存储顺序。order 参数的取值可以是 C、F 或者 A。其中,C 表示以 C 风格存储(默认值),F 表示以 Fortran 风格存储,A 表示根据数组中的数据自动选择 C 风格或 Fortran 风格存储。在 C 风格中,多维数组在内存中以行为主序(row-major)存储,即同一行的元素在内存中是连续存储的。而在 Fortran 风格中,多维数组在内存中以列为主序(column-major)存储,即同一列的元素在内存中是连续存储的。
- ndmin:可选,指定返回的数组应该具有的最小维数。默认情况下,如果未指定 ndmin,则返回的数组的维度取决于输入数据的维度。如果 ndmin 的值大于或等于输入数据的维度,则在返回的数组中添加一个或多个新的轴以满足指定的最小维数。如果 ndmin 的值小于输入数据的维度,则返回的数组的维度将等于输入数据的维度。

【示例 4.1】创建 3×4 的 ndarray 对象。
代码如下:

```
# 引入 NumPy 模块
import numpy as np
# 平安银行股价
payh = [15.16,15.13,15.24,15]
# 兰州银行股价
lzyh = [3.63,3.65,3.66,3.63]
# 宁波银行股价
nbyh = [33.31,33.21,33.41,33.02]
# 构建一个 3×4 的 ndarray 对象 stock_array
```

```
stock_array = np.array([payh,lzyh,nbyh], dtype=float)
# 打印 ndarray 对象 stock_array
print(stock_array)
```

程序输出结果如下:

```
[[15.16 15.13 15.24 15. ] [ 3.63 3.65 3.66 3.63] [33.31 33.21 33.41 33.02]]
```

4.2.2 创建特殊的 ndarray 对象

出于特定的初始化目的,有时需要创建内部值全为 0、全为 1 或者任意值的 ndarray 对象。NumPy 模块通过 empty、zeros 与 ones 函数可以创建这些特殊的 ndarray 对象。

1. empty函数

功能:创建指定形状和数据类型的未初始化数组。未初始化数组的内容是随机的,可能包含垃圾值。

语法:numpy.empty(shape, dtype=float, order='C')。

参数:

- shape:整数或整数元组类型数据,设置生成的空数组的形状。
- dtype:数组的数据类型。默认为浮点数 float 类型。
- order:创建数组时使用的内存布局。C(行优先)或 F(列优先),默认为 C。

【示例 4.2】创建 2×3 的空 ndarray 对象。

代码如下:

```
# 创建一个维度为 2×3,数据类型为整数型 int 的 ndarray 对象
stock_empty = np.empty((2,3),dtype=int)
# 打印 stock_empty 的数据
print(stock_empty)
# 打印 stock_empty 的数据类型
print(type(stock_empty))
```

程序输出结果如下:

```
[[49 52 50]
 [53 51 54]]
<class 'Numpy.ndarray'>
```

说明:

- NumPy 的 empty 函数用于创建一个指定形状和数据类型的空数组,但不会初始化数组元素的值,而是使用未初始化的值填充数组。这种方式创建数组的好处是可以快速创建一个指定形状的数组,不需要进行初始化,提高了创建数组的效率。
- empty 函数生成的 ndarray 内部元素为随机生成。
- 如果需要将空的 ndarray 填充特定值,则可以通过 fill 方式实现。例如,stock_empty.fill(10),即可将上述数组对象内部的元素全部设为 10。

2. zeros函数

功能：用于创建指定形状和数据类型的全 0 数组。

语法：numpy.zeros(shape, dtype=float, order='C')。

参数：这里不过多赘述，具体可见示例。

【示例 4.3】创建 2×3 的 0 值 ndarray 对象。

代码如下：

```
# 生成一个维度为2×3、数据类型为默认 float64 类型的 ndarray 对象
zero_int_ndarray = np.zeros(shape=(2,3))
# 打印 zero_int_ndarray
print(zero_int_ndarray)
# 生成一个维度为2×3、数据类型为字符串 str 类型的 ndarray 对象
zero_str_ndarray = np.zeros(shape=(2,3),dtype=str)
# 打印 zero_str_ndarray
print(zero_str_ndarray)
```

程序输出结果如下：

```
[[0. 0. 0.]
 [0. 0. 0.]]
[['' '' '']
 ['' '' '']]
```

说明：如果将 zeros 函数的数据类型 dtype 设置为字符串 str 类型，则会生成以空字符串为元素的 ndarray 对象。

3. ones函数

功能：用于创建指定形状和数据类型的全 1 数组。

语法：numpy.ones(shape, dtype=float, order='C')。

参数：这里不过多赘述。

4.3 ndarray 数组数据的访问

在 NumPy 中，ndarray 数组可以通过索引下标和切片的方式进行数据访问。本节将对这两种访问数据的方式进行详细介绍。

4.3.1 索引

索引（Indexing）用于访问序列（如字符串、列表和元组等）中特定元素的位置或标识符。与列表类似，numPy.ndarray 数组的索引也从 0 开始，整数、整数序列、布尔值数组和其他数组均可用来表示索引。

在 NumPy 中，可以使用单个下标来访问一维数组中的特定元素。如果需要访问多维

数组内部的特定元素，则可以使用多个下标方式来实现。

1. 一维数组单一元素的索引访问

当访问一维数组的单一元素时，仅需要将被访问元素的索引号写入[]内即可。

【示例4.4】以索引方式访问 ndarray 对象数据的单一元素。

代码如下：

```
# 创建一维数组 a，元素值分别为"1、2、3、4、5"
array_one_level = np.array([1, 2, 3, 4, 5])
# 打印一维数组 a 中的第 3 个元素，索引号为 2
print(array_one_level[2])
```

程序输出结果如下：

```
3
```

2. 一维数组多元素的索引访问

当访问一维数组的多元素时，将被访问元素的索引号以列表形式写入[]即可。

【示例4.5】以索引方式访问 ndarray 对象数据的多元素。

代码如下：

```
# 输出一维数值中第 1、3、5 个元素，即[1, 3, 5]
print(array_one_level[[0, 2, 4]])
```

程序输出结果如下：

```
[1 3 5]
```

说明：
- array_one_level [[0, 2, 4]]的返回结果是[1 3 5]，这个返回结果是 numpy.ndarray 类型，并非列表 list 类型。
- 当引用多个索引值时，需要用英文中括号"[ ]"包裹具体的索引号。

3. 多维数组单一元素的索引访问

当访问多维数组的单一元素时，将该元素在每个维度的索引号写入[]即可，各维度的索引号之间以逗号","分隔。

【示例4.6】索引访问多维数组内的单一元素。

代码如下：

```
# 输出第 2 行第 3 列的元素
array_mul_level = np.array([[1, 2, 3], [4, 5, 6], [7, 8, 9]])
print(array_mul_level[1, 2])
```

程序输出结果如下：

```
6
```

说明：多维数组变量 array_mul_level 是一个 3×3 个元素的二维 ndarray 对象，a[1, 2]中的"1"代表 array_mul_level 对象的第 2 行，"2"代表 array_mul_level 对象的第 3 列，

a[1, 2]即表示 array_mul_level 对象第 2 行第 3 列对应的值。

4. 多维数组多元素的索引访问

当访问多维数组的多元素时，需要将每个元素在每个维度的索引号写入并以列表形式保存，并逐个写入多维数组后的[]内即可，每个元素的各维度索引号列表之间以逗号","分隔。

【示例 4.7】索引访问多维数组内的多元素。

代码如下：

```
# 输出第 1 行第 2 列和第 3 行第 1 列的元素
print(array_mul_level[[0, 2], [1, 0]])
```

程序输出结果如下：

```
[2 7]
```

说明：

- 返回结果[2 7]并非列表类型，而是 numpy.array 类型。
- 在多维数组的索引中，每个[]中的数据都标记了一个多维数组元素的位置。例如在本例中，"[0, 2]"表示第 1 个元素位置为多维数组第 1 行第 3 列位置对应的数值。

4.3.2 切片

Python 中的切片（Slicing）是一种获取序列（包括字符串、列表、元组等）中的子序列的方式。切片使用索引来指定序列中要获取的元素范围，可以使用冒号（:）来分隔起始索引和结束索引。例如，list1=[0,1,2,3,4,5]，则 list2=list1[1:4]表示从变量 str 内读取索引 1～索引 4 之间的数据（包含索引 1 对应的数据，但不包括索引 4 对应的数据，即 list2 的内容为[1,2,3]）。NumPy 的 ndarray 对象允许通过切片操作来选取指定区域的数组元素。

1. 获取数组指定行数据

如果需要访问二维数组的指定行数据，仅指定 ndarray 对象的行索引号即可。

【示例 4.8】获取数组指定行的数据。

代码如下：

```
array = np.array([[1, 2, 3], [3, 4, 5], [4, 5, 6]])
# 打印 ndarray 对象 array
print('原数组：\n',array)
print('----------')
# 打印 ndarray 对象第 2 行（索引号为 1）
print('原数组第 2 行数据：\n',array[1])
```

程序输出结果如下：

```
原数组：
 [[1 2 3]
 [3 4 5]
 [4 5 6]]
```

```
----------
原数组第 2 行数据：
 [3 4 5]
```

2．获取数组指定列的数据

如果需要访问二维数组的某列数据，则需要将":，列索引号"填入 ndarray 对象后的[]内即可。

【示例 4.9】获取指定列的数据。

代码如下：

```
# 打印第 2 列（索引号为 1）
print('原数组第 2 列数据：\n',array[:, 1])
```

程序输出结果如下：

```
原数组第 2 列数据：
 [2 4 5]
```

3．获取指定行之后的所有数据

如果需要访问指定行之后的所有数据，那么在 ndarray 对象后的[]填入"行索引号："即可。

【示例 4.10】获取指定行之后的所有数据。

代码如下：

```
# 打印第 2 行及之后的所有行的数据
print('第 2 行及之后的所有行的数据：\n',array[1:, ])
```

程序输出结果如下：

```
第 2 行及之后的所有行的数据：
[[3 4 5]
 [4 5 6]]
```

4．布尔切片

NumPy 可以通过布尔数组进行切片。布尔索引通过布尔运算（如比较运算符）来获取符合指定条件的元素数组。

【示例 4.11】获取数组中大于 2 的元素。

代码如下：

```
# 打印 ndarray 对象数组 array 中大于 2 的元素
print(array[array>2])
```

程序输出结果如下：

```
[3 3 4 5 4 5 6]
```

5．花式切片

NumPy 的花式切片（Fancy Indexing）是指使用整数数组进行索引，从而获取数组中指定位置的元素。花式切片可用于获取数组中的任意一组元素，还可用于选择、修改和重新排列数组中的元素。

【示例 4.12】 通过多维数组进行花式切片。

代码如下：

```
# 构造一个 2 维 3×8 个元素的 ndarray 对象数组
x=np.arange(24).reshape((3, 8))

# 打印 ndarray 对象数组
print('原数组：\n',x)

# 打印 ndarray 对象数组的第 2、1 行数据
print('\n 数组的第 2、1 行数据：\n',x[[2, 1]])

# 打印 ndarray 对象数组的第 3、1、7 列数据
print('\n 数组的第 3、1、7 列数据：\n',x[:, [3, 1, 7]])
```

程序输出结果如下：

```
原数组：
[[ 0  1  2  3  4  5  6  7]
 [ 8  9 10 11 12 13 14 15]
 [16 17 18 19 20 21 22 23]]

数组的第 2、1 行数据：
[[16 17 18 19 20 21 22 23]
 [ 8  9 10 11 12 13 14 15]]

数组的第 3、1、7 列数据：
[[ 3  1  7]
 [11  9 15]
 [19 17 23]]
```

4.4 NumPy 数组操作

NumPy 模块拥有丰富的处理数组的函数，这些函数可以进行多种数组的相关操作，如修改数组形状、翻转数组、修改数组维度、连接数组、分割数组、数组元素的添加与删除等。

4.4.1 修改 ndarray 数组形状

在 NumPy 中，可以使用 reshape、flatten 与 transpose 等函数修改 ndarray 对象的数组形状。

1. reshape函数

功能：用于重新定义 ndarray 数组的形状。该函数将给定的 ndarray 数组转换为指定形状的新 ndarray 数组，不会改变原始数据的顺序或值。

语法：numpy.reshape(a, newshape, order='C')。

参数：

- a：要重新定义形状的 ndarray 数组。
- newshape：新的 ndarray 数组的形状，以元组的形式给出。其中，每个元素表示相应维度的大小。新数组的大小必须与原始数组的大小相同，以确保可以在不丢失数据的情况下重新定义形状。
- order：可选参数，默认值为 C，用于设定数组元素的存储顺序，C 表示按行存储，F 表示按列存储。

【示例 4.13】reshape 函数的应用。

代码如下：

```
# 创建一维ndarray对象，元素分别为[0 1 2 3 4 5 6 7]
array_oldshape = np.arange(8)
print('原始数组：\n', array_oldshape)

# 修改ndarray对象为2×4数组，order为默认值"C"（行优先）
array_newshape_C = np.reshape(array_oldshape,[2,4])
print('\n 修改后的数组, order 排序默认为"C"：\n', array_newshape_C)

# 修改ndarray对象2×4数组，order设为"F"（列优先）
array_newshape_F = np.reshape(array_oldshape,[2,4],order='F')
print('\n 修改后的数组, order 排序为"F"：\n', array_newshape_F)
```

程序输出结果如下：

```
原始数组：
[0 1 2 3 4 5 6 7]

修改后的数组, order 排序默认为"C"：
[[0 1 2 3]
 [4 5 6 7]]

修改后的数组, order 排序为"F"：
[[0 2 4 6]
 [1 3 5 7]]
```

2. flatten函数

功能：用于将一个 ndarray 数组转换为一维数组。该函数将返回一个展开的一维 ndarray 数组，其中包含原始 ndarray 数组的所有元素。返回的一维数组是原始数组的副本，因此对返回的一维数组所做的任何修改都不会影响原始数组。

语法：ndarray.flatten(order='C')。

参数：这里不过多赘述。

【示例 4.14】flatten 函数的应用。

代码如下：

```
a = np.array([[1,2,3,4],[5,6,7,8]])
print('原数组：\n', a)
print('\n 以默认的"C"风格顺序order展开的数组：\n', a.flatten())
print('\n 以"F"风格顺序order展开的数组：\n', a.flatten(order='F'))
```

程序输出结果如下:

```
原数组:
[[1 2 3 4]
 [5 6 7 8]]

以默认的"C"风格顺序 order 展开的数组:
[1 2 3 4 5 6 7 8]

以"F"风格顺序 order 展开的数组:
[1 5 2 6 3 7 4 8]
```

3. transpose 函数

功能：用于对 ndarray 数组进行转置操作。转置操作会将 ndarray 数组的行和列进行交换，也就是将行变为列，列变为行。

语法：numpy.transpose(a, axes=None)。

参数：

- a：要进行转置操作的 ndarray 数组。
- axes：可选参数，用于指定转置操作的轴顺序。默认值为 None，表示按照原始数组的维度进行转置操作。如果指定了 axes 参数，则会按照指定的顺序进行转置。例如，对于一个二维数组，可以指定 axes=(1, 0)，表示将第 1 个轴和第 2 个轴进行交换。

【示例 4.15】transpose 函数的应用。

代码如下：

```
# 创建一个 2×3×4 维度的 ndarray 对象
array = np.arange(24).reshape(2,3,4)
print('原数组数据为：\n', array)
print('\n 修改为 2×4×3 维度数据：\n', array.transpose((0,2,1)))
```

程序输出结果如下：

```
原 ndarray 对象数组数据为:
[[[ 0  1  2  3]
  [ 4  5  6  7]
  [ 8  9 10 11]]

 [[12 13 14 15]
  [16 17 18 19]
  [20 21 22 23]]]

修改为 2×4×3 维度的 ndarray 对象数组数据:
[[[ 0  4  8]
  [ 1  5  9]
  [ 2  6 10]
  [ 3  7 11]]

 [[12 16 20]
  [13 17 21]
  [14 18 22]
  [15 19 23]]]
```

说明：在 array.transpose((0,2,1))的元组(0,2,1)中，第 1 个元素 0 代表原对象中第 1 维度的二维数组，第 2 个元素 2 代表原对象中第 3 维度的四维数组，第 3 个元素 1 代表原对象中第 2 个维度的三维数组。

4.4.2　合并 ndarray 数组

NumPy 通过 concatenate 函数可以将不同的 ndarray 数组按照指定轴进行合并。
语法：np.concatenate((a1, a2, ...), axis=0, out=None)。
参数：
- a1, a2, ...：需要拼接的数组序列。
- axis：整数或者 None，用于设置拼接的轴向。默认值为 0，表示在第 1 个维度上拼接。如果设置为 None，则把所有数组视为一维数组进行拼接。
- out：ndarray 类型数据，用于设置输出结果的数组，如果没有指定，则会新建一个数组来存储结果。

【示例 4.16】合并数组。
代码如下：

```
array1 = np.array([[1,2], [3,4]])
print('第 1 个数组的原始数据：\n', array1)

array2 = np.array([[5,6], [7,8]])
print('\n 第 2 个数组的原始数据：\n')

# 两个数组的维度需要相同
print ('\n 沿轴 0 连接两个数组：\n' ,np.concatenate((array1, array2)))
print ('\n 沿轴 1 连接两个数组：\n', np.concatenate((array1, array2), axis=1))
```

程序输出结果如下：

```
第 1 个数组的原始数据：
[[1 2]
 [3 4]]

第 2 个数组的原始数据：
[[5 6]
 [7 8]]

沿轴 0 连接两个数组：
[[1 2]
 [3 4]
 [5 6]
 [7 8]]

沿轴 1 连接两个数组：
[[1 2 5 6]
 [3 4 7 8]]
```

4.4.3 分割 ndarray 数组

NumPy 可通过 split 函数将 ndarray 对象数据沿着指定的轴分割为多个子数组。

语法：numpy.split(a, indices_or_sections, axis=0)。

参数：

- a：需要被分割的数组。
- indices_or_sections：指定分割的位置，可以是一个整数，表示将数组分成几个等份，也可以是一个列表或元组，表示每个分割点的位置。注意，这里的位置指分割轴上的索引，而不是元素个数。具体来说，当 indices_or_sections 是一个整数 N 时，numpy.split 函数将数组分割成 N 个相等的子数组。如果 indices_or_sections 是一个整数数组，那么 numpy.split 函数将指定每个要创建的子数组的结束索引（不包括该索引）。例如，indices_or_sections 是[2, 4]，那么 numpy.split 函数将数组分割成 3 个子数组，分别是原数组的前两个元素、第 3 个到第 4 个元素、第 5 个到最后一个元素。
- axis：表示沿着哪个轴进行分割。默认值为 0，表示沿着第 0 轴进行分割。如果 array 是一个二维数组，则 axis=0 表示沿着行的方向进行分割，axis=1 表示沿着列的方向进行分割。

【示例 4.17】拆分数组。

代码如下：

```
# 创建一个维度为 4×4 的 ndarray 对象
array = np.arange(16).reshape(4,4)
print('打印 ndarray 对象原数据 \n', array)
print('\n 默认按行索引号为 1、2 分割数组数据：\n')
print(np.split(a, [1, 2]))

print('\n axis=1，按列索引号为 1、2 分割数组数据：')
print(np.split(a, [1, 2], axis=1))
```

程序输出结果如下：

```
打印 ndarray 对象原数据
[[ 0  1  2  3]
 [ 4  5  6  7]
 [ 8  9 10 11]
 [12 13 14 15]]

默认按行索引号为 1、2 分割数组数据：
[array([[0, 1, 2, 3]]), array([[4, 5, 6, 7]]), array([[ 8,  9, 10, 11],
       [12, 13, 14, 15]])]

axis=1，按列索引号为 1、2 分割数组数据：
[array([[ 0],
       [ 4],
       [ 8],
       [12]]), array([[ 1],
       [ 5],
```

```
         [ 9],
        [13]]), array([[ 2,  3],
        [ 6,  7],
        [10, 11],
        [14, 15]])]
```

4.4.4 删除 ndarray 数组数据

在 NumPy 中的 ndarray 对象数据结构非常灵活，可以是任意维度的存储结构。NumPy 为 ndarray 对象删除内部指定元素提供了非常便捷的函数，通过这些函数，可以方便地删除单一元素、指定行、指定列或者指定区域的数据。

1．删除单一元素

delete 函数可删除 ndarray 对象中的数据。

语法：numpy.delete(arr, obj, axis=None)。

参数：

- arr：要操作的 ndarray 对象。
- obj：要删除的元素索引或切片。
- axis：用于指定要删除的轴，如果不指定，则将数组展开为一维数组后进行删除。

【示例 4.18】删除数组的单一数据。

代码如下：

```
# 删除 ndarray 对象 arr 中索引为 1 的元素
arr = np.array([1, 2, 3, 4, 5])
print('原数组：\n',arr)
new_arr = np.delete(arr, 1)
print('\n 删除后的数组：\n',new_arr)
```

程序输出结果如下：

```
原数组：
 [1 2 3 4 5]

删除后的数组：
 [1 3 4 5]
```

2．删除指定行和列的数据

使用 delete 函数可以删除指定的行和列的数据，如删除第 1 行的数据。

【示例 4.19】删除指定行和列的数据。

代码如下：

```
arr = np.array([[1, 2, 3], [4, 5, 6], [7, 8, 9]])
print('原数据：\n',arr)
# 删除第 1 行
new_arr = np.delete(arr, 0, axis=0)
print('\n 删除 1 行后的数据：\n',new_arr)
```

程序输出结果如下：

原数据:
[[1 2 3]
 [4 5 6]
 [7 8 9]]

删除 1 行后的数据:
[[4 5 6]
 [7 8 9]]

3. 切片删除数据

使用 delete 函数可以将 obj 参数设置为切片或花式索引形式,实现删除指定多组数据的功能。例如,删除第 1 列与第 3 列的数据。

【示例 4.20】切片删除数据。

代码如下:

```
# 删除第 1 列与第 3 列的数据
new_arr = np.delete(arr, [0, 2], axis=1)
print(new_arr)
```

程序输出结果如下:

```
[[2]
 [5]
 [8]]
```

4.4.5 添加数组数据

appen 函数可实现添加整行或整列数据的功能。

语法: numpy.append(arr, values, axis=None)。

参数:

❑ arr: 要操作的 ndarray 对象。
❑ values: 要添加的元素,可以是标量或 ndarray 对象。
❑ axis: 指定要添加元素的轴。如果不指定,则将数组展开为一维数组后进行添加。

说明:

❑ append 函数返回一个新的 ndarray 对象,不会修改原始 ndarray 对象的内部数据。

【示例 4.21】添加数组数据。

代码如下:

```
# 添加多个数据至原数组
arr = np.array([1, 2, 3])
new_arr = np.append(arr, [4, 5, 6])
print(new_arr)
```

程序输出结果如下:

```
[1 2 3 4 5 6]
```

❑ append 函数也可以添加整行或整列数据。

【示例 4.22】添加数组的行数据。

代码如下:

```
# 添加一行数据
arr = np.array([[1, 2, 3], [4, 5, 6]])
new_arr = np.append(arr, [[7, 8, 9]], axis=0)
print(new_arr)
```

程序输出结果如下:

```
[[1 2 3]
 [4 5 6]
 [7 8 9]]
```

【示例 4.23】添加数组的列数据。

代码如下:

```
# 添加一列数据
new_arr = np.append(arr, [[10], [11]], axis=1)
print(new_arr)
```

程序输出结果如下:

```
[[ 1  2  3 10]
 [ 4  5  6 11]]
```

4.5 NumPy 模块的主要函数

作为 Python 中用于科学计算和数据处理的核心模块,NumPy 不但提供了丰富的统计、线性代数、随机数等相关计算函数,而且提供了各种排序、筛选等数据处理函数。

4.5.1 统计类函数

NumPy 可以通过内部统计函数方便地进行各类统计操作。NumPy 模块常用的统计函数包括以下几种。

- mean 函数:求取数组的平均值。
- median 函数:求取数组的中位数。
- std 函数:求取数组的标准差。
- var 函数:求取数组的方差。
- min 函数:求取数组中的最小值。
- max 函数:求取数组中的最大值。
- sum 函数:求取数组中元素的总和。
- percentile 函数:计算百分位数。
- histogram 函数:统计数组的直方图数据。
- corrcoef 函数:计算相关系数矩阵。
- cov 函数:计算协方差矩阵。

以上函数的使用方法大致相同，这里以 histogram 函数为例介绍 NumPy 模块函数的调用方法。

功能：histogram 函数用于计算给定的数组数据的直方图绘制数据。

语法：np.histogram(a, bins=10, range=None, density=False, weights=None, density=False)。

参数：

- a：一个扁平化的数组，是必须提供的参数，在该数组基础上计算直方图数据。
- bins：整数 int 类型或字符串 str 序列，用于定义一个范围内的等宽框的数量，表示数据分成多少个区间，默认值为 10。
- range：可选参数，表示数据的取值范围。默认值为 None，表示取值范围在数据集的最大值和最小值之间。range 参数的值可以是一个包含两个元素的元组(min, max)，也可以是一个整数 n。当 range 为元组(min, max)时，数据集中小于 min 的数据和大于或等于 max 的数据都将被忽略。当 range 为整数 n 时，数据集将等分成 n 个区间，每个区间的范围是(min, min+step, …, max)。
- density：布尔类型数据，用于指定是否将计算出的直方图转换为概率密度分布（Probability Density Function，PDF），默认值为 False。当 density 参数为 True 时，函数返回的直方图对应概率密度分布。
- weights：可选参数，默认值为 None，表示每个数据点的权重，必须与输入的数据集 array 的长度相同。
- cumulative：可选参数，默认值为 False，表示是否返回累计频率的直方图。

说明：

- histogram 函数返回一个元组，该元组包括两个值，分别为 hist 与 bin_edges。
- hist 为一个包含直方图数据的一维数组，表示每个区间内的频数或频率密度。默认情况下，hist 是一个包含 10 个元素的数组，每个元素表示一个区间内的频数或频率密度。
- bin_edges 是一个包含直方图分 bins 边界的一维数组，表示每个区间的范围。默认情况下，bin_edges 是一个包含 11 个元素的数组，每个元素表示一个区间范围，即分 bins 的边界。

【示例 4.24】计算数组的直方图数据。

代码如下：

```
np.histogram(np.arange(4), bins=np.arange(5), density=True)
```

程序输出结果如下：

```
(array([0.25, 0.25, 0.25, 0.25]), array([0, 1, 2, 3, 4]))
```

说明：

- 该直方图数据源为 array([0, 1, 2, 3])，即数据分别为 0、1、2、3。
- 该直方图参数 bin 是一个数组 array([0, 1, 2, 3, 4])，即直方图的箱体边界分别为 0、1、2、3、4，这些边界将 0~4 分割为 4 个区域，分别为[0 1)、[1 2)、[2 3)、[3, 4]，即前 3 个区间范围为半开半闭区间，最后一个区间为全闭区间。

- 输出结果表明：有25%的元素落入[0 1)，有25%的元素落入[1 2)、有25%的元素落入[2 3)、有25%的元素落入[3, 4]。

4.5.2 线性代数类函数

NumPy 模块包括丰富的线性代数类函数，可以方便地进行线性相关的计算。NumPy 模块的线性代数运算的函数包括以下几种。

- numpy.dot 函数：计算矩阵乘积。
- numpy.transpose 函数：计算矩阵的转置。
- numpy.trace 函数：计算矩阵的迹。
- numpy.linalg.det 函数：计算矩阵的行列式。
- numpy.linalg.inv 函数：计算矩阵的逆。
- numpy.linalg.eig 函数：计算矩阵的特征值和特征向量。
- numpy.linalg.svd 函数：计算矩阵的奇异值分解。
- numpy.linalg.norm 函数：计算矩阵的范数。
- numpy.linalg.solve 函数：求解线性代数问题。

以上线性代数相关的函数可以快速求解线性代数问题。

本节以 solve 函数为例，具体解释如何使用 NumPy 求解线性代数问题。

功能：以矩阵形式解一个线性矩阵方程或线性标量方程组。例如，线性方程组表示为 **ax**=**b**，求解出向量 **x** 的结果。返回值为该线性矩阵方程未知数变量的解集向量。

语法：numpy.linalg.solve(a, b)。

参数：

- a：数组类型数据，表示求解的线性方程的系数矩阵，每行代表一个方程式中未知数对应的系数。
- b：数组类型数据，表示线性方程的结果向量，即线性方程的因变量向量。

示例 4.25 演示了如何使用 NumPy 求解一个三元一次方程组的过程。这种多元一次方程组在进行金融量化分析时具有丰富的应用场景，如在投资组合优化、风险管理和预测分析等领域均涉及多元一次方程组的求解问题。

【示例 4.25】NumPy 求解方程组。

$$3x_1 + 3x_2 + 2x_1 = 18$$
$$2x_1 + 5x_2 + 2x_1 = 17$$
$$x_1 + 2x_2 + 4x_3 = 10$$

代码如下：

```
# 将原方程组视为 AX=B，通过构建 ndarray 数组 A 与 B，求解未知向量 X
A = np.array([[3, 3, 2],
              [2, 5, 2],
              [1, 2, 4]])
B = np.array([18, 17, 10])
X = np.linalg.solve(A, B)
print("自变量向量解: ",X)
```

程序输出结果如下:

自变量向量解: [4. 1.5 0.75]

说明:任何线性方程组都可以构建为 $AX=B$ 的线性矩阵形式,其中,A 为 $m \times n$ 维系数矩阵,B 为长度为 m 的常数向量。在本例中,3 个未知数分别为 4、1.5 与 0.75。

4.5.3 排序与筛选类函数

NumPy 为 ndarray 对象内部数据的排序和筛选提供了对应的函数,如 sort、argsort、argmax、argmin 与 where 函数等。

1. sort函数

NumPy 可以通过 sort 函数实现基本的排序,返回一个按指定轴排序后的数组副本。

语法:numpy.sort(a, axis=-1, kind=None, order=None)。

参数:

- a:要排序的数组。
- axis:排序沿着指定的轴进行。默认值为-1,表示沿着最后一个轴排序。
- kind:指定排序算法,可以取值为 quicksort、mergesort 或 heapsort。默认为 quicksort。
- order:如果数组包含字段,则指定要排序的字段。

【示例 4.26】一维数组排序。

代码如下:

```
arr = np.array([3, 1, 4, 1, 5, 9, 2, 6, 5, 3])
# 沿着最后一个轴排序(默认值)
sorted_arr = np.sort(arr)
print("沿着最后一个轴排序(默认值): \n",sorted_arr,"\n")
```

程序输出结果如下:

沿着最后一个轴排序(默认值):
 [1 1 2 3 3 4 5 5 6 9]

说明:np.sort 函数排序是升序排序,如果需要进行逆序排序,则需要对 np.sort 函数返回结果执行逆序切片处理,来看下面的示例。

【示例 4.27】按指定轴排序。

代码如下:

```
# 沿着第 1 个轴排序
arr = np.array([[3, 1, 4], [1, 5, 9], [2, 6, 5], [3, 5, 8]])
sorted_arr = np.sort(arr, axis=0)
print("沿着第 1 个轴排序: \n",sorted_arr,"\n")
```

程序输出结果如下:

沿着第 1 个轴排序:
 [[1 1 4]
 [2 5 5]

```
 [3 5 8]
 [3 6 9]]
```

【示例 4.28】 带有字段的数组排序。

代码如下:

```
# 排序带有字段的数组
dtype = [('name', 'S10'), ('age', int)]
values = [('Alice', 25), ('Bob', 18), ('Charlie', 32), ('David', 23)]
arr = np.array(values, dtype=dtype)
sorted_arr = np.sort(arr, order='name')
print("排序带有字段的数组: \n",sorted_arr)
```

程序输出结果如下:

```
排序带有字段的数组:
 [(b'Alice', 25) (b'Bob', 18) (b'Charlie', 32) (b'David', 23)]
```

说明:

- 在示例 4.28 中,数组由一个包含姓名和年龄两个字段的结构组成,每个字段的数据类型分别为字符串和整数。数组包含 4 个元素,每个元素表示一个人的姓名和年龄。
- 使用 np.array 函数创建数组时,可以指定一个 dtype 参数,用于定义数组元素的数据类型。在示例 4.28 中,dtype 参数定义了一个包含两个字段的结构类型,其中:第一个字段名为 name,数据类型为字符串,长度为 10;第二个字段名为 age,数据类型为整数。
- 创建数组后,可以使用 np.sort 函数对数组进行排序。在本例中,使用 order 参数指定按照 name 字段进行排序,即按照姓名的字母顺序对数组进行排序。排序后,返回一个新的排序数组,不影响原数组。

2. argsort函数

sort 函数可以返回排序后的数组,如果希望获取沿给定轴排序后的数组索引,则可以通过 argsort 函数实现。

语法:numpy.argsort(a, axis=-1, kind=None, order=None)。

参数:参见 sort 函数的参数含义,这里不再赘述。

【示例 4.29】 argsort 函数返回排序后的索引号。

代码如下:

```
arr = np.array([3, 1, 4, 1, 5, 9, 2, 6, 5, 3])
# 沿着最后一个轴排序(默认值)
sorted_arr = np.argsort(arr)
print("沿着最后一个轴排序(默认值): \n",sorted_arr,"\n")
```

程序输出结果如下:

```
沿着最后一个轴排序(默认值):
 [1 3 6 0 9 2 4 8 7 5]
```

【示例 4.30】 使用 argsort 函数按指定列排序。

代码如下:

```
# 按 4×3 数组的第 2 列值进行排列
arr = np.array([[3, 1, 4], [1, 5, 9], [2, 6, 5], [3, 5, 8]])
print('原数据: \n', arr)
# 获取第 2 列值排序后的索引号
sorted_indices = np.argsort(arr[:, 1])
# 原数组按新的索引号排序
sorted_arr = arr[sorted_indices]
print('\n 按第 2 列数据排序: \n',sorted_arr)
```

程序输出结果如下:

```
原数据:
 [[3 1 4]
 [1 5 9]
 [2 6 5]
 [3 5 8]]

按第 2 列数据排序:
 [[3 1 4]
 [1 5 9]
 [3 5 8]
 [2 6 5]]
```

3. argmax 和 argmin 函数

argmax 和 argmin 函数分别沿给定轴返回数组最大和最小元素的索引。

语法: numpy.argmin(ndarray, axis)。

numpy.argmax(ndarray, axis)。

参数:

- ndarray: 要排序的数组。
- axis: 指定数组数据排序的标准轴,如果没有指定 axis,则沿着最后的轴进行排序。axis=0 表示按列排序,axis=1 表示按行排序。

【示例 4.31】 创建 3×4 的 ndarray 对象。

代码如下:

```
a = np.array([[2, 7, 8, 4], [5, 1, 3, 6]])
print('原始 ndarray 对象数据为: ')
print(a)
print('------------------------------------------------')
print('按行进行 argmax 排序: ')
print(np.argmax(a, axis=0))
print('------------------------------------------------')
print('按列进行 argmin 排序: ')
print(np.argmin(a, axis=1))
```

程序输出结果如下:

```
原始 ndarray 对象数据为:
[[2 7 8 4]
 [5 1 3 6]]
```

```
------------------------------------------------
按行进行 argmax 排序:
[1 0 0 1]
------------------------------------------------
按列进行 argmin 排序:
[0 1]
```

4．where函数

where 函数根据设定的条件返回一个数组，其中包含满足给定条件的输入数组中对应元素的索引。

语法：numpy.where(condition, x=None, y=None)。

参数：

- condition：布尔类型的数组，用于指定条件。
- x：可选参数，用于指定在满足条件时要返回的值。
- y：可选参数，用于指定在不满足条件时要返回的值。

说明：

- condition 是一个布尔类型的数组或者条件表达式，x 和 y 是两个数组或者标量。
- 当 condition 中的元素为 True 时，函数返回 x 中对应的元素。
- 当 condition 中的元素为 False 时，函数返回 y 中对应的元素。
- 如果只给出了 condition 参数，则返回 condition 中所有元素为 True 的索引。

【示例 4.32】where 的应用。

代码如下：

```
arr1 = np.array([8, -2, 9, 4])
print('原数组1: ',arr1)
arr2 = np.array([5, 6, 7, 8])
print('原数组2: ',arr2)
new_arr = np.where(arr1 > 0, arr1, 0)
print('将小于 0 的元素转换为 0: ',new_arr)

# 不指定 x 和 y 参数，只返回符合条件的索引
idx = np.where(arr1 > 2)
print('仅设置条件时，返回符合条件的索引，而非具体的元素值: ',idx)   # (array([2, 3]),)

# 指定 x 和 y 参数，返回对应值
new_arr = np.where(arr1>arr2, arr1, arr2)
print('数组1>数组2时，选数组1值，否则选数组2值: ',new_arr)
```

程序输出结果如下：

```
原数组1: [ 8 -2  9  4]
原数组2: [5 6 7 8]
将小于 0 的元素转换为 0: [8 0 9 4]
仅设置条件时，返回符合条件的索引，而非具体元素值: (array([0, 2, 3], dtype=int64),)
数组1>数组2时，选数组1值，否则选数组2值: [8 6 9 8]
```

说明：

- 在 where 函数的参数中，两个数组之间可以直接进行比较。例如，在本例中 arr1>arr2 表示对 arr1 和 arr2 中的每个元素逐一进行比较。

❑ 在 where 函数的参数中，如果未指定 x 和 y 参数，则仅返回满足条件的索引。

4.6 NumPy 随机数处理

在构建金融量化分析策略时，常常会涉及统计学理论应用，有时为了模拟，需要进行随机数的相关操作。NumPy 提供了许多用于处理随机数的函数，这些函数可以用来生成随机数、从数组中随机选择元素，以及对数组进行随机排列等操作。

4.6.1 NumPy 处理随机数问题的优势

NumPy 在处理随机数问题上具有非常大的优势，主要体现在以下几个方面。
❑ 一致性：NumPy 提供了许多随机数生成器，这些生成器使用了相同的接口，因此在使用时非常一致。这种一致性使得代码更易于编写、调试和维护。
❑ 可重复性：NumPy 的随机数生成器是伪随机的，但可以设置随机数种子，使得随机数序列可重复生成。这种可重复性在测试和调试时非常有用。
❑ 灵活性：NumPy 提供了多种随机数生成器，可以生成不同分布、不同范围和不同形状的随机数。这种灵活性使得 NumPy 在各种数据分析和科学计算任务中都非常有用。
❑ 多维数组支持：NumPy 可以生成多维随机数数组，这种多维数组在处理图像、音频和视频数据等方面非常有用。
❑ 算法丰富：NumPy 提供了多种生成随机数的算法，包括梅森旋转（Mersenne Twister）算法、互相关移位反馈寄存器（XorShift）算法和超几何分布等。这些算法的丰富性使得 NumPy 可以满足各种随机数生成的需求。

NumPy 可以处理很多随机性问题，具体涵盖以下范围：
❑ 生成随机数：NumPy 提供了许多生成随机数的函数，包括生成指定范围内的随机整数、生成服从不同分布（如正态分布、均匀分布、泊松分布等）的随机浮点数等。
❑ 随机抽样：NumPy 提供了从给定数组中进行抽样的函数，如随机从一个数组中选择若干个元素。
❑ 生成随机数种子：NumPy 提供了种子函数，可以通过指定种子来生成可重复的随机数序列。
❑ 进行模拟实验：NumPy 提供了用于模拟实验的函数，如模拟随机游走、蒙特卡罗模拟等。

4.6.2 生成随机数

NumPy 提供了许多随机数生成函数，主要包括以下几个。

- numpy.random.rand 函数:生成一个[0, 1)之间均匀分布的随机数,也可以生成指定形状的随机数数组。
- numpy.random.randn 函数:生成一个标准正态分布(均值为0,方差为1)的随机数,也可以生成指定形状的随机数数组。
- numpy.random.sample 函数:生成在[0.0, 1.0)之间均匀分布的随机数组。
- numpy.random.randint 函数:生成一个指定范围内的整数随机数,可以生成指定形状的随机数数组。
- numpy.random.uniform 函数:生成一个指定范围内均匀分布的随机数,也可以生成指定形状的随机数数组。
- numpy.random.normal 函数:生成一个指定均值和标准差的正态分布的随机数,也可以生成指定形状的随机数数组。
- numpy.random.gamma 函数:生成一个指定形状和尺度参数的伽马分布的随机数,也可以生成指定形状的随机数数组。
- numpy.random.binomial 函数:生成一个指定样本量和概率的二项分布的随机数,也可以生成指定形状的随机数数组。
- numpy.random.poisson 函数:生成一个指定均值的泊松分布的随机数,也可以生成指定形状的随机数数组。

以上函数的语法基本相同,下面以 numpy.random 和 numpy.random.randint 函数为例讲解这些随机数生成函数的使用方法。

1. numpy.random函数

numpy.random 函数可以生成一个或一组服从"0~1"均匀分布的随机样本值。随机样本的取值范围是[0,1),不包括1。

语法:numpy.random.rand(d0, d1, ..., dn)。

参数:d0, d1, ..., dn 表示非负整数,表示生成的随机数组的第 n 维度的元素个数。如果没有提供参数,则生成一个标量随机数。

说明:numpy.random.rand 和 numpy.random.sample 在功能上是相似的,它们都用于生成随机数数组,但它们的语法略有不同。例如,生成一个二维3×4的随机数数组,代码可以写为 np.random.rand(3, 4)与 np.random.sample((3, 4))。

【示例4.33】创建2×3的随机均匀分布的数组。

代码如下:

```
# 生成一个二维2×3的随机数据矩阵数组,全部值服从"0~1"均匀分布的随机样本值。随机样本取值范围是[0,1),即包括0但不包括1
array_normal = np.random.rand(2,3)
array_normal
```

程序输出结果如下:

```
array([[0.01298626, 0.89372488, 0.58194239],
       [0.29539458, 0.42176617, 0.69826253]])
```

2. numpy.random.randint函数

numpy.random.randint 函数可以生成指定取值范围的随机整数或整型数组。

语法：numpy.random.randint(low, high=None, size=None, dtype='l')。

参数：
- low：整数类型数据，用于设置生成随机整数范围的最小值。当 high=None 时，此参数比取值空间最大的整数大 1。
- high：整数类型数据，用于设置生成随机整数范围的最大值。
- size：元组类型数据，用于设置数组维度的大小。
- dtype：数据类型，默认的数据类型是 np.int。

【示例 4.34】创建随机整数数组。

代码如下：

```
print("生成5个不高于2的一维整数数组：",np.random.randint(2, size=5))
print("生成0～5之间的整数型2×3数组：\n",np.random.randint(0,5,size=(2,3)))
```

程序输出结果如下：

```
生成5个不高于2的一维整数数组： [0 1 0 1 0]
生成0～5之间的整数型2×3数组：
 [[4 2 2]
 [3 2 4]]
```

4.6.3 随机抽样

NumPy 提供了许多随机抽样函数，主要包括以下几个。
- numpy.random.choice 函数：从指定序列中随机抽取元素，可以指定抽取元素的数量，以及是否允许重复抽取。
- numpy.random.shuffle 函数：对指定序列进行随机排序，原序列被修改。
- numpy.random.permutation 函数：对指定序列进行随机排序，返回新的随机序列，原序列不变。
- numpy.random.sample 函数：从[0, 1)的均匀分布中抽取随机数。

本节以 numpy.random.choice 函数为例，展示讲解 NumPy 抽样函数的使用方法。

语法：numpy.random.choice(a, size=None, replace=True, p=None)。

参数：
- a：一维数组，表示进行随机抽样的数据源，可以是任何可迭代的对象。
- size：整数或元组，表示返回的随机样本的形状，默认为 None，即返回单个随机样本。
- replace：布尔型，表示是否允许重复抽样，如果为 True，则允许重复抽样；如果为 False，则不允许重复抽样。默认为 True。
- p：一维数组，表示每个元素被抽样的概率，如果为 None，则默认为均匀分布；

如果指定了 p，则其长度必须等于 a 的长度。
说明：
- numpy.random.choice 函数返回一个随机的样本数组，其形状由参数 size 指定，默认情况下返回一个单元素的随机样本。
- 如果数据源中的元素个数小于 size 中指定的元素个数，则抛出 ValueError 异常。

【示例 4.35】choice 函数随机抽查。

代码如下：

```
a = np.array([1, 2, 3, 4, 5])
# 从 a 数组中随机抽查 3 个元素，不允许重复抽样，并且原数组 a 中各元素被抽查的概率按参数 p 的设定概率进行抽取
b = np.random.choice(a, size=3, replace=False, p=[0.8, 0.1, 0.05, 0.025, 0.025])
print(b)
```

程序输出结果如下：

```
[1 2 4]
```

4.6.4 随机模拟实验

利用 NumPy 提供的随机生成函数，可以进行一些模拟实验。本节分别以掷骰子模拟实验与蒙特卡罗模拟实验为例，解释如何使用 NumPy 模块随机数解决实际的随机问题。

1．掷骰子模拟实验

假设要模拟掷 100 次骰子，其中每个面出现的概率为 1/6，则这个实验可以使用 numpy.random.choice(a, size, replace, p)函数完成。

其中：a=[1, 2, 3, 4, 5, 6]表示骰子的 6 个面；size=100 表示生成 100 个随机数，即模拟 100 次实验的结果；replace=True 表示有放回抽样；p=[1/6, 1/6, 1/6, 1/6, 1/6, 1/6]表示每个面出现的概率相等，均为 1/6。

【示例 4.36】掷骰子模拟实验。

代码如下：

```
# 模拟掷骰子实验，100 次试验，每个面出现的概率相等，均为 1/6
dice_roll = np.random.choice(a=[1, 2, 3, 4, 5, 6], size = 100, replace = True, p = [1/6, 1/6, 1/6, 1/6, 1/6, 1/6])

# 输出实验结果
print("掷骰子实验结果：", dice_roll)
print("每个面出现的次数：", np.bincount(dice_roll, minlength=6))
```

程序输出结果如下：

```
掷骰子实验结果： [5 1 3 1 2 2 3 5 2 1 5 6 3 3 5 1 1 4 2 6 4 5 5 1 4 3 4 6 4
1 2 5 6 2 6 3 2 2 5 3 5 4 6 6 5 4 1 5 3 1 2 6 1 2 1 3 5 2 6 6 2 1 4
1 2 1 5 2 4 5 6 1 4 3 4 6 5 3 3 6 2 1 3 4 1 4 5 2 6 1 6 4 1]
每个面出现的次数： [0 18 18 19 13 16 16]
```

说明：计算结果显示：100 次掷骰子实验结果与理论预测结果基本相符，每个可能的点数出现的次数均在 16 次附近波动。

2. 蒙特卡罗模拟实验

蒙特卡罗模拟是一种基于概率统计的方法，通过随机抽样生成伪随机数，来模拟某些问题的概率分布及其特性。蒙特卡罗模拟实验可以用于估计概率或期望值、模拟实验或过程、最优化或优化问题求解、统计推断或回归分析等。

本节利用蒙特卡罗模型来模拟股票价格的变化和未来的走势，即根据股票历史数据和随机性因素来模拟股票价格的波动，并通过模拟大量的股票价格路径来计算未来价格的概率分布。

【示例 4.37】蒙特卡罗模拟实验。

代码如下：

```
# 设置股票价格的基本参数和模型
S0 = 100                                    # 初始股票价格
mu = 0.1                                    # 年化收益率
sigma = 0.2                                 # 年化波动率
T = 1                                       # 投资期限（年）
N = 252                                     # 投资期限内的交易日数
dt = T / N                                  # 时间步长

# 生成蒙特卡罗模拟实验的随机路径
M = 10000                                   # 模拟实验的路径数
S = np.zeros((M, N+1))                      # 存储所有路径的股票价格
S[:, 0] = S0
for i in range(1, N+1):
    # 根据几何布朗运动模型生成每个时间步长的股票价格
    S[:, i] = S[:, i-1] * np.exp((mu - 0.5*sigma**2)*dt + sigma*np.sqrt(dt)*
np.random.normal(size=M))

# 计算每条路径的收益率
r = np.diff(S, axis=1) / S[:, :-1]

# 计算未来股票价格的期望值、方差、置信区间等统计特征
mean = np.mean(S[:, -1])
std = np.std(S[:, -1])
conf_int = np.percentile(S[:, -1], [2.5, 97.5])

# 输出结果
print("期望股票价格: ", mean)
print("标准差: ", std)
print("95%置信区间: ", conf_int)
```

程序输出结果如下：

```
期望股票价格： 110.40819049676948
标准差： 22.217804223423386
95%置信区间： [73.80612786 160.68709878]
```

说明:
- 本例通过蒙特卡罗模拟生成了 M 条股票价格路径,根据这些路径计算出了未来股票价格的期望值、标准差及 95%置信区间。这些统计特征可以用来预测股票价格走势。
- 在本例中,期望股票价格可以作为股票价格的中长期预测值,标准差可以作为股票价格波动的度量,95%置信区间可以作为股票价格未来变动的范围。如果未来股票价格在置信区间内,则可以认为这个预测是比较可靠的;如果未来股票价格超出了置信区间,则表示市场出现了异常变化,需要重新评估股票价格的预测。
- 通过蒙特卡罗模拟的每条路径的收益率还可用来分析股票价格的波动情况,提供一定的趋势预测功能。如果大多数路径的收益率都为正,则表示股票价格可能会上涨;如果大多数路径的收益率都为负,则表示股票价格可能会下跌。但需要注意的是,股票价格的波动不仅受市场因素影响,还可能受到公司业绩、行业发展等因素的影响,因此需要结合具体情况进行分析。
- 本例结果说明:在模拟期限内,根据假设的参数,股票价格的期望值约为110.41,标准差约为22.22,95%置信区间为73.81~160.69。置信区间表示在 95%的置信水平下,股票价格的未来值将落在这个区间内,利用这个计算结果可以对股票走势进行预测。如果未来的股票价格低于期望股票价格,则可能会向上波动;如果未来的股票价格高于期望股票价格,则可能会向下波动。同时,标准差也可以用来预测股票价格的波动情况,标准差越大,说明股票价格波动越剧烈。

4.7 本章小结

本章介绍了 NumPy 模块的基础使用方法,包括 ndarray 对象的创建、修改、合并、分割、数据删除与添加等,还介绍了 NumPy 在统计、线性矩阵计算、随机数等方面的应用。学习完本章内容后,读者可以轻松地解决金融量化交易策略涉及的时间序列数据处理、统计分析、金融计算、优化与求解等问题。

4.8 思 考 题

1. NumPy 模块的 ndarray 对象的基本操作有哪些?完成这些操作需要哪些函数?
2. NumPy 求解线性方程组的步骤是什么?具体如何实现?
3. 蒙特卡罗模型的原理是什么?如何利用蒙特卡罗模型预测股票价格?

第 5 章　金融量化分析数据的准备

掌握了前面章节的知识后，读者基本具备了开发金融量化交易策略模型的能力。开发金融量化交易策略不仅要构建交易策略逻辑模型，而且需要准备高质量的数据来验证构建的交易策略在历史交易数据中的表现。本章从数据获取、数据清洗和数据存储 3 个方面讲解金融量化分析过程中的数据准备工作。

本章的学习目标：
- 掌握金融数据的获取方法；
- 掌握数据清洗的方法；
- 掌握数据存储的方法。

5.1　数据获取

获取金融数据的方式很多，可以通过采购、网页爬取、API 接口获取等方式来实现。专业的机构投资者为了金融数据的稳定性与准确性，常常通过付费方式来获取商用金融数据；大多数金融量化交易人员常常通过 API 接口来获取免费的金融数据。

本章将重点介绍从 Tushare、AkShare、qstock 与 Alpha Vantage 等平台获取金融数据的方法。这些平台提供的数据具有数据内容丰富、稳定性高等优势，可以满足金融量化分析工作的基本数据要求。

5.1.1　从 Tushare 平台上获取数据

Tushare 是国内的一个提供免费获取包含股票、基金、期货、债券、外汇等各类金融数据 API 接口的网站平台，目前已经升级到 Pro 版（见官网 https://tushare.pro）。

Tushare 的安装方法非常简单。在 Windows 10 环境中首次调用 Tushare 之前，首先需要通过 pip3 install tushare 命令安装 Tushare 模块，然后登录 Tushare Pro 官网进行注册，以获取 token。

1. 基本步骤

在通过 Tushare 网站获取数据之前，需要先导入 Tushare 模块、设置 token 值，初始化 tushare.pro_api 函数接口，然后才能通过 pro_api 接口对象的相关方法获取对应的数据。

【示例 5.1】 从 Tushare 平台上获取数据。

```
# 第一步：导入 Tushare 模块
import tushare as ts

# 第二步：设置 Tushare Pro 版本的 token
ts.set_token('your token here')

# 第三步：初始化 pro 接口
pro = ts.pro_api()

# 第四步：数据调取（以获取交易日历信息为例）
df = pro.daily(ts_code='000001.SZ', start_date='20230101', end_date=
'20230330')

# 打印前 2 行数据
print(df.head(2))
```

程序输出结果如下：

```
     ts_code trade_date   open   high    low  close  pre_close  change  \
0  000001.SZ   20230329  12.73  12.74  12.50  12.53      12.64   -0.11
1  000001.SZ   20230328  12.66  12.73  12.55  12.64      12.60    0.04

   pct_chg        vol     amount
0  -0.8703  596064.33  750687.551
1   0.3175  673868.43  851797.869
```

说明：

- pro.daily 函数返回的数据结构为 Pandas.DataFrame 类型的数据。
- 除了 pro.daily 函数之外，istock 还提供了两个函数，分别是 pro.weekly 和 pro.monthly 函数，用于获取 A 股周线数据与月线数据，其内部参数与 pro.daily 函数的参数一样。
- Tushare 返回的数据是逆序排列，即最新的数据排在最前面，起始时间数据排在最后。量化策略分析数据一般是按日期和时间顺序排列的，因此需要进行转换，通过 df=df.iloc[::-1]即可实现排序调整。

2. Tushare API 的使用方法

Tushare Pro 提供了丰富的函数接口，通过这些接口，可以获取金融市场的基本信息、交易信息和财务信息等，这些函数接口的调用方式基本相似。下面以获取股票基本信息为例，解释 Turshare Pro 函数接口的使用方法。

语法：tushare.pro_api().query('stock_basic', is_hs='', exchange='', list_status='L', market='', fields='ts_code, symbol, name, area, industry, list_date, market, is_hs')。

参数：

- is_hs：字符串类型数据，用于设置是否沪深港通标的，N 代表否，H 代表沪股通，S 代表深股通。
- list_status：字符串类型数据，用于设置上市状态，L 代表上市，D 代表退市，P 代表暂停上市，默认值为 L。

- ❏ exchange：字符串类型数据，用于设置交易所，SSE 代表上交所，SZSE 代表深交所，BSE 代表北交所。
- ❏ ts_code：字符串类型数据，用于获取特定的股票代码，即需要获取指定的股票基本信息时需要设置此参数。Tushare 股票代码的格式为"XXXXXX.SZ|SH|BJ"。
- ❏ market：字符串类型数据，用于设置市场类别，可选范围为"主板/创业板/科创板/CDR/北交所"。
- ❏ fields：字符串类型数据，用于设置返回的信息字段名称。

说明：

- ❏ 如果参数未设置，则默认忽视该参数的限制。
- ❏ 在调用 Tushare Pro 函数接口之前，需要通过 tushare.set_token('your token')设置 token 值，否则会报错。个人 token 值可以在登录 Tushare Pro 官网的个人账户后，在个人主页的"接口 TOKEN"中获取。
- ❏ Tushare Pro 函数接口的语法等价于：tushare.pro_api().stock_basic(is_hs='', exchange='', list_status='L',market='', fields = 'ts_code, symbol, name, area, industry, list_date, market, is_hs')。
- ❏ 获取期货基本信息与获取基金基本信息的方法基本相似，均可通过 tushare.pro_api().query('信息名称')方式获取。其中，"信息名称"可设为以下选项，用于获取对应的数据。
    - ➢ futures_basic：获取期货的基本信息。
    - ➢ fund_basic：获取基金的基本信息。
    - ➢ daily：获取日线行情数据。
    - ➢ weekly：获取周线行情数据。
    - ➢ monthly：获取月线行情数据。
    - ➢ income：获取上市公司利润表数据。
    - ➢ balance：获取上市公司资产负债表数据。
    - ➢ cashflow：获取上市公司现金流量表数据。

注意：调用部分函数接口，可能需要更高的积分。

5.1.2 从 AkShare 模块中获取数据

AkShare 模块同样提供了免费获取各类财经数据的函数接口，这些财经数据包括股票、期货、期权、基金、外汇、债券和数字货币等金融产品的基本面数据、实时行情数据和历史行情数据。

AkShare 模块的安装方法非常简单，即在 Windows 10 命令窗口中执行 pip install akshare 命令即可。此后通过 import akshare 命令直接调用 AkShare 模块函数即可获取金融数据。AkShare 模块的函数非常丰富（见官网 https://www.akshare.xyz/），本节将选取几个常用的 AkShare 函数来展示获取国内金融市场数据的过程。

1．获取A股历史数据

AkShare 模块提供了获取 A 股历史数据的函数接口，如使用 stock_zh_a_hist 函数可以从东方财富网站上获取 A 股指定时间段的历史数据。

语法：akshare.stock_zh_a_hist(symbol, period, start_date, end_date, adjust)。

参数：

- symbol：股票代码，代码格式如"000001"。
- period：数据周期，如 period='daily'代表获取日线数据，可选范围为 daily、weekly、monthly。
- start_date：获取数据和起始时间，如 start_date='20230131'表示获取数据的开始日期为 2023 年 1 月 31 日。
- end_date：获取数据的终止时间，如 end_date='20230131'表示获取数据的终止日期为 2023 年 1 月 31 日。
- adjust：默认返回不复权的数据。adjust='qfq'表示获取后复权数据，adjust='hfq'表示获取前复权数据。

【示例 5.2】使用 stock_zh_a_hist 函数获取历史数据。

代码如下：

```
# 引入 AkShare 模块, 别名为 ak
import akshare as ak
# 使用 akshare.stock_zh_a_hist 函数获取股票 000001 的日线数据, 起止时间为 2023 年 1
  月 1 日至 2023 年 1 月 31 日, 不复权
df = akshare.stock_zh_a_hist(symbol="000001", period="daily", start_date=
"20230101", end_date='20230131', adjust="")
# 选择"日期""开盘""收盘""最高"和"最低"列字段的数据
df = df[['日期','开盘','收盘','最高','最低']]
print(df.head(2))
```

程序输出结果如下：

```
    日期         开盘    收盘    最高    最低
0  2023-01-03  13.20  13.77  13.85  13.05
1  2023-01-04  13.71  14.32  14.42  13.63
```

说明：stock_zh_a_daily 函数也可以获取 A 股的历史数据，数据源为新浪财经，数据范围为沪深京 A 股的数据，数据频率为日线。

【示例 5.3】stock_zh_a_daily 获取历史数据。

代码如下：

```
akshare.stock_zh_a_daily(symbol="sz000001", start_date="20220101", end_date=
"20230101", adjust="qfq")
```

说明：

- 上面的代码用于获取"sz000001"股票从"2022 年 1 月 1 日"至"2023 年 1 月 1 日"期间的前复权日线数据。

- akshare.stock_zh_a_hist 函数返回的历史行情数据字段包括：日期、开盘、收盘、最高、最低、成交量（单位：手）、成交额（单位：元）、振幅（单位：%）、涨跌幅（单位：%）、涨跌额（单位：元）、换手率（单位：%）。
- akshare.stock_zh_a_daily 函数返回的历史行情数据字段包括：date、open、high、low、close、volume（单位：股）、outstanding_share（流动股本，单位：股）与 turnover（换手率=成交量/流动股本）。

2. 获取A股实盘数据

AkShare 模块还提供了获取 A 股实盘数据的函数，如使用 stock_zh_a_spot_em 函数可以从东方财富网站获取 A 股实盘数据。

语法：akshare.stock_zh_a_spot_em()。

【示例5.4】使用 akshare.stock_zh_a_spot_em 函数获取实盘数据。

代码如下：

```
# 引入 AkShare 模块
import akshare as ak
# 使用 stock_zh_a_em 函数获取 A 股实盘数据
df = akshare.stock_zh_a_spot_em()
df = df[['代码','名称','最新价','成交量']]
# 选取'代码','名称','最新价','成交量'字段的数据
print(df.head(2))
```

程序输出结果如下：

```
     代码     名称    最新     成交量
0  603281   N江瀚   51.25   35104.0
1  873152  天宏锂电  14.43  112261.0
```

说明：akshare.stock_zh_a_spot_em 函数返回的实盘信息非常丰富，包括的字段有：代码（如 000001 等）、名称、最新价、涨跌幅（单位：%）、涨跌额、成交量（单位：手）、成交额（单位：元）、振幅（单位：%）、最高、最低、今开、昨收、量比、换手率（单位：%）、市盈率（动态）、市净率、总市值（单位：元）、流通市值（单位：元）、涨速、5 分钟涨跌（单位：%）、60 日涨跌幅（单位：%）、年初至今涨跌幅（单位：%）。

5.1.3 从 qstock 模块中获取数据

根据 GitHub 网站显示，qstock 由"Python 金融量化"公众号开发，该公众号试图打造一个个人量化投研分析开源库。目前，qstock 包括数据获取、可视化、选股和量化回测 4 个模块。其中，数据模块的数据来源于东方财富网、同花顺、新浪财经等网络上的公开数据，数据爬虫部分参考了现有的金融数据包 Tushare、AkShare 和 Efinance。

在首次使用 qstock 获取金融数据之前，需要通过 pip install qstock 命令安装该模块。在调用 qstock 模块前，需要通过 import qstock as qs 命令引入 qstock 模块。

📋 说明：本节介绍的数据获取函数与返回值字典名称均基于 qstock 1.2.0 版本，未来随着 qstock 版本升级，函数名称、参数、返回值也许会有所变化。

1. 获取最新行情数据

语法：qs.realtime_data(market='沪深 A', code=None)。

参数：

- market：行情名称或列表，可选范围包括沪深 A 股、沪深京 A 股、沪 A、深 A、北 A、可转债、期货、创业板、美股、港股、中概股、新股、科创板、沪股通、深股通、行业板块、概念板块、沪深指数、上证指数、深证指数、ETF、LOF，默认值为"沪深 A 股"。
- code：单个或多个证券的列表，默认返回某市场实时的指标。例如，code='中国平安'、code='000001'或 code=['中国平安','晓程科技','东方财富']这些表达方式均可接受。

返回值：返回获取的市场股票信息，包括股票代码、股票名称、涨幅、最新、最高、最低、今开、换手率、量比、市盈率、成交量、成交额、昨收、总市值、流通市值、时间等。

2. 获取个股实时交易快照

语法：qs.stock_snapshot(code)。

参数：code 为股票代码。例如，qs.stock_snapshot('中国平安')可以获取中国平安实时交易信息快照。

返回值：返回获取的股票实盘交易信息，包括股票代码、股票名称、时间、涨跌额、涨跌幅、最新、昨收、今开、开盘、最高、最低、均价、涨停价、跌停价、换手率、成交量、成交额、卖 1 价、卖 2 价、卖 3 价、卖 4 价、卖 5 价、买 1 价、买 2 价、买 3 价、买 4 价、买 5 价、卖 1 数量、卖 2 数量、卖 3 数量、卖 4 数量、卖 5 数量、买 1 数量、买 2 数量、买 3 数量、买 4 数量、买 5 数量等。

3. 获取交易日实时盘口的异动数据（相当于盯盘小精灵）

语法：qs.realtime_change(flag=None)。

参数：flag 表示盘口异动类型，默认输出全部类型的异动情况。可选范围包括火箭发射、快速反弹、加速下跌、高台跳水、大笔买入、大笔卖出、封涨停板、封跌停板、打开跌停板、打开涨停板、有大买盘、有大卖盘、竞价上涨、竞价下跌、高开 5 日线、低开 5 日线、向上缺口、向下缺口、60 日新高、60 日新低、60 日大幅上涨、60 日大幅下跌。上述异动类型可分别使用数字 1~22 代替。例如，qs.realtime_change('60 日新高')可以获取实时创 60 日新高的股价信息。

返回值：返回信息，包括时间（即异动发生时间）、代码（即 6 位数字证券代码）、名称、板块（即异动类型名称，如"60 日新高"）、相关信息（即现价、异动价格、异动时涨跌幅）。

4．获取历史K线数据

通过 qstock 模块可以获取国内 A 股、美股、期货、指数的历史 K 线数据。

语法：qs.get_data(code_list, start='19000101', end=None, freq='d', fqt=1)。

参数：

- code_list：代码名称列表，可选范围包括以下几种。
  - A 股代码或简称，如 code_list=['中国平安','贵州茅台','工业富联']。
  - 美股代码，如 code_list=['AAPL','TSLA']。
  - 期货代码或名称，如"乙烯2309"或"L2309"（部分期货代码或名称无法获取数据）。
  - 指数中文简称或拼音缩写，如 sh 代表上证指数，sz 代表深证综指，cyb 代表创业板指数，zxb 代表中小 100 指数（原来的中小板指数），hs300 代表沪深 300 指数，sz50 代表上证 50 指数，zz500 代表中证 500 指数等。
- start 和 end：起始和结束日期，时间格式为"XXXX（年）XX（月）XX（日）"，如 20230521 表示 2023 年 5 月 21 日。
- freq：时间频率，默认值为日。freq 参数可选范围包括 1（1min）、5（5min）、15（15min）、30（30min）、60（60min），以及 101 或'D'、'd'（日）、102 或'w'、'W'（周）、103 或'm'、'M'（月）。注意，1min 只能获取最近 5 个交易日 1min 数据。
- fqt：复权类型，0 为不复权，1 为前复权，2 为后复权。默认前复权。

返回值：返回信息包括 date（索引）、name、code、open、high、low、close、volume、turnover 和 turnover_rate 等信息。

5．获取股票龙虎榜的数据

语法：qs.stock_billboard(start=None, end=None)。

参数：start 和 end 表示起始和结束日期，默认为 None，表示最新，日期格式如'2021-08-21'。

返回值：返回信息包括股票代码、股票名称、上榜日期、收盘价、涨跌幅、换手率、龙虎榜净买额、流通市值、上榜原因、解读等。

说明：返回的股票龙虎榜数据字段中的上榜原因非常详细，主要包括以下几项。

- 北交所股票最近 3 个交易日内收盘价涨跌幅偏离值累计上涨 40%或下跌 40%。
- 日换手率达到 20%的前 5 只股票。
- 日换手率达到 30%的前 5 只股票。
- 日涨幅偏离值达到 7%的前 5 只股票。
- 日涨幅达到 15%的前 5 只股票。
- 日跌幅偏离值达到 7%的前 5 只股票。
- 有价格涨跌幅限制的日价格振幅达到 15%的前 5 只股票。
- 有价格涨跌幅限制的日换手率达到 20%的前 5 只股票。

- 有价格涨跌幅限制的日换手率达到30%的前5只股票。
- 有价格涨跌幅限制的日收盘价格涨幅偏离值达到7%的前5只股票。
- 有价格涨跌幅限制的日收盘价格涨幅达到15%的前5只股票。
- 有价格涨跌幅限制的日收盘价格跌幅偏离值达到7%的前5只股票。
- 有价格涨跌幅限制的日收盘价格跌幅达到15%的前5只股票。
- 有价格涨跌幅限制的连续3个交易日内收盘价格涨幅偏离值累计达到30%的股票。
- 连续3个交易日内，涨幅偏离值累计达到12%的ST股票、*ST股票和未完成股改股票。
- 连续3个交易日内，涨幅偏离值累计达到20%的股票。
- 连续3个交易日内，涨幅偏离值累计达到30%的股票。
- 非ST、*ST和S股票连续3个交易日内收盘价格涨幅偏离值累计达到20%的股票。

6．获取股票前10位的股东数据

语法：qs.stock_holder_top10(code, n=2)。

参数：
- code：股票代码或简称，如"600000"或"浦发银行"。
- n：最近 n 个季度前10位流通股东的公开信息。

返回值：返回信息包括股票代码、股票日期、股东名称、持股数（亿股）、持股比例（%）、增减、变动率（%）等字段。

7．获取沪深个股股东数量

语法：qs.stock_holder_num(date=None)。

参数：date 用于指定报告期时间，默认最新的报告期。指定报告期时间包括'2022-03-31','2022-06-30','2022-09-30','2022-12-31'，也可以写为'20220331','20220630','20220930','20221231'。

返回值：返回信息包括A股市场中全部上市公司的股东信息，具体包括股票代码、股票名称、截止日、股东人数、增减（%）、较上期变化、户均持股市值、户均持股数量。

8．获取大股东增减持股变动的明细数据

语法：qs.stock_holder_change()。

参数：无。

返回值：返回信息包括A股市场中全部上市公司的大股东历史上增减持股变动的明细信息。具体包括股票代码、股票名称、最新、涨跌幅、股东名称、增减、变动数量、变动占总股本比例、变动占流通股比例、变动后持股总数、变动后占总股本比例、变动后持流通股数、变动后占流通股比例、开始日、截止日、公告日等。

9. 获取主营业务数据

语法：qs.main_business(code='0000001')。

参数：code 为要获取的 A 股代码或简称，如"ST 獐子岛""600519"等均可接受。

返回值：返回查询的股票近 3 年的主营业务收入数据，包括报告期、分类方向、分类、营业收入（万元）、营收同比、占主营收入比、营业成本（万元）、营业成本同比、占主营成本比、毛利率、毛利率同比等。

10. 获取指数成分股数据

语法：qs.index_member(code)。

参数：code 为指数名称或指数代码，如"sz50"或"上证 50"。

返回值：返回该指数成分股信息，包括指数代码、指数名称、股票代码、股票名称、股票权重等。

11. 获取同花顺概念板块名称数据

语法：qs.ths_index_name(flag='概念')。

参数：flag 用于设置"概念板块"或"行业板块"，也可以用"概念"或"行业"表示。

返回值：返回同花顺的概念板块或行业板块的名称，为查询这些具体板块内部股票的组成提供便利。

12. 获取同花顺概念板块成分股数据

语法：qs.ths_index_member(code=None)。

参数：code 为行业板块或概念板块的代码或简称，如"养殖业"。

返回值：返回行业板块或概念板块的股票及当日交易行情的数据，包括代码、名称、现价、涨跌幅、涨速、换手、量比、振幅、成交额（亿元）、流通股（亿股）、流通市值（亿元）、市盈率等。

13. 获取同花顺概念指数行情数据

语法：qs.ths_index_data(code=None)。

参数：code 为行业板块或概念板块的名称，如"养殖业"。

返回值：返回 code 指定的行业板块或概念板块指数的历史行情数据，包括 date、open、high、low、close、volume 等。

14. 获取个股日资金流向数据

语法：qs.intraday_money(code)。

参数：code 为国内 A 股或债券代码。

返回值：返回当日该股票或债券每分钟的资金流向数据，包括名称、代码、时间（每分钟)、主力净流入、小单净流入、中单净流入、大单净流入、超大单净流入等。

15. 获取历史资金流向数据

语法：qs.hist_money(code)。

参数：code 为国内 A 股或债券代码。

返回值：返回历史资金流向数据，包括名称、代码、日期、主力净流入、小单净流入、中单净流入、大单净流入、超大单净流入、主力净流入占比、小单流入净占比、中单流入净占比、大单流入净占比、超大单流入净占比、收盘价、涨跌幅等。

16. 获取个股 n 日资金流向数据

语法：qs.stock_money(code, ndays=[3, 5, 10, 20])。

参数：

- code：国内 A 股或债券代码。
- ndays：统计资金流向的天数，可以是[3, 5, 10, 20]或其子集。

返回值：返回该股票或债券的历史 n 日主力资金净流入数据，包括日期、n 日主力资金净入等。

17. 获取同花顺个股、行业和概念板块内个股资金流数据

语法：qs.ths_money(flag=None, n=None)。

参数：

- flag：国内 A 股、行业板块、概念板块的名称或代码，如"600000""农业服务"等。
- n：统计资金流的天数，可以是 1、3、5、10、20。

返回值：返回国内 A 股、行业板块、概念板块内个股的历史 n 日主力资金净流入数据，包括代码、简称、最新、涨幅、换手率、净额（万元）等。

18. 获取北上资金数据

语法：qs.north_money(flag=None, n=1)。

参数：

- flag：有以下几个选项。
  - flag=None，默认返回北上资金总体每日净流入数据。
  - flag='行业'，代表北上资金增持行业板块排行。
  - flag='概念'，代表北上资金增持概念板块排行。
  - flag='个股'，代表北上资金增持个股情况。
- n：代表 n 日排名，具体如下。
  - n=1，代表今日。
  - n=3、5、10，代表 3 日、5 日、10 日。
  - n=M，代表月度。

- n=Q，代表季度。
- n=Y，代表年度。

19. 获取财经新闻数据

语法：qs.news_data(news_type=None,start=None,end=None,code=None)。

参数：

- news_type：新闻类型，包括'CCTV'或'新闻联播'、'js'或'金十数据'、'stock'或'个股新闻'，如果不输入参数，则默认输出财联社电报新闻数据。
- start：起始日期，如'20220930'，默认为当前日期。
- end：结束日期，如'20221001'，默认为当前日期。
- stock：个股代码，如果要获取个股新闻，则需要输入该参数。

5.1.4 从 Alpha Vantage API 中获取数据

Alpha Vantage 是一个提供金融数据 API 的公司，其 API 提供了全球市场的股票、ETF、外汇和数字货币等各类金融数据。Alpha Vantage 的 API 可以通过网络进行访问，具体获取数据的方式有以下几种。

1. 下载股票的历史数据

要使用 Alpha Vantage API 下载股票数据，需要以下两步。

（1）注册一个免费的 API key。

（2）从 Alpha Vantage 提供的股票市场 API 中下载股票数据，即在网页浏览器上构建一个 URL 请求数据。

【示例5.5】从 Alpha Vantage API 中获取苹果公司的历史数据。

```
确定 URL：https://www.alphavantage.co/query?function=TIME_SERIES_DAILY_
ADJUSTED&symbol=AAPL&apikey=YOUR_API_KEY&outputsize=full&datatype=csv。
将 URL 复制至网页浏览器，即将 URL 请求发送到 Alpha Vantage 的服务器上并获取响应。
```

说明：Alpha Vantage 服务器响应的格式可以是 JSON 或 CSV，具体取决于 URL 的请求参数。URL 参数的具体含义如下。

- function：设置要完成的功能。本例设置为 TIME_SERIES_DAILY_ADJUSTED，即返回每日调整后的股票价格，考虑了分红、股票拆分和除权等因素的价格。function 参数还可以设为其他值，以获取对应周期的历史数据，具体如下。
  - TIME_SERIES_WEEKLY：获取周线数据。
  - TIME_SERIES_WEEKLY_ADJUSTED：获取除权后的周线数据。
  - TIME_SERIES_MONTHLY：获取月线数据。
  - TIME_SERIES_MONTHLY_ADJUSTED：获取除权后的月线数据。
- symbol：要检索数据的股票的符号。本例设置的股票符号是 AAPL，代表苹果公司。如果需要下载中国 A 股股票的历史数据，则可以通过 000001.SZ 或

600000.SS 的形式进行下载。如果需要下载美国上市公司的符号，则可以通过 https://www.alphavantage.co/query?function=LISTING_STATUS&apikey=YOUR_API_KEY 实现。

- apikey：设置使用者的 API 密钥。
- outputsize：输出数据的大小。本例设为 full，表示返回完整的时间序列，即从最早日期到最近日期的所有数据。如果只希望返回最近 100 个数据点，则设置为 compact。默认值为 compact。
- datatype：输出数据的格式。本例设为 csv，表示返回以逗号分隔的值格式的数据。如果设置为 json，则以 JSON 格式返回数据。

返回结果：在本例中，返回一个名为"daily_adjusted_AAPL.csv"的 CSV 数据文件，其内部如下所示。

```
timestamp   open    high    low     close   adjusted_close  volume
dividend_amount     split_coefficient
2023/4/14   164.59  166.32  163.82  165.21  165.21          49386480    0   1
2023/4/13   161.63  165.8   161.42  165.56  165.56          68445649    0   1
```

2. 下载股票的盘中数据

TIME_SERIES_INTRADAY 是 Alpha Vantaget 提供的用于获取指定股票的盘中数据的 API 函数，该函数返回的数据包括股票的交易时间、开盘价、最高价、最低价、收盘价和成交量等信息。该 API 可返回覆盖了美国市场的扩展交易时间（例如，东部时间上午 4:00 到晚上 8:00）原始（未复权）和复权后的数据，返回的数据历史时间范围为最近一个月。利用该 API 可以获取近期的历史数据，方便地进行短期或中期的股票走势图和交易策略开发。

【示例 5.6】从 Alpha Vantage API 中获取 IBM 公司的盘中数据。

```
https://www.alphavantage.co/query?function=TIME_SERIES_INTRADAY&symbol=IBM&interval=5min&apikey=YOUR_API_KEY &datatype=csv
```

说明：可以下载股票 IBM 最近 1 天的 5min 交易数据，并以 CSV 格式文件进行保存，具体参数含义如下：

- function：选择的时间序列类型，本例为 TIME_SERIES_INTRADAY，表示获取盘中股票数据。
- symbol：所选股票的名称，本例中的 IBM 表示获取 IBM 公司的股票交易数据。
- interval：数据点之间的时间间隔，支持的值包括 1min、5min、15min、30min、60min。
- apikey：API 密钥，需要在该 API 的网站上申请。
- adjusted：输出的时间序列是否经过历史拆分和股利事件的调整。如果设置为 false，则查询未经调整的原始日的数据。默认值为 true，表示数据已经过历史拆分和股利事件的调整。

- outputsize：返回数据量的大小，可选 compact 和 full。compact 表示返回最近的 100 日的数据点；full 表示返回完整的日时间序列，默认为 compact。
- datatype：返回数据格式，可选 json 和 csv。json 表示以 JSON 格式返回日时间序列，csv 表示返回 CSV 文件格式的时间序列，默认为 json。

返回结果：返回一个名为 intraday_5min_IBM.csv 的 CSV 数据文件，其内部数据样本如下所示。

```
timestamp          open      high     low      close    volume
2023/4/14 20:00    128.2     128.2    128.2    128.2    210
2023/4/14 19:50    128.2     128.2    128.2    128.2    100
```

3．下载最新数据

Quote Endpoint 是 Alpha Vantaget 提供的用于获取指定股票的盘末数据的 API 函数，该函数返回的数据包括股票的 symbol、open、high、low、price、volume、latestDay、previousClose、change、changePercent 等信息。

【示例 5.7】从 Alpha Vantage API 中下载 IBM 公司的最新数据。

```
https://www.alphavantage.co/query?function=GLOBAL_QUOTE&symbol=
IBM&apikey= YOUR_API_KEY &datatype=csv
```

4．下载财务数据

INCOME_STATEMENT 这个 API 可以返回所查询公司过去 5 年的年度和季度收入报表。其返回值将规范化的字段映射到美国证券交易委员会（SEC）的 GAAP 和 IFRS 分类法，以便更容易地进行比较和分析。Alpha Vantage 通过此 API 可以在公司发布最新收益和财务数据的同一天获取公司的收入报表数据。由于利润表信息复杂，返回信息以 JSON 格式进行保存。

【示例 5.8】从 Alpha Vantage API 中获取 IBM 公司过去 5 年的年度和季度收入报表。代码如下：

```
# 引入 requests 模块，解析返回的 HTML 文件内容
import requests
# 获取 Alpha Vantage INCOME_STATEMENT 返回信息
url = 'https://www.alphavantage.co/query?function=INCOME_STATEMENT&symbol=
IBM&apikey=431CLFUMRL0M51ZV'
alpha_vantage_context = requests.get(url)
# 将返回的 JSON 信息转换为字典类型数据进行读取
data = alpha_vantage_context.json()
data_dict = dict(data)
print(data_dict['annualReports'][0])
```

程序输出结果如下：

```
{'fiscalDateEnding': '2022-12-31',
 'reportedCurrency': 'USD',
 'grossProfit': '32687000000',
```

```
'totalRevenue': '60530000000',
'costOfRevenue': '27842000000',
'costofGoodsAndServicesSold': '385000000',
'operatingIncome': '6408000000',
'sellingGeneralAndAdministrative': '18609000000',
'researchAndDevelopment': '6567000000',
'operatingExpenses': '26279000000',
'investmentIncomeNet': 'None',
'netInterestIncome': '-1216000000',
'interestIncome': '162000000',
'interestExpense': '1216000000',
'nonInterestIncome': '365000000',
'otherNonOperatingIncome': '443000000',
'depreciation': '2407000000',
'depreciationAndAmortization': '2395000000',
'incomeBeforeTax': '1013000000',
'incomeTaxExpense': '-626000000',
'interestAndDebtExpense': '1216000000',
'netIncomeFromContinuingOperations': '1783000000',
'comprehensiveIncomeNetOfTax': '8134000000',
'ebit': '2229000000',
'ebitda': '4624000000',
'netIncome': '1639000000'}
```

说明：

- url 变量存储的是 Alpha Vantage API 的请求内容。
- 通过 request.get(url)获取 Alpha Vantage API 的返回信息。
- 通过 dict(data)将 Alpha Vantage API 返回的 JSON 格式的信息转换为字典格式，便于读取和分析。
- data_dict 的键'annualReports'对应的值为一个列表类型数据，列表中的每一个元素代表一年的收入报表数据。例如，代码 data_dict['annualReports'][0]表示最近一年的财务报表信息。
- 如果将 function 设为 BALANCE_SHEET，则可以获取过去 5 年的公司资产负债表信息。
- 如果将 function 设为 CASH_FLOW，则可以获取过去 5 年的公司现金流量表信息。
- 如果将 function 设为 EARNINGS，则返回公司的年度和季度收益（每股收益 EPS）数据。其中，季度数据还包括分析师的预测和意外度量指标。具体来说，这个 API 可以返回公司的每股收益数据，分析师对该公司未来收益的预测数据，以及该公司实际收益与分析师预测收益之间的差值（即意外度量指标）。这些数据可以帮助投资者更好地了解公司的财务状况和发展趋势，从而给出更明智的投资决策。

5. 下载数字货币数据

使用 Alpha Vantage 的 API 接口 DIGITAL_CURRENCY_DAILY，可以获取数字货币的历史交易数据。例如，获取比特币的历史数据，可以通过 https://www.alphavantage.co/query?function=DIGITAL_CURRENCY_DAILY&symbol=BTC&market=CNY&apikey=YOUR_API_KEY&datatype=csv 进行获取。具体参数及其含义如下：

- function：获取数字货币的 API 名称，具体选项包括以下 3 种。
  - DIGITAL_CURRENCY_DAILY：获取数字货币的日线数据。
  - DIGITAL_CURRENCY_WEEKLY：获取数字货币的周线数据。
  - DIGITAL_CURRENCY_MONTHLY：获取数字货币的月线数据。
- symbol：数字货币的代码，常见的数字货币代码包括以下 6 种。
  - 比特币：BTC。
  - 以太坊：ETH。
  - 莱特币：LTC。
  - 瑞波币：XRP。
  - 比特现金：BCH。
  - 波场币：TRX。
- market：数字货币所在的交易市场，常见的数字货币市场代号包括以下 9 种。
  - 美元：USD。
  - 人民币：CNY。
  - 欧元：EUR。
  - 英镑：GBP。
  - 日元：JPY。
  - 韩元：KRW。
  - 港币：HKD。
  - 澳元：AUD。
  - 新加坡元：SGD。

6. 下载外汇数据

Alpha Vantage 提供了下载外汇数据的 API，例如，https://www.alphavantage.co/query?function=FX_DAILY&from_symbol=JPY&to_symbol=USD&apikey=YOUR_API_KEY &datatype=csv 可以返回指定的外汇货币对（日元 JPY 兑美元 USD）的每日时间序列数据，包括时间戳、开盘价、最高价、最低价和收盘价，具体参数如下：

- function：设置下载外汇数据的 API 名称，可选项包括以下 3 种。
  - FX_DAILY：获取外汇交易的日线数据。
  - FX_WEEKLY：获取外汇交易的周线数据。
  - FX_MONTHLY：获取外汇交易的月线数据。
- from_symbol：货币对中被报价货币的货币代码（3 个字母）。例如，from_symbol=JPY

表示日元货币为被报价货币。
- to_symbol：货币对中报价货币的货币代码（3 个字母）。例如，to_symbol=USD 表示美元作为报价货币。
- outputsize：可选字符串为 compact 和 full，其中，compact 返回最近的 100 个数据点，full 返回完整的每日时间序列数据。建议在每个 API 调用中选择"compact"选项，以减少数据量。默认为 compact。
- datatype：可选字符串为 json 和 csv，其中，json 表示返回 JSON 格式的每日时间序列数据，csv 表示返回 CSV 格式的数据。默认为 JSON 格式。

返回结果：返回的 CSV 内部数据如下所示。

```
timestamp    open     high     low      close
2023/4/14    0.00755  0.00757  0.00746  0.00747
2023/4/13    0.0075   0.00757  0.0075   0.00754
```

说明：在本例中，被报价货币为日元，如 2023 年 4 月 14 日 open 报价为 0.00755，表示 1 日元=0.00755 美元，这与实际报价有所区别。通常日元与美元的报价为 USD/JPY，即美元 USD 作为被报价货币，日元 JPY 作为报价货币。

7. 下载大宗商品数据

Alpha Vantage 提供了下载大宗商品数据的 API，例如，https://www.alphavantage.co/query?function=WTI&interval=monthly&apikey=YOUR_API_KEY 可以下载 WTI 原油月线数据，具体参数包括以下 3 种。

- function：用于设置下载大宗商品的 API 名称，可选项包括 WTI、Brent、NATURAL_GAS、COPPER、ALUMINUM、WHEAT、CORN、COTTON、SUGAR、COFFEE、ALL_COMMODITIES。
- interval：用于设置数据周期，可以选择为 daily、weekly 或 monthly。默认值为月线 monthly。
- datatype：用于设置输出的数据类型，可以选择为 JSON 或 CSV。默认值为 JSON。

8. 下载技术指标数据

在进行量化投资分析过程中，常常需要用到各类技术分析指标数据，这类指标数据可以通过自行计算、调用 TA-Lib 模块计算等方式获取；而 Alpha Vantage 则提供了丰富的技术指标数据，可以通过对应的 API 直接下载这些技术指标数据。例如，从 https://www.alphavantage.co/query?function=SMA&symbol=IBM&interval=weekly&time_period=10&series_type=open&apikey=YOUR_API_KEY 上可以下载 IBM 公司的周线 10 日均线指标数据（以开盘价为准进行计算），具体参数如下：

- function：用于选择要使用的技术指标，本例选择简单移动平均线（SMA），选择的范围包括 EMA、WMA、DEMA、TEMA、TRIMA、KAMA、MAMA、VWAP、T3、MACD、MACDEXT、STOCHF、STOCHRSI、WILLR、ADXR、APO、PRO、MOM、BOP、CMO、ROC、ROCR、AROON、AROONOSC、MFI、TRIX、ULTOSC、

DX、MINUS_DI、PLUS_DI、MINUS_DM、BBANDS、MINPOINT、MIDPRICE、SAR、TRANGE、ATR、NATR、AD、ADOSC、OBV、HT_TRENDLINE、HT_SINE、HT_TRENDMODE、HT_DEPERIOD、HT_DEPHASE HT_PHASOR 等。

- symbol：用于选择要查询的股票，本例为 IBM。
- interval：用于选择数据点之间的时间间隔，可以选择 1min、5min、15min、30min、60min、daily、weekly、monthly。
- time_period：用于计算每个移动平均值的数据点数，需要输入正整数，如 5 或 20，表示 5 周期均线或 20 周期均线。
- series_type：用于设置所需的价格类型，包括 close、open、high 或 low。

5.2 数据清洗

垃圾数据输入对应着垃圾结果输出，如果没有高质量的数据，就没有高质量的数据分析。为了保证数据的真实性、连续性，便于得出更符合实际情况的结论或规律，在获取金融数据后，首先需要对原始金融数据进行必要的检查和清洗。

5.2.1 数据清洗的内容

- 处理缺失值：缺失值可能会影响数据连续性，进而影响模型的准确性，一般使用平均值、中位数、众数、最近的历史数据等来填充缺失值。
- 处理异常值：异常值会对模型的准确性造成较大的影响，一般采用删除异常值或替换异常值等方法来处理异常值。
- 处理重复值：重复值会导致数据分布不均匀，影响模型的训练和预测，因此一般会删除重复值。
- 处理数据类型：当数据类型格式不符合要求时，需要将原始数据转换为符合要求的数据类型。例如，根据实际需要将字符串类型表示的时间数据转换为 datetime 类型数据。
- 处理数据格式：数据的格式会影响数据的读取和分析，因此需要对数据格式进行处理。例如，将不满 6 位的 A 股股票代码左边补 0 凑够 6 位数字等。
- 处理数据量级：对于大规模数据，如 10 年长度的 1min 交易数据就是一个体量很大的数据，这种数据不能使用 Pandas 直接进行完全读取，需要以分段、分钟等方式将大体量数据拆分为小体量数据进行分析。
- 验证数据的准确性：数据进行清洗后，还需要对清洗后的数据进行验证，以确保数据的准确性和可靠性。

5.2.2 数据清洗示例

在获取了金融量化分析数据后，必须通过数字统计或可视化等方式检查数据是否存在缺失值和异常值等情况。如果获取的数据存在异常，则需要对数据进行清洗操作。本节将具体介绍如何处理缺失值、异常值以及数据类型不统一与数据重复等问题。

1. 缺失值

金融数据出现缺失值的原因有很多，如股票停牌、暂停交易等。当发现金融原始数据集中包含缺失数据时，首先应该分析造成缺失数据的原因是什么，其次需要分析这些缺失值是否包含有意义的重要信息。如果缺失值 NaN 值仅出现在数据集的头部或尾部，那么原因可能是数据在处理过程中产生的无法避免的信息缺失。如果原始数据中某列缺失值 NaN 的数量超过 50%，而且该列数据现实意义也较小，那么可以考虑删除该列数据。当原数据中的缺失值并非大量存在时，可以用该缺失值的前一行或后一行数据来替代缺失值，也可以使用同列数据的平均值、中位数或众数来替换缺失值。

【示例 5.9】缺失值处理：检查。

代码如下：

```
"""
打开 D 盘的 "stock_清洗.csv" 文件，查看是否存在缺失值，如果存在，则用前一行的值替换
"""
import pandas as pd
# 打开'd:/stock_清洗.csv'文件，获取内部数据
file = 'd:/stock_清洗.csv'
df = pd.read_csv(file, encoding='utf-8-sig')
# 检查 DataFrame 对象内部的全部数据列是否存在空值，如果某列存在空值，则该列返回 True，
  否则返回 False
df.isna().any()
```

程序输出结果如下：

```
trade_date    False
open          False
close          True
high          False
low           False
code          False
dtype: bool
```

说明：输出结果显示，DataFrame 对象的内部数据 trade_date、open、low 和 code 列均不含空值，而 close 列返回值为 True，说明 close 列存在空值。

为了处理 close 列内的缺失值，可以使用该缺失值的前一行数据替换该缺失值。这里调用了 numpy.where 函数实现此功能，如果 close 列的值是空值 NaN，则使用 df['close'].shift(1) 调取 close 列的前一行的值来替换该空值，否则 close 列的值维持不变。

【示例 5.10】缺失值处理：替换。

代码如下：

```
df['close'] = np.where(df['close'].isna(), df['close'].shift(1),
df['close'])
df.isna().any()
```

程序输出结果如下：

```
trade_date    False
open          False
close         False
high          False
low           False
code          False
dtype: bool
```

说明：输出结果显示，替换 close 列内的空值后，DataFrame 对象的内部数据 trade_date、open、close、low 和 code 列均不含空值。

2. 异常值

在金融数据中，造成异常值的原因有很多，如数据录入错误、股票市场异常波动、股票除权或停牌重组后复牌交易等。

【示例 5.11】异常值处理：统计检查。

代码如下：

```
# describe 函数可以获取数据的统计指标，round(2)函数可以获取小数取 2 位的数据
print(df.describe().round(2))
```

程序输出结果如下：

```
        open    close    high     low       code
count  12.00   12.00   12.00   12.00      12.0
mean   15.42  142.38   15.99   15.10  603959.0
std     0.69  439.19    0.58    0.53       0.0
min    14.08   14.70   15.21   14.08  603959.0
25%    15.12   15.12   15.42   14.80  603959.0
50%    15.30   15.72   16.15   15.05  603959.0
75%    15.89   15.97   16.30   15.53  603959.0
max    16.58 1537.00   16.93   15.90  603959.0
```

说明：当某列数据出现异常值时，通常该列的标准差 std 的值将超出正常范围。从本例的输出结果来看，close 列的标准差 std 的值为 439.19，远远超过 open、high 和 low 列数据的标准差 std 的值，由此可以判断 close 列的数据存在异常值。关于异常值的具体情况，通过画图即可清晰发现。

【示例 5.12】异常值处理：图形查看。

代码如下：

```
# 设置清晰度
mpl.rcParams['figure.dpi'] = 300
# 使用 plot 函数进行画图，可以清楚地看出来 close 列数据是否存在异常值
df['close'].plot()
```

程序输出结果如图 5.1 所示。

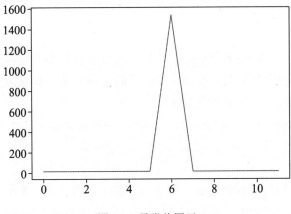

图 5.1 异常值图示

说明：从输出图形中可以发现，close 列的第 6 行数据出现了异常值。处理此异常值，可以使用前一行数据替换本行的异常值。

【示例 5.13】异常值处理：替换。

代码如下：

```
# 设置清晰度
mpl.rcParams['figure.dpi'] = 300
# 将 close 列的第 6 行数据替换为 close 列的第 5 行数据
df['close'].iloc[6] = df['close'].iloc[5]
df['close'].plot()
```

程序输出结果如图 5.2 所示。

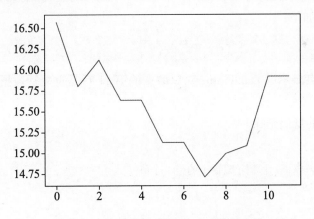

图 5.2 去除异常值后的 close 列数据走势

3．数据类型不一致

数据类型不一致意味着数据列内的数据具有不同的数据类型。例如，交易日期数据"20230131"的类型可以是字符串类型、日期 datetime 类型或者整数类型。当出现数据类型不一致时，可以使用强制数据类型转换函数（如 str、int、pandas.Series.astype、pandas.to_datetime 函数等）来实现数据类型的统一。

4．重复数据

重复数据即数据集中出现多行相同的数据。造成重复数据的原因有很多，如重复添加数据的误操作而造成的重复数据。处理重复数据的常规方法是删除重复的数据行，一般可通过 Pandas 的 drop_duplicates 函数来完成。

语法：pandas.DataFrame.drop_duplicates(subset=None, keep='first', inplace=False, ignore_index=False)。

参数：

- subset：指定列名或列名列表，用于标识指定的数据列。默认值为 None，表示所有列都需要比较。例如，df.drop_duplicates(subset=['date', 'code'])仅删除 date 和 code 列中的重复行。
- keep：指定要保留的行，可选值为 first、last 或 False。其中，'first' 表示保留第 1 个重复行，'last'表示保留最后一个重复行，'False'表示删除所有重复行。
- inplace：是否在原 DataFrame 对象数据的基础上直接进行修改。默认为 False，表示返回一个新的 DataFrame。
- ignore_index：是否重置行索引。默认为 False，表示保留原始行索引。

【示例 5.14】重复值检查。

代码如下：

```
# 打印出 DataFrame 对象内部存在重复的行数据
print(df[df.duplicated()])
```

程序输出结果如下：

```
    trade_date   open  close  high   low    code
11  2022/1/18   15.27  15.92  16.2   15.0   603959
```

说明：输出结果显示原 DataFrame 对象数据的第 11 行是重复行数据，对该重复行数据可以进行删除操作。

【示例 5.15】重复值删除。

代码如下：

```
# 返回一个新的数据框，保留重复值中的第 1 个值
df.drop_duplicates()
```

5.2.3　数据清洗进阶——JSON 数据清洗

JSON（JavaScript Object Notation）是一种轻量级的极具灵活性的数据交换格式，具有易读、易解析和易传输等特点，因此，JSON 数据结构广泛应用于金融交易数据获取和数据分析等方面。例如，使用 JSON 格式存储和传输交易数据、使用 JSON 格式描述和存储金融产品的属性和特征等。

由于 JSON 数据便于存放各类数据，所以，JSON 数据结构中常常包含一些与金融量化分析无关的数据，需要对这些数据进行筛选，以拣选出所需数据。

下面以从 Alpha Vantage API 上下载的 JSON 类型的 AAPL 日线数据为例进行介绍，这些数据包含一些垃圾信息，而金融分析需要获取 AAPL 公司的日线交易数据。

【示例 5.16】获取 JSON 数据。

代码如下：

```
import requests
url = 'https://www.alphavantage.co/query?function=TIME_SERIES_DAILY_
ADJUSTED&symbol=AAPL&outputsize=compact&apikey=YOUR_API_KEY&apikey=
YOUR_API_KEY '
result = requests.get(url)
data = result.json()
print(data)
```

程序输出结果如下：

```
{'Meta Data': {'1. Information': 'Daily Time Series with Splits and Dividend
Events', '2. Symbol': 'AAPL', '3. Last Refreshed': '2023-04-14', '4. Output
Size': 'Compact', '5. Time Zone': 'US/Eastern'}, 'Time Series (Daily)':
{'2023-04-14': {'1. open': '164.59', '2. high': '166.32', '3. low': '163.82',
'4. close': '165.21', '5. adjusted close': '165.21', '6. volume': '49386480',
'7. dividend amount': '0.0000', '8. split coefficient': '1.0'}, '2023-04-13':
{'1. open': '161.63', '2. high': '165.8', '3. low': '161.42', '4. close':
'165.56', '5. adjusted close': '165.56', '6. volume': '68445649', '7.
dividend amount': '0.0000', '8. split coefficient': '1.0'},}}
```

说明：

- 通过调用 requests 模块的 get 函数，将 Alpha Vantage API 返回的 JSON 数据保存于 result 中。

- 通过 result.json 函数将获取的 JSON 数据 result 转换为字典类型数据，并通过打印该变量来查看字典数据的内部结果，以确定有效数据与需要摒弃的数据。

具体的 JSON 数据格式如下：

```
{
    'Meta Data':
    {
        '1. Information': 'Daily Time Series with Splits and Dividend Events',
        '2. Symbol': 'AAPL',
        '3. Last Refreshed': '2023-04-14',
        '4. Output Size': 'Compact',  '5. Time Zone': 'US/Eastern'
    },
    'Time Series (Daily)':
    {
        '2023-04-14':
        {
            '1. open': '164.59',
            '2. high': '166.32',
            '3. low': '163.82',
            '4. close': '165.21',
            '5. adjusted close': '165.21',
            '6. volume': '49386480',
            '7. dividend amount': '0.0000',
            '8. split coefficient': '1.0'
        },
        '2023-04-13':
```

```
            {
                '1. open': '161.63',
                '2. high': '165.8',
                '3. low': '161.42',
                '4. close': '165.56',
                '5. adjusted close': '165.56',
                '6. volume': '68445649',
                '7. dividend amount': '0.0000',
                '8. split coefficient': '1.0'
            }
        }
}
```

经过分析，返回的 JSON 转换的字典类型数据包含 Meta Data 和 Time Series (Daily)，每日日线交易数据存储于 Time Series (Daily)键值内，即数据清洗的主要工作集中于处理 Time Series (Daily)键值。

通过示例 5.16 获得 JSON 数据之后，需要将 JSON 数据解析为 Pandas 可以读取的格式，方便后面使用，具体解析 JSON 数据的方法见示例 5.17。

【示例 5.17】 解析 JSON 数据。

代码如下：

```
import pandas as pd
# 读取 Time Series (Daily)键对应的值，以获取全部日线交易数据
data_daily = data['Time Series (Daily)']
# 设置存储每日日线交易数据 OHLC 数据值的列表
daily_ohlc_list = []
# 设置用于存储每日日线交易数据的字典
daily_ohlc = {}
# 设置用于存储全部日期日线交易数据的列表，为生成 pd.DataFrmae 做准备
daily_ohlc_all = []
# data_daily 为字典类型数据, index 为日期，value 为每日的 open、high、low、close、
  justed_close、volume 等数据
for index,value in data_daily.items():
    # 将每日日期存储于每日日线交易数据字典的 datetime 键值中
    daily_ohlc['datetime'] = index
    # 将每日的 OHLC 数据保存至 daily_ohlc_list 列表中
    for value_ohlc in value.values():
        daily_ohlc_list.append(value_ohlc)
    # 在每日日线交易数据字典变量内部添加 open、high、low、close、adj_close 与 volume
      键值对数据
    daily_ohlc['open'] = daily_ohlc_list[0]
    daily_ohlc['high'] = daily_ohlc_list[1]
    daily_ohlc['low'] = daily_ohlc_list[2]
    daily_ohlc['close'] = daily_ohlc_list[3]
    daily_ohlc['adj_close'] = daily_ohlc_list[4]
    daily_ohlc['volume'] = daily_ohlc_list[5]
    # 将每日日线交易数据字典的数据添加至 daily_ohlc_all 列表内
    daily_ohlc_all.append(daily_ohlc)
# 利用列表类型变量 daily_ohlc_all 生成 pandas.DataFrame 对象，实现数据清洗
df = pd.DataFrame(daily_ohlc_all)
print(df)
```

程序输出结果如下：

```
     datetime      open    high    low    close   adj_close  volume
0    2022-11-18   164.59  166.32  163.82  165.21  165.21     49386480
1    2022-11-18   164.59  166.32  163.82  165.21  165.21     49386480
2    2022-11-18   164.59  166.32  163.82  165.21  165.21     49386480
3    2022-11-18   164.59  166.32  163.82  165.21  165.21     49386480
4    2022-11-18   164.59  166.32  163.82  165.21  165.21     49386480
..       ...        ...     ...     ...     ...     ...        ...
95   2022-11-18   164.59  166.32  163.82  165.21  165.21     49386480
96   2022-11-18   164.59  166.32  163.82  165.21  165.21     49386480
97   2022-11-18   164.59  166.32  163.82  165.21  165.21     49386480
98   2022-11-18   164.59  166.32  163.82  165.21  165.21     49386480
99   2022-11-18   164.59  166.32  163.82  165.21  165.21     49386480

[100 rows x 7 columns]
```

5.3 数据存储

数据经过清洗、计算和回测后，还需要进行数据存储。Pandas 模块提供了多种格式的数据存储和数据读取的方法，如 CSV、Pickle、HDF5 和 Feathe 等格式。由于 CSV 格式的数据文件具有读写方便、可读性高等优势，在金融量化过程中经常需要将数据存储为 CSV 格式的文件。因此，本节重点讲解用 CSV 文件存储数据的方式。

5.3.1 用 CSV 文件存储数据

Pandas 模块中的 to_csv 函数可以方便地将 pandas.DataFrame 对象存储在 CSV 文件中。语法如下：

```
pandas.DataFrame.to_csv(
path_or_buf=None, sep=',', na_rep='', float_format=None,
columns=None, header=True, index=True, index_label=None,
mode='w', encoding=None, compression='infer',
quoting=None, quotechar='"', line_terminator=None,
chunksize=None, date_format=None, doublequote=True,
escapechar=None, decimal='.')
```

参数：

❑ path_or_buf：CSV 文件的保存路径或文件对象，默认为 None，表示返回 CSV 格式的字符串。
❑ sep：列之间的分隔符，默认为逗号","。
❑ na_rep：缺失值的表示方式，默认为''。
❑ columns：要写入 CSV 文件的列，默认为 None，表示写入所有列。
❑ header：是否在输出文件中包含列名，默认为 True，表示包含列名。
❑ index：是否在输出文件中包含行索引，默认为 True，表示包含行索引数据。
❑ index_label：设置行索引的名称，默认为 None。
❑ mode：文件打开模式，默认为'w'，表示覆盖已有文件；还可以是'a'，表示追加到已有文件的末尾。
- encoding：文件编码，默认为 None，表示使用系统默认编码，常用的编码包括 UTF-8 和 GBK 等。
- compression：压缩格式，默认为'infer'，表示自动选择压缩格式。支持的压缩格式包括 gzip、bzip2、zip 和 xz。由于压缩会增加文件的读写时间和 CPU 占用率，因此，一般不设置此参数。
- quoting：设置引用约定方式，即 CSV 内容是否需要使用引号包裹，如果设置该参数，则必须事先引用 CSV 模块，即 import csv。设置该参数的可选范围如下：
  - csv.QUOTE_MINIMAL：只在必要时使用引用字符，参数 quoting 的默认值。
  - csv.QUOTE_ALL：将所有字段都用引号包裹起来。
  - csv.QUOTE_NONNUMERIC：只对非数值类型的字段使用引号。
- quotechar：设置引用字符，默认为英文单引号，即"'"。如果设置为英文双引号，则需要使用转义符(\")，即 quotechar="\""表示使用英文双引号引用需引用的字符。
- line_terminator：设置用于指定 CSV 文件中行的结束符号。CSV 文件中的行可以用换行符或其他字符作为结尾，以指示该行结束。line_terminator 参数用于指定这个结束符号，默认值为"\n"，即使用换行符作为行的结束符号。如果设为"\r"，则表示使用回车符作为行的结束符号。
- date_format：设置日期格式，默认值为 None。如果 CSV 文件中包括日期字段，格式如"年年年年-月月-日日"，则应设置为 date_format='%Y-%m-%d'。
- doublequote：是否将引用字符转义为双引号，默认为 True。
- escapechar：转义字符，默认为 None，表示不使用转义字符。
- decimal：浮点数的小数点分隔符，默认为"."。

【示例 5.18】数据保存为 CSV 格式文件。

代码如下：

```
# 该代码将 pandas.DataFrame 类型的 df 变量保存的数据内容存储至 "d:/test/data.csv"
df.to_csv('d:/test/data.csv',encoding='utf-8-sig', index=False)
```

说明：
- 在将数据保存为 CSV 格式文件时，应该指定该 CSV 格式文件的编码格式，如果涉及中文字符的数据文件，一般将编码格式设为 encoding='utf-8-sig'。
- to_csv 函数中的参数 index=False 表示 CSV 格式文件不保存原有的索引列信息。

5.3.2 用 SQLite 数据库存储数据

除了用 CSV 文件存储数据外，进行金融分析的数据也经常通过数据库工具进行存储。鉴于 SQLite 的便捷性，本节选择 SQLite 来讲解数据库的数据存储过程。

1. SQLite数据库的特点

作为一款轻量级的关系型数据库管理系统，SQLite 具有以下特点：

- 无服务器架构：SQLite 是一种无服务器架构的数据库管理系统，整个数据库以单个文件的形式存在，不需要启动单独的数据库服务器进程。
- 零配置：SQLite 不需要进行复杂的配置和管理，只需要指定一个文件名即可创建和使用一个数据库。
- 跨平台：SQLite 可以在各种操作系统上运行，如 Windows、Linux、macOS 等。
- 关系型数据库：SQLite 是一种关系型数据库，支持常见的 SQL 查询语句和事务操作。
- 轻量级：SQLite 的代码库非常小，不到 1MB，适合嵌入各种应用程序中。
- 高可靠性：SQLite 通过使用 ACID 事务，保证了数据的一致性、可靠性和安全性，可以避免数据损坏和丢失的情况。
- 高性能：SQLite 支持多种索引类型，可提高查询的速度和效率。

2. SQLite 数据库的主要内容

SQLite 数据库主要由以下部分组成。

- 数据库文件：SQLite 数据库文件是一种特殊的文件，其中包含 SQLite 数据库中的所有表、索引、视图、触发器、存储过程和函数等信息。在 SQLite 中，所有的数据都被存储在一个单独的数据库文件中，该文件通常以".db"或".sqlite"作为文件扩展名。SQLite 的数据库文件优势非常突出，主要体现在以下几个方面。
  - 独立性：SQLite 数据库文件是一个独立的文件，可以在不同的计算机上传输和使用，无须额外安装数据库软件。
  - 轻量级：SQLite 数据库文件通常非常小，只需要几百千字节或几兆字节的磁盘空间就可以存储大量的数据。
  - 安全性：SQLite 数据库文件可以进行加密，以保护数据的安全性和隐私性。
  - 可移植性：SQLite 数据库文件可以在不同的操作系统和平台上使用，包括 Windows、Linux 和 macOS 等。
  - 备份和恢复方法简单：可以复制 SQLite 数据库文件到另外一个安全的位置上进行备份，以便在发生数据丢失或损坏的情况下可以从备份文件中恢复数据，保护数据的完整性和可靠性。
  - 访问方式便捷：SQLite 数据库文件可以通过 SQLite 官方提供的命令行工具或者各种第三方 SQLite 客户端进行访问和管理。在使用 SQLite 时，只需要指定一个数据库文件名即可创建或打开一个数据库，并进行数据的存储、查询和管理操作。
- 数据表：SQLite 数据表是 SQLite 数据库中存储数据的基本单位，它由若干行和若干列组成，每行代表一条记录，每列代表一个字段。在 SQLite 中，数据表是基于关系模型（Relational Model）的，可以通过 SQL 语句来创建、修改和删除数据表。SQLite 数据表的特点如下：
  - 行列结构：SQLite 数据表是由行和列组成的二维结构，每一行代表一条记录，每一列代表一个字段。

- 数据类型：SQLite 数据表支持多种数据类型，如整数、浮点数、文本、日期时间等。
- 主键：每个 SQLite 数据表必须有一个主键，用于唯一标识一条记录。
- 索引：可以为 SQLite 数据表中的一列或多列创建索引，以提高查询性能。
- 视图：可以基于一个或多个 SQLite 数据表创建视图，以便快速查询和分析数据。

❑ 索引：SQLite 索引是一种数据结构，用于加速 SQLite 数据库中数据的查找和检索操作。它是一个单独的数据结构，存储了数据表的某个列的值及对应的行号（或地址），从而可以快速定位满足特定条件的记录。SQLite 索引的特点如下：
- 提高查询性能：通过 SQLite 索引，可以快速定位满足特定条件的记录，从而提高查询性能。
- 占用空间：每个索引都需要占用一定的存储空间，因此创建过多的索引会占用较多的存储空间。
- 更新代价：当数据表的记录发生变化时，需要更新索引，因此更新索引的代价也需要考虑。

❑ 视图：SQLite 视图是一种虚拟的表，它由一个或多个数据表的查询结果组成，并按照特定的方式进行组合和排序。在 SQLite 中，视图并不实际存储数据，而是基于查询语句动态生成的。SQLite 视图的特点如下：
- 虚拟表：SQLite 视图不实际存储数据，而是基于查询语句动态生成的。
- 数据安全：通过 SQLite 视图，可以对数据表进行访问控制，从而确保数据的安全。
- 查询、简化：通过 SQLite 视图，可以将复杂的查询语句简化为单一的视图查询。
- 数据聚合：通过 SQLite 视图，可以将多个数据表的查询结果进行聚合和统计，以便更好地分析数据。

❑ 触发器：SQLite 触发器是一种在数据表中定义的特殊类型的存储过程，它会在特定事件发生时自动执行。通过 SQLite 触发器，可以在数据表中定义一些自定义的业务逻辑，以确保数据的一致性和完整性。SQLite 触发器的特点如下：
- 自动执行：SQLite 触发器可以在特定事件发生时自动执行，不需要手动干预。
- 事件类型：SQLite 触发器可以在数据表中的 INSERT、UPDATE 和 DELETE 操作发生时触发执行。
- 业务逻辑：通过 SQLite 触发器，可以定义一些自定义的业务逻辑，以确保数据的一致性和完整性。
- 触发时机：SQLite 触发器可以在操作之前或之后触发执行，以便在操作发生前或发生后进行相应的处理。

❑ 存储过程：SQLite 存储过程是一段预先编写好的程序，它可以被多次执行，并且可以接受参数和返回值。通过 SQLite 存储过程，可以将一组操作封装成一个单元，并且可以在多个查询中重复使用，从而提高查询的效率和可维护性。SQLite 存储过程的特点如下：
- 可重复使用：通过 SQLite 存储过程，可以将一组操作封装成一个单元，并且可以在多个查询中重复使用。
- 参数传递：SQLite 存储过程可以接受参数，并且还可以根据参数的不同执行不同的操作。
- 返回值：SQLite 存储过程可以返回一个或多个值，以便调用者进行后续的处理。
- 过程性：SQLite 存储过程是一段预先编写好的程序，它可以按照一定的顺序执行一系列操作。

❑ 函数：SQLite 函数是一种可以接受参数和返回值的程序单元，用于在 SQLite 查询中进行计算、转换和过滤等操作。SQLite 函数可以是内置函数或用户自定义函数，它们都可以在查询中被调用并执行。SQLite 函数的特点如下：
- 参数传递：SQLite 函数可以接受一个或多个参数，这些参数可以是常量、表达式或者子查询的结果。
- 返回值：SQLite 函数可以返回一个或多个值，这些值可以是常量、表达式或者 SQL 查询的结果。
- 可重复使用：SQLite 函数可以在多个查询中被重复使用，还可以根据需要进行调用。
- 扩展性：SQLite 函数可以是内置函数或用户自定义函数，可以根据需要进行扩展和定制，从而实现复杂的数据操作和计算。

需要注意的是，在实际应用 SQLite 时，应该根据实际的业务需求和数据表结构来设计索引、视图、触发器、存储过程与函数，因为过多设置索引、视图、触发器、存储过程与函数，会对数据库的性能产生一定的影响。

3．SQLite数据库存储示例

示例 5.19 完整地演示了如何使用 SQLite 数据库创建数据库文件的全过程。

【示例 5.19】创建 SQLite 数据库文件。

代码如下：

```
# 引入sqlite3 模块
import sqlite3
import pandas as pd

# 创建一个SQLite 数据库 600000.db 连接，如果没有该文件则新建此文件
conn = sqlite3.connect('d:/600000.db')

# 创建一个游标对象
cursor = conn.cursor()

# 创建一个名为 stocks 的表来存储股票数据
cursor.execute("""
            CREATE TABLE IF NOT EXISTS stocks (
                symbol TEXT,
                date TEXT,
                open REAL,
                high REAL,
                low REAL,
```

```
                    close REAL,
                    volume INTEGER)
                    """)
conn.commit()
```

说明：
- 需要引入 sqlite3 模块和 Pandas 库。
- 利用 sqlite3.connect 函数创建一个名为 600000.db 的 SQLite 数据库连接对象 conn。如果 600000.db 文件不存在，则会自动创建此数据库文件。
- 使用 conn.cursor 函数创建一个游标对象 cursor。游标对象主要用于执行 SQL 语句、获取查询结果、获取数据库中的元数据等操作。例如，游标对象的 execute 函数可以用于执行 SQL 语句，fetchone 和 fetchall 函数可以用于获取查询结果，description 属性可以用于获取查询结果的字段信息等。需要注意的是，在使用完游标对象后，应该及时关闭游标对象以释放资源，同时不要忘记提交事务。
- 使用 cursor.execute 函数执行 CREATE TABLE 语句创建了一个名为 stocks 的表，该表包含 symbol、date、open、high、low、close 和 volume 这 7 个字段，分别表示股票代码、日期、开盘价、最高价、最低价、收盘价和成交量。在 CREATE TABLE 语句中，IF NOT EXISTS 表示如果该表不存在则创建该表，否则不做任何操作。
- 使用连接对象 conn.commit 函数提交 SQL 语句的执行结果。

在创建了 SQLite 数据库之后，即可将数据保存至数据库文件中，见示例 5.20。

【示例 5.20】将数据保存至 SQLite 数据库。

代码如下：

```
# 假设有一个包含股票数据的 Pandas DataFrame
data = {
    'symbol': ['PFYH', 'PFYH', 'PFYH'],
    'date': ['2023-04-16', '2023-04-17', '2023-04-18'],
    'open': [7.28, 7.26, 7.38],
    'high': [7.31, 7.4, 7.59],
    'low': [7.25, 7.26, 7.37],
    'close': [7.27, 7.39, 7.54],
    'volume': [1000000, 2000000, 3000000]
}
df = pd.DataFrame(data)
# 将 DataFrame 中的数据插入 stocks 表
df.to_sql('stocks', conn, if_exists='append', index=False, method='multi')
```

说明：使用 DataFrame 对象的 to_sql 函数将 DataFrame 中的数据插入名称为 stocks 的表中。DataFrame.to_sql 函数的参数包括以下几个。

- name：表名称，为字符串类型。在本例中，name 为 stocks。
- con：数据库连接对象。在本例中，con 参数为 sqlite3.connect('d:/600000.db')创立的 conn 对象。
- if_exists：重复表名时的处理方式，可选值包括'fail'、'replace'和'append'。默认值为'fail'，表示如果表已经存在，则抛出 ValueError 异常。'replace'表示如果表已经存在，则先删除表，然后重新创建一个同名的表。'append'表示如果表已经存在，则将数据追加到表中；如果表不存在，则 to_sql 函数会自动创建一个表。在本例中，该参数为 append。
- index：是否将 DataFrame 的索引列保存到表中。默认值为 True，表示将索引列保存到表中。如果设置为 False，则不会保存索引列。
- index_label：索引列的列名。默认值为 None，表示使用默认的索引列名称'index'。如果设置了该参数，则使用指定的列名作为索引列的列名。
- chunksize：每次写入数据库的数据块大小。默认值为 None，表示一次性将所有数据写入数据库。例如，chunksize=1000 表示每次向数据库写入 1000 行数据。如果 DataFrame 的行数为 10000，则 to_sql 函数会将 DataFrame 拆分成 10 个小块，每个小块包含 1000 行数据，然后依次将每个小块写入数据库。需要注意的是，使用 chunksize 参数可能会导致写入数据的时间变长，因为需要多次向数据库写入数据。所以，在使用 chunksize 参数时需要权衡数据量和写入时间的关系。
- dtype：指定每个列的数据类型，可以使用字典类型指定每个列的数据类型。例如，dtype={'code': 'VARCHAR(50)', 'volume': 'INTEGER'}表明 code 列为长度不超过 50 字符的字符串类型，volume 列为整数类型。
- method：指定写入数据的函数。默认值为 None，表示使用 Pandas 默认的写入方法。如果设置为'multi'，则会使用多线程的方式写入数据。

对 SQLite 数据库进行数据查询可以通过 SQL 语句实现，即通过 cursor.execute 函数包裹 SQL 语言完成查询（见示例 5.21）。

【示例 5.21】SQLite 数据查询。

代码如下：

```
# 查询 stocks 表中的所有数据
cursor.execute("SELECT * FROM stocks")
rows = cursor.fetchall()

# 将查询结果转换为 DataFrame
result_df = pd.DataFrame(rows, columns=['symbol', 'date', 'open', 'high',
'low', 'close', 'volume'])
print(result_df)
```

程序输出结果如下：

```
  symbol       date  open  high   low  close   volume
0   PFYH 2023-04-16  7.28  7.31  7.25   7.27  1000000
1   PFYH 2023-04-17  7.26  7.40  7.26   7.39  2000000
2   PFYH 2023-04-18  7.38  7.59  7.37   7.54  3000000
```

说明：
- 使用游标对象 cursor.execute 函数执行 SELECT 语句，查询名称为 stocks 表中的所有数据。
- 使用游标对象 cursor.fetchall 函数将查询结果保存到变量 rows 中。
- 使用 pd.DataFrame 函数将 rows 转换为一个 Pandas DataFrame 对象，将其赋值给变量 result_df；然后使用 print 函数打印 result_df 的值，该值即为查询结果。

【示例 5.22】关闭 SQLite 数据库的连接。

代码如下：

```
# 关闭数据库连接
cursor.close()
conn.close()
```

说明：

- ❑ 使用数据库后，需要通过游标对象的 cursor.close 函数关闭游标。
- ❑ 关闭游标后，再通过连接对象的 conn.close 函数关闭与数据库的连接。

5.4 本章小结

本章首先介绍了如何使用 Tushare、AkShare、qstock 模块，以及从 Alpha Vantage API 中获取金融和经济数据的方法，然后介绍了在 Python 中进行一般数据和 JSON 数据的清洗过程，最后讲解了数据存储于 CSV 文件与 SQLite 数据库的过程。至此，开展金融量化交易策略的开发工作已全部准备完毕，从第 6 章开始将正式进入量化交易策略开发的实战环节。

5.5 思考题

1. 比较 Tushare、AkShare、qstock 模块及 Alpha Vantage API 获取数据的优劣。
2. 数据清洗包括哪些内容？如何实现数据清洗？
3. 如何通过 SQLite 数据库存储数据？

第6章 金融量化交易策略开发实战

本章将以趋势追踪交易策略、顶底背离交易策略、小市值交易策略、海龟交易策略、网格交易策略为例,系统地讲解开发金融量化交易策略的思路与方法。其中,趋势追踪交易策略、顶底背离交易策略、小市值交易策略的实现使用 Pandas 与 NumPy 来完成,海龟交易策略与网格交易策略通过专业的金融量化回测框架 Backtrader 来实现。通过这几个交易策略的实战案例的学习,读者可以掌握独立开发金融量化交易策略的技能。

本章的学习目标:
- 掌握趋势追踪交易策略的原理与代码实现;
- 掌握顶底背离交易策略的原理与代码实现;
- 掌握小市值交易策略的原理与代码实现;
- 掌握海龟交易策略的原理与代码实现;
- 掌握网格交易策略的原理与代码实现。

6.1 趋势追踪交易策略

趋势追踪交易策略(Trend Following)是一种基于技术分析的交易策略,旨在利用资产价格的长期趋势进行交易。该策略假定资产价格存在明显趋势,交易者可通过跟随趋势来获得收益。趋势追踪交易策略是一种常见的交易,在现实操作中,趋势追踪交易策略有很多种类。

6.1.1 趋势追踪交易策略介绍

趋势追踪交易策略的核心思想是,当资产价格开始形成趋势时,它们很有可能会继续朝着同一方向运动,交易者可以通过识别并跟随这些趋势来获得盈利。在趋势追踪交易策略中,交易者通常使用技术指标和图表模式来识别趋势,并在趋势确认后建立头寸。

基于这种交易思想,在现实中,投资者尝试通过各种技术指标来判断趋势以执行趋势追踪交易策略。基于投资者所使用的技术指标不同,趋势追踪交易策略可以分为以下几种。
- 均线策略:该策略基于市场的均线变化来判断趋势方向。通过计算一段时间内的均价,观察均线是否上升或下降来判断买入或卖出时机。
- 动量策略:该策略基于市场价格的变化率来判断趋势方向。如果价格上升速度较快,则可能预示着市场趋势向上,执行买入操作;反之亦然。

- SAR 策略：该策略基于停损点的变化来判断趋势方向。如果停损点逐渐上升，则预示市场趋势向上，执行买入操作；反之亦然。
- Bollinger 带策略：该策略基于市场价格与其波动范围之间的关系来判断趋势方向。当市场价格接近 Bollinger 带的上限时，预示市场过热，市场回调风险加大，执行卖出操作；反之亦然。
- MACD 策略：该策略基于市场短期和长期移动平均线的交叉情况来判断趋势方向。当短期移动平均线上穿长期移动平均线时，预示市场趋势向上，执行买入操作；反之亦然。

需要注意的是，趋势追踪交易策略并非百分之百准确，市场波动无常，交易风险始终存在。因此，投资者需要在策略选择、风险控制等方面进行深入的研究和分析。下面以均线策略为例，展示如何实现趋势追踪交易策略回测。

6.1.2 趋势追踪交易策略实战代码

为了解释构建趋势追踪交易策略的步骤与具体细节，本节以均线系统作为趋势判断的指标，即短周期 20 日均线在 50 日均线上方视为趋势向上的判断依据，对应的操作为买入并持有；反之则卖出清仓（见示例 6.1）。

【示例 6.1】趋势追踪交易策略的实现。

代码如下：

```python
# 第1步：引入模块
import pandas as pd
import numpy as np
import matplotlib.pyplot as plt
# 设置负号显示
mpl.rcParams['axes.unicode_minus'] = False
# 设置中文字体
plt.rcParams['font.sans-serif'] = ['SimHei']
# 设置清晰度
plt.rcParams['figure.dpi'] = 300

# 第2步：读取数据
df = pd.read_csv('d:/000004.csv',
                 index_col=['trade_date'],
                 parse_dates=['trade_date'])

# 第3步：计算辅助数据列
# 计算20日均线
df['SMA20'] = df['close'].rolling(window=20).mean()
# 计算50日均线
df['SMA50'] = df['close'].rolling(window=50).mean()
# 计算每日持股收益率
df['Returns'] = df['close'].pct_change()

# 第4步：定义策略，即20天均线大于50天均线，买入持有；否则卖出空仓。1代表持仓，0代
  表空仓
df['Position'] = np.where(df['SMA20']>df['SMA50'], 1, 0)
```

```python
# 第 5 步：计算策略回测结果
# 计算策略每日收益率
df['Strategy_Returns'] = df['Position']*df['Returns']
# 计算持股累计收益率
df['Cumulative_Returns'] = (1+df['Returns']).cumprod()-1
# 计算策略累计收益率
df['Strategy_Cumulative_Returns'] = (1+df['Strategy_Returns']).cumprod()-1
# 读取策略每日收益率数据
strategy_returns = df['Strategy_Returns']
# 读取策略累计收益率数据
strategy_cumulative_returns = df['Strategy_Cumulative_Returns']
# 计算策略年化收益率
annualized_return = strategy_returns.mean() * 252
# 计算策略年化收益率标准差
annualized_volatility = strategy_returns.std() * np.sqrt(252)
# 计算策略年化收益率夏普值
sharpe_ratio = annualized_return / annualized_volatility
# 计算策略最大回撤率
max_drawdown = (strategy_cumulative_returns / strategy_cumulative_returns.cummax()-1).min()

print('策略年化收益率:', annualized_return)
print('策略年化收益率标准差:', annualized_volatility)
print('夏普比率:', sharpe_ratio)
print('最大回撤率:', max_drawdown)

# 第 6 步：策略回测结果可视化输出
# 创建对象 fig 与 ax
fig = plt.figure(figsize=(6,3))
ax = fig.add_subplot(1,1,1)

# 显示输出持股累计收益率
ax.plot(df['Cumulative_Returns'])

# 显示输出策略累计收益率
ax.plot(df['Strategy_Cumulative_Returns'])

# 显示图例
ax.legend(['持股累计收益率', '策略累计收益率'])

# ax 设置 x、y 轴标签
ax.set_xlabel('时间')
ax.set_ylabel('收益率')

# 将 y 轴设为百分数显示
y_ticks = ['{}%'.format(int(i*100)) for i in ax.get_yticks()]
ax.set_yticklabels(y_ticks)

# 调整子图布局，上边缘与主图对齐，下边缘与主图 20%对齐
fig.subplots_adjust(top=1, bottom=0.30)

# 显示 plt 对象
plt.show()
```

回测结果如下，走势图如图 6.1 所示。

策略年化收益率：0.10346244803155025
策略年化收益率标准差：0.43061818013043335
夏普比例：0.24026493261434453
最大回撤率：-1.0268295026344896

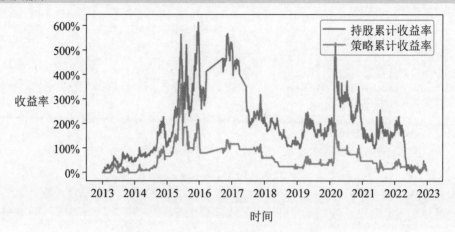

图 6.1 趋势追踪交易策略累计收益率走势

说明：观察策略累计收益率走势可以看到，该策略在 2015 年上半年之前表现良好，之后则表现不佳。原因是 2013 年～2015 年期间出现了牛市行情，趋势追踪策略完全享受了这段行情的红利，但是该策略难以避免下跌行情所带来的损失。

6.1.3 趋势追踪交易策略实战代码详解

第 1 步的代码如下：

```
# 引入模块
import pandas as pd
import numpy as np
import matplotlib.pyplot as plt

# 设置负号显示
mpl.rcParams['axes.unicode_minus'] = False
# 设置中文字体
plt.rcParams['font.sans-serif'] = ['SimHei']
# 设置清晰度
mpl.rcParams['figure.dpi'] = 300
```

说明：

- 本例只引入了最基础的 Pandas、NumPy 与 Matplotlib 模块，并未引入一些商用收费的量化框架模块，目的是让读者更清晰地了解量化策略模型回测的核心逻辑和基本步骤。
- rcParams 是 Matplotlib 中的一个全局配置字典，用于控制 Matplotlib 的默认属性，为了正常显示中文，需要将 font.sans-serif 设置为 SimHei；为了正常显示负号，则需要将 axes.unicode_minus 设置为 False。

第 2 步的代码如下：

```
# 读取数据
df = pd.read_csv('d:/000004.csv',
                 index_col=['trade_date'],
                 parse_dates=['trade_date'])
```

说明：
- 通过 pandas.read_csv 函数读入数据文件的数据。
- 将 trade_date 列通过 parse_dates 参数转换为日期类型。
- 将 trade_date 列设为索引列。

第 3 步的代码如下：

```
# 计算辅助数据列
# 计算 20 日均线
df['SMA20'] = df['close'].rolling(window=20).mean()
# 计算 50 日均线
df['SMA50'] = df['close'].rolling(window=50).mean()
# 计算每日持股收益率
df['Returns'] = df['close'].pct_change()
```

说明：
- 本例为趋势追踪策略模型，为了定义趋势方向，首先需要计算 20 日、50 日均线，便于后期通过交易策略判断交易条件。
- 计算均线的方法有很多，本例使用 Pandas 中的 pandas.Series.rolling().mean()函数构建了均线数据列。
- df['Returns'] 数据列记录了该股票每日股价的变动率，即每日的收益率。如果策略是买入持有该股票，则持有期间的每日收益率就是该策略的日收益率。本策略空仓期间，策略每日收益率均为 0。

第 4 步的代码如下：

```
# 定义策略，即 20 天均线上穿 50 天均线，买入持有；否则卖出空仓
# 1 代表持仓，0 代表空仓
df['Position'] = np.where(df['SMA20']>df['SMA50'], 1, 0)
```

说明：
- 本例的交易策略是，当 20 日均线处于 50 日均线上方时，则持有（建仓）该股票；否则不持有（卖出）该股票。
- 新建 df['Position']数据列以记录持仓情况。如果值为 1 则代表当日持仓该股票，该股票当日的收益率应计入策略当日收益率；如果值为 0 则代表当日未持仓该股票，该股票当日的收益率不应计入策略当日收益率。
- 使用 np.where 函数设置买入（持仓）与卖出（空仓）时 df['Position']的值。在本例中，np.where 函数的条件为 df['SMA20'] > df['SMA50']，即 df 的每一行记录均进行此判断，如果当前行 SM20 的列值大于 SM50 的列值，则该行的 Position 列值为 1，否则该行的 Position 列值为 0。

第 5 步的代码如下：

```
# 计算策略回测结果
# 计算策略每日收益率
df['Strategy_Returns'] = df['Position']*df['Returns']
# 计算持股累计收益率
df['Cumulative_Returns'] = (1+df['Returns']).cumprod()-1
# 计算策略累计收益率
df['Strategy_Cumulative_Returns'] = (1+df['Strategy_Returns']).cumprod()-1
# 读取策略每日收益率的数据
strategy_returns = df['Strategy_Returns']
# 读取策略累计收益率的数据
strategy_cumulative_returns = df['Strategy_Cumulative_Returns']

# 计算策略年化收益率
annualized_return = strategy_returns.mean() * 252
# 计算策略年化收益率标准差
annualized_volatility = strategy_returns.std() * np.sqrt(252)
# 计算策略年化收益率夏普值
sharpe_ratio = annualized_return / annualized_volatility
# 计算策略的最大回撤率
max_drawdown = (strategy_cumulative_returns / strategy_cumulative_returns.cummax()-1).min()

print('策略年化收益率:', annualized_return)
print('策略年化收益率标准差:', annualized_volatility)
print('夏普比率:', sharpe_ratio)
print('最大回撤率:', max_drawdown)
```

说明：

- 本例计算了策略年化收益率、夏普比率与最大回撤率，这 3 个指标是评估量化交易策略回测优劣的核心要素。投资者在选择投资策略时，最关心的是收益与风险问题，其中，收益水平一般用收益率高或低来评估，风险程度则通常用最大回撤率与夏普比率来度量。
- df['Strategy_Returns']记录了策略每日收益率，如果策略当日未持仓，则对应的df['Position']值为 0，即当日收益率为 0；如果策略当日建仓，在对应的df['Position']值为 1，与当日该股票收益率 df['Retruns']值相乘，即为当日策略收益率。
- pandas.Series.cumpro 累计函数可以将 pandas.Series 类型的数据进行逐行累计相乘，从而方便地计算出本策略的累计收益率，以及持续持有该股票的累计收益率。
- 计算最大回撤率的公式为：累计收益率 / 累计最大收益率 -1。

第 6 步的代码如下：

```
# 策略回测结果可视化输出
# 创建对象 fig 与 ax
fig = plt.figure(figsize=(6,3))
ax = fig.add_subplot(1,1,1)
# 显示输出持股累计收益率
ax.plot(df['Cumulative_Returns'])
# 显示输出策略累计收益率
ax.plot(df['Strategy_Cumulative_Returns'])
# 显示图例
ax.legend(['持股累计收益率', '策略累计收益率'])
```

```
# ax 设置 x、y 轴标签
ax.set_xlabel('时间')
ax.set_ylabel('收益率')
# 将 y 轴设为百分数显示
y_ticks = ['{}%'.format(int(i*100)) for i in ax.get_yticks()]
ax.set_yticklabels(y_ticks)
# 设置图表名称并显示在图下方
title = '图 6.1 累计收益率走势'
fig.suptitle(title, fontsize=12, fontweight='bold', y=0.1)
# 调整子图布局，上边缘与主图对齐，下边缘与主图 20%对齐
fig.subplots_adjust(top=1, bottom=0.30)
# 显示 plt 对象
plt.show()
```

说明：

- 可视化首先需要具备 Figure 图形对象 fig 与 AxesSubplot 对象的子图对象 ax。
  - fig 是一个 Matplotlib 中的图形对象，用于存储整个图形的信息，如图形的大小、背景颜色和标题等。
  - ax 是 Matplotlib 中的一个子图对象，用于绘制图形中的一个子区域，并控制子区域的各种属性，如坐标轴范围、标签、标题和线条等。
- ax.plot(df['Cumulative_Returns'])的 x 轴坐标为 df 的索引，在本例中为日期类型的索引 trade_date。
- ax.legend(['持股累计收益率', '策略累计收益率'])设置图例，其中标签名称是一个字符串列表。注意，ax.legend('持股累计收益率')仅显示第一个字"持"，因为 legend 函数的参数是一个字符串列表，而"持股累计收益率"被视为一个字符串，字符串被解释成一个字符序列。
- ax.get_yticks 是用于获取子图 ax 的 y 轴刻度值的函数。它返回一个 NumPy 数组，其中包含子图的 y 轴上显示的刻度值。
- ax.set_yticklabels 是用于设置子图 ax 的 y 轴刻度标签的函数。它接收一个字符串列表作为参数，用于设置每个刻度的标签。通常情况下，可以使用 ax.set_yticks 函数设置子图的 y 轴刻度值，然后使用 ax.set_yticklabels 函数设置刻度标签。例如，ax.set_yticks([-1, 0, 1])先把 y 轴设置为-1、0、1 这 3 个刻度，再通过 ax.set_yticklabels(['min', 'mid', 'max'])将 y 轴刻度显示为 min、mid、max。
- fig.suptitle 是用于设置图形对象 fig 的总标题的函数。它会在图形对象的顶部居中位置添加一个大标题，通常用于描述整个图形的内容或主题。fig.suptitle 函数的常用参数包括以下几个。
  - t：标题的文本内容。
  - x：标题在 x 轴方向的位置，默认为 0.5。
  - y：标题在 y 轴方向的位置，默认为 0.98。在本例中，y=0.1 表示在 fig 图形下部的 10%位置处显示。
  - fontsize：标题的字体大小。
  - fontweight：标题的字体粗细。
  - color：标题的颜色。

- fig.subplots_adjust 是用于调整图形对象 fig 的子图布局的函数。它可以通过调整子图之间的间距和边距来优化图形的外观和可读性。fig.subplots_adjust 函数的常用参数包括以下几个。
  - left：子图左边缘与图形左边缘之间的距离。
  - right：子图右边缘与图形右边缘之间的距离。
  - bottom：子图底部与图形底部之间的距离。
  - top：子图顶部与图形顶部之间的距离。
  - wspace：子图之间的宽度间隔。
  - hspace：子图之间的高度间隔。

> 注意：在参数中，单位是相对于图形对象的宽度和高度的比例，因此 left=0 表示子图左边缘紧贴图形左边缘，而 right=1 表示子图右边缘紧贴图形右边缘。

6.2 顶底背离交易策略实战

顶底背离交易策略是基于"背离"这一概念而开发出的交易策略，即当价格趋势和某些技术指标趋势不一致性时，可以认为市场达到了一个反转时点。如果某些技术指标显示市场的趋势已经开始反转，但价格走势并未反转，则这种情况就称为"背离"。这种背离可能是一个潜在的市场趋势反转信号，此时执行看空或看多的策略操作。

6.2.1 顶底背离交易策略介绍

与趋势追踪交易策略相似，顶底背离交易策略也需要各类技术指标的支持，通过这些技术指标作为顶底判断的依据。当资产价格走势形成新高或新低，而技术指标的走势没有同步创出新高或新低时，即出现了顶底背离现象。这种情况通常预示了价格反转的可能性。

构建顶底背离交易策略一般需要如下几步。

（1）寻找顶底背离信号：确定顶底背离，需要选择具体用于判断的技术指标类别，一般使用 MACD 和 RSI 等技术指标寻找股票或其他金融资产的顶底背离信号。

（2）确认交易信号：当出现顶底背离信号时，需要确认其有效性。确认方法包括观察价格走势是否出现明显的反转，以及其他技术指标是否支持反转等。

（3）确定进出场点位：确认交易信号后，需要确定进出场点位。进场点位通常为价格回撤到支撑位或压力位时进行设定，出场点位可以根据自己的交易计划和风险承受能力来设定。

（4）风险控制：在交易过程中，需要严格控制风险。可以通过设定止损位和调整仓位等方式来控制风险。

需要特别说明的是，顶底背离交易策略模型是一种基于技术分析的交易策略，存在一定的风险。交易者应该在了解市场情况、风险承受能力等方面进行充分准备，并合理规划自己的交易计划。下面以 MACD 顶底背离为例，讲解顶底背离交易策略模式的实战代码。

6.2.2 顶底背离交易策略实战代码

为了便于读者理解构建顶底背离交易策略的核心内容，降低学习难度，本节设计了最基础的 MACD 指标顶底背离交易策略，对进场条件判断与止损、止盈等操作进行简化处理，即买入条件当为 MACD 柱体出现极小值时作为判断顶底背离的信息，此时执行买入并持有 5 日的操作具体实现见示例 6.2。

【示例 6.2】MACD 顶底背离交易策略的实现。

代码如下：

```
# 第 1 步：引入需要使用的模块
import pandas as pd
import numpy as np
import matplotlib.pyplot as plt
from talib import MACD
# 设置负号显示
plt.rcParams['axes.unicode_minus'] = False
# 设置中文字体
plt.rcParams['font.sans-serif'] = ['SimHei']


# 第 2 步：读取历史数据
data = pd.read_csv('d:/000004.csv',
                   index_col='trade_date',
                   parse_dates=['trade_date'])

# 第 3 步：准备辅助数据列，计算 MACD 指标
DIF, DEA, MACD = MACD(data['close'],
                      fastperiod=12,
                      slowperiod=26,
                      signalperiod=9)

# 第 4 步：定义策略，计算顶底背离信号
signal = np.zeros(len(data))
for i in range(2, len(data)):
    if signal[i] == 0:
        if MACD[i-1]<MACD[i-2] and MACD[i-1]<MACD[i]:
            signal[i:i+5] = 1

# 第 5 步：计算策略收益率
returns = data['close'].pct_change()
strategy_returns = signal[2:-2] * returns[3:-1]
annualized_return = strategy_returns.mean() * 252
annualized_volatility = strategy_returns.std() * np.sqrt(252)
sharpe_ratio = annualized_return / annualized_volatility
cumulative_returns = np.cumprod(1+returns)-1
cumulative_strategy_returns = np.cumprod(1+strategy_returns) - 1
# 打印输出交易策略回测结果
print('年均收益率:', annualized_return)
```

```
print('年均收益率变动标准差:', annualized_volatility)
print('夏普比率:', sharpe_ratio)

# 第6步：回测结果可视化
fig = plt.figure(figsize=(6,3))
ax = fig.add_subplot(1, 1, 1)
ax.plot(cumulative_strategy_returns)
ax.plot(cumulative_returns)
ax.set_ylabel('收益率 ')
ax.set_xlabel('时间')
ax.legend(['策略累计收益率','持股累计收益率'])
ax.grid(which='major')
# 将y轴设为百分数显示
y_ticks= ['{}%'.format(int(i*100)) for i in ax.get_yticks()]
ax.set_yticklabels(y_ticks)

plt.show()
```

回测结果如下，可视化效果如图6.2所示。

```
年均收益率: 0.1444469566685668
年均收益率变动标准差: 0.38532684793458233
夏普比率: 0.37486865356729526
```

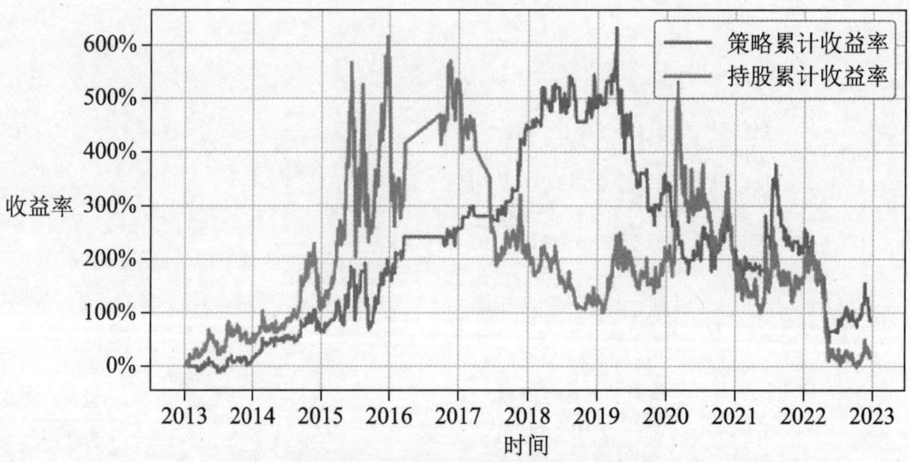

图6.2　MACD顶底背离交易策略收益率可视化效果

说明：MACD顶底背离交易策略的历史回测效果较为理想，从2013年～2019年年初这段时间保持持续上升的增长状态。值得注意的是，该策略有效避免了2015年下半年股灾造成的损失。

6.2.3　顶底背离交易策略实战代码详解

顶底背离交易策略较趋势追踪交易策略略为复杂，第一步与趋势追踪交易策略基本相同，由于顶底背离交易策略需要计算MACD指标，所以可以在第一步直接通过Ta-Lib模块引入MACD类，为后面计算MACD指标提供便利。

第1步的代码如下：

```python
# 引入需要使用的模块
import pandas as pd
import numpy as np
import matplotlib.pyplot as plt
from talib import MACD
# 设置负号显示
plt.rcParams['axes.unicode_minus'] = False
# 设置中文字体
plt.rcParams['font.sans-serif'] = ['SimHei']
```

说明：顶底背离交易策略引入了 TA-Lib 模块中的 MACD 类，这样可以方便地计算 MACD 指标对应的 3 组数值，即 DIF 柱、DEA 柱、MACD 柱。

第 3 步的代码如下：

```
# 准备辅助数据列，计算MACD指标
DIF, DEA, MACD = MACD(data['close'],
                      fastperiod=12,
                      slowperiod=26,
                      signalperiod=9)
```

说明：

- talib.MACD 函数返回 MACD 指标对应的 3 组数值，其 MACD 值为（DIF-DEA）×1，而国内大多数行情看盘软件 MACD 柱体的值为（DIF-DEA）×2。
- talib.MACD 函数中的第 1 参数为数据列，fastperiod 为快线的周期值，slowperiod 为慢线的周期值，signalperiod 为快线与慢线差值的移动平均值的周期数值。

第 4 步的代码如下：

```
# 定义策略，计算顶底背离信号
signal = np.zeros(len(data))
for i in range(2, len(data)):
    if signal[i] == 0:
        if MACD[i-1]<MACD[i-2] and MACD[i-1]<MACD[i]:
            signal[i:i+5] = 1
```

说明：

- signal 用于设置是否持仓的变量，0 代表空仓，1 代表持仓。
- 本策略持仓条件是，如果前一日 MACD 值处于低谷，则当日起 5 日的持仓信号设置为持仓状态 1，即 signal[i:i+5]设为 1。

6.3 小市值交易策略实战

小市值交易策略是一种基于选择市值较小的公司进行投资的策略。小市值交易策略常常被用于股票投资，但也可以应用于其他资产类别，如债券和商品等。

6.3.1 小市值交易策略介绍

小市值交易策略认为小市值公司具有较大的增长潜力，因为小市值公司通常在成长阶段，未来它们很可能会发展为大公司。投资小市值公司的股票，目的是捕捉这些公司在成长过程中的潜在收益。

此外，小市值交易策略认为小市值公司通常被较大的投资者所忽视，导致它们的股票价格低于其真实价值。通过投资小市值公司股票，可以找到这些被低估的公司，以低价购买股票，并在股票价格回升时获得收益。常见的小市值交易策略主要包括以下4种。

- ❑ 价值投资策略：寻找低市盈率和低价格/账面价值比的小市值股票。这些公司可能会被低估，但具有稳健的基本面和未来增长潜力。
- ❑ 动量交易策略：寻找近期表现良好的小市值股票。这些公司由于当前受到市场关注，很有可能在短期内获得高回报。
- ❑ 趋势交易策略：寻找小市值股票的趋势，并在价格突破上涨趋势时进行买入。
- ❑ 技术分析策略：使用技术指标和图表模式来分析小市值股票的价格趋势和价格支撑位。

6.3.2 小市值交易策略实战代码

本节介绍的小市值策略是在股票池中买入当日流通市值最小的股票并持有。如果当日流通市值公司发生变化，则本策略即可进行换仓，继续持有当日流通市值最小的公司股票，具体实现见示例6.3。

【示例6.3】小市值交易策略的实现。

代码如下：

```python
# 第1步：引入模块
import os
import pandas as pd
import matplotlib.pyplot as plt
# 设置负号显示
plt.rcParams['axes.unicode_minus'] = False
# 设置中文字体
plt.rcParams['font.sans-serif'] = ['SimHei']

# 第2步：获取数据
path = 'D:/金融量化分析书稿数据/'
files = os.listdir(path)

df_total = pd.DataFrame()
for file in files:
    df = pd.read_csv(path+file, encoding='utf-8-sig')
    # 数据清洗：保证收盘价为非零且非空值
    df['收盘价'].replace(0, np.nan, inplace=True)
    df['收盘价'].fillna(method='ffill', inplace=True)
    df['收盘价'] = np.where(df['收盘价'].isna(),df['收盘价'].shift(-1), df['收盘价'])
    # 计算个股当日收益率
    df['return'] = df['收盘价']/df['收盘价'].shift(1)-1
    # 数据清洗：确保当日收益率为非空值
    df['return'].fillna(0, inplace=True)
    # 合并全部股票行情+市值记录
```

```
    df_total = pd.concat([df_total, df])

# 第3步：定义策略，即筛选小市值股票并将其作为持仓股票
df_groupby = df_total.loc[df_total.groupby('日期')['流通市值'].idxmin()]
df_groupby = df_groupby.drop_duplicates('日期')

# 第4步：计算策略收益率
df = df_groupby.copy()
df['日期'] = pd.to_datetime(df['日期'])
df.sort_values(by='日期', inplace=True)
df.set_index('日期',drop=True,inplace=True)
df['cumulate_return']= (df['return']+1).cumprod()

strategy_returns = df['return']
annualized_return = strategy_returns.mean() * 252
annualized_volatility = strategy_returns.std() * np.sqrt(252)
sharpe_ratio = annualized_return / annualized_volatility
cumulative_strategy_returns = np.cumprod(1+strategy_returns) - 1
print('年均收益率：', annualized_return)
print('年均收益率变动标准差：', annualized_volatility)
print('夏普比率：', sharpe_ratio)

# 第5步：回测结果可视化
fig = plt.figure(figsize=(6,3))
ax = fig.add_subplot(1,1,1)
ax.plot(df['cumulate_return'])
ax.set_ylabel('收益率')
ax.set_xlabel('时间')
ax.legend(['策略累计收益率'])
ax.grid(which='major')

# 将y轴设为百分数显示
y_ticks = ['{}%'.format(int(i*100)) for i in ax.get_yticks()]
ax.set_yticklabels(y_ticks)
plt.show()
```

回测结果如下，可视化效果如图 6.3 所示。

年均收益率：0.516673956176791 年均收益率变动标准差：0.6227229288964514
夏普比率：0.8297011916558245

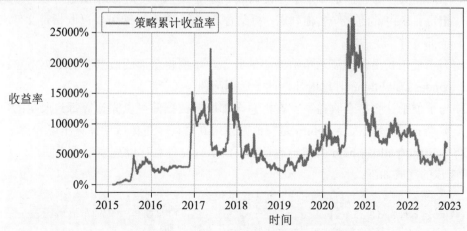

图 6.3　小市值交易策略收益率可视化效果

说明：由于小市值交易策略选取的股票范围经过了优化处理，所以效果非常好。本例仅展示小市值股票交易策略的实现方法，并不能作为实盘交易的依据。

6.3.3 小市值交易策略实战代码详解

小市值交易策略的第 1 步是引入模块部分，这一步与前两个交易策略基本相似。由于小市值交易策略需要在股票池中动态筛选小市值股票，所以，小市值交易策略必然会涉及多个股票数据文件，这是小市值交易策略与前两个交易策略的不同之处。在 Python 中处理特定文件夹内的多个文件读入操作时，经常会调用 Python 自带的 os 模块来完成相关的操作。

第 2 步的代码如下：

```python
# 获取数据
path = 'D:/金融量化分析书稿数据/'
files = os.listdir(path)

df_total = pd.DataFrame()
for file in files:
    df = pd.read_csv(path+file, encoding='utf-8-sig')
    # 数据清洗：保证收盘价为非零且非空值
    df['收盘价'].replace(0, np.nan, inplace=True)
    df['收盘价'].fillna(method='ffill', inplace=True)
    df['收盘价'] = np.where(df['收盘价'].isna(),df['收盘价'].shift(-1),
df['收盘价'])
    # 计算个股当日收益率
    df['return'] = df['收盘价']/df['收盘价'].shift(1)-1
    # 数据清洗：确保当日收益率为非空值
    df['return'].fillna(0, inplace=True)
    # 合并全部股票行情+市值记录
    df_total = pd.concat([df_total, df])
```

说明：
- 小市值交易策略需要在市场中筛选出最小市值的股票，因此需要收集多只股票，然后将其存放在指定目录下方便调取。通过 os 模块的 listdir 函数可以方便地获取指定目录内部的文件名称列表，再结合 for 循环语句，即可以读取指定文件夹下的全部文件。
- 为了便于找出每日流通市值最小的股票，本例将全部的股票交易数据汇总在一个 pandas.DataFrame 对象内部，便于后期筛选。
- 为了便于计算持仓收益率，在汇总全部股票数据前可以先计算每只股票的每日收益率 return 列，如果 return 是空值则使用 0 替代，避免后期计算出现异常。
- os.listdir(path)将 path 所指定的目录下的所有文件名称以列表形式返回。

第 3 步的代码如下：

```python
# 定义策略，即筛选小市值股票并将其作为持仓股票
df_groupby = df_total.loc[df_total.groupby('日期')['流通市值'].idxmin()]
df_groupby = df_groupby.drop_duplicates('日期')
```

说明：
- 按"日期"列进行 groupby 分类，返回一个 groupby 对象。
- 对每个分组中的"流通市值"列，使用 idxmin 函数获取该分组中"流通市值"最小的行的索引。
- 使用 loc 函数基于索引获取每个日期中"流通市值"最小的行的数据。
- 为了确保"日期"列每期有重复值，可以使用 DataFrame 对象的 drop_duplicates 函数删除"日期"重复的数据行。

6.4 海龟交易策略实战

海龟交易策略是一种基于趋势跟随的交易策略，这个交易策略在 20 世纪 80 年代初由美国著名的交易员 Richard Dennis 和 William Eckhardt 所创立。该策略的核心思想是，跟随市场趋势进行交易，以获得长期的稳定收益。

6.4.1 海龟交易策略介绍

海龟交易策略的核心是严格遵守交易规则和风险控制策略，以确保交易者在长期的交易中能够获得稳定的收益。由于该策略强调风险管理的重要性，所以交易者需要设定合理的止损点和头寸规模，以控制风险。此外，海龟交易策略需要持续的纪律性执行，因为它的成功不在于单个交易的盈利，而在于长期的稳定收益。但是，当市场处于震荡行情时，该策略很有可能会出现频繁地止损，导致交易者的收益下降。

基于海龟交易策略的构建理念，实现海龟交易策略的核心步骤包括以下 4 步。

（1）确定市场：选择具有高流动性和波动性的市场。海龟交易策略最早应用于期货市场，因为期货市场的流动性、波动性都很高。在外汇市场与股票市场上，海龟交易策略也被投资者广泛使用。

（2）确定入市策略：一般采用突破式入市策略，即当价格突破一定的区间时，开仓建立头寸。具体而言就是，使用技术分析指标结合基本面分析来确定入市时机，通常是在价格突破某个长期移动平均线后入场。

（3）执行严格的风险管理策略：通过设立严格的止损点，限制亏损的大小，并采用加仓策略，当市场利润增加时，逐步加仓扩大头寸。

（4）确定退出策略：当价格不再突破并且头寸盈利达到一定的目标时，采用分批出场的方式逐步平仓退出市场。

6.4.2 海龟交易策略实战代码

基于海龟交易策略的基本原理，本节构建了一个基本的海龟交易策略。本交易策略的买入条件是空仓且股票收盘价超过 20 日均线值，策略的止盈条件为获利超过 1 倍的 ATR

值，策略的止损条件为亏损 50%ATR 值，具体实现见示例 6.4。

【示例 6.4】 海龟交易策略的实现。

代码如下：

```python
# 第1步：引入模块
import datetime
import backtrader as bt
import pandas as pd
import matplotlib.pyplot as plt
# 设置清晰度
plt.rcParams['figure.dpi'] = 300

# 第2步：自定义交易策略类
class TurtleStrategy(bt.Strategy):
    # 第2-1步：定义初始函数
    def __init__(self):
        # 设置均线周期的日期长度
        self.n1 = 20
        # 设置变动幅度
        self.pct = 2
        # 设置self.order的初始值为0，表示处于未交易状态
        self.order = 0
        # 设置买入价格的初始值为0
        self.buy_price = 0
        # 设置卖出价格的初始值为0
        self.sell_price = 0
        # 调用bt指标模块的ATR函数，并将参数传入初始化函数的self.n1变量中
        self.atr = bt.indicators.ATR(period=self.n1)
        # 调用bt的indicator指标模块的SMA函数，并将参数传入初始化函数的self.n1
          变量中
        self.sma1 = bt.indicators.SMA(period=self.n1)

    # 第2-2步：定义交易规则
    def next(self):
        # 如果策略交易状态为真（self.order==1）
        if self.order:
            return
        # 卖出条件1：当前行策略持仓状态为真（self.position==1）
        if self.position:
            # 卖出条件2：当前行的close<self.sell_price（止损）或当前行的close>
              self.sell_price（止盈）
            if self.data.close < self.sell_price or self.data.close[0] > self.buy_price:
                # 执行bt内部卖出函数sell，卖出量为bt内部postion对象的size属性
                self.sell(size=self.position.size)
            else:
                # 买入条件：当前策略持仓状态为假且close>self.sma1
                if self.data.close > self.sma1:
                    # 将self.buy_price设为close列的当前行数值与初始化函数self.atr
                      的self.pct倍的加法和
                    self.buy_price = self.data.close[0] + self.atr[0] * self.pct
                    # 将self.sell_price设为close列当前行数值与初始化函数self.atr的
                      self.pct倍50%的减法差
                    self.sell_price = self.data.close[0] - self.atr[0] * self.pct*0.5
```

```
            # 执行 bt 内部买入函数 buy，买入量由参数 size 设定为 1000 股
            self.buy(size=1000,)

# 第 3 步：创建 backtrader.Cerebro 实例
cerebro = bt.Cerebro()

# 第 4 步：设置策略初始值
cerebro.broker.setcash(100000)
cerebro.broker.setcommission(commission=0.001)

# 第 5 步：读取并加载数据
data = bt.feeds.PandasData(dataname=pd.read_csv('d:/bt000004.csv',
                                                index_col=0,
                                                parse_dates=True))
cerebro.adddata(data)

# 第 6 步：加载策略类
cerebro.addstrategy(TurtleStrategy)

# 第 7 步：运行策略回测
cerebro.run()

# 第 8 步：输出策略回测结果
portvalue = cerebro.broker.getvalue()
pnl = portvalue - cerebro.broker.startingcash
print('策略运行终值: ${}'.format(portvalue))
print('利润/亏损: ${}'.format(pnl))

# 第 9 步：将策略回测结果可视化输出
cerebro.plot(figsize=(6, 3))
```

回测部分结果如下，可视化效果如图 6.4 所示。

```
策略运行终值: $134775.3300000002
利润/亏损: $34775.33000000019
```

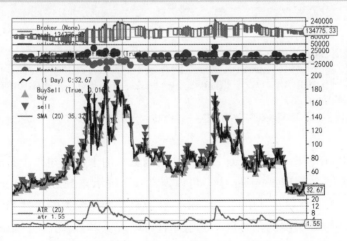

图 6.4 海龟交易策略收益率可视化效果

说明：

- 本例使用了专业量化回测框架 Backtrader 进行策略构建。

❑ 从本例历史数据回测可以发现，海龟交易策略交易频繁，交易效果较好，总收益率约为 34.78%。

6.4.3 海龟交易策略实战代码详解

与前面介绍的 3 个交易策略相比，海龟交易策略是通过引入 Backtrader 回测框架进行策略回测的。因此，海龟交易策略的第一步需要引入 Backtrader 模块。鉴于 Backtrader 框架的系统性与复杂性，本书第 9 章会详细介绍 Backtrader 回测框架。

代码如下：

```python
# 第1步：引入模块
import datetime
import backtrader as bt
import pandas as pd
# 设置清晰度
plt.rcParams['figure.dpi'] = 300
```

说明：本例引入的模块为 Backtrader，这是一个开源的金融投资量化策略回测框架。

代码如下：

```python
# 第2步：自定义交易策略类
class TurtleStrategy(bt.Strategy):
    # 第2-1步：定义初始函数
    def __init__(self):
        # 设置均线周期的日期长度
        self.n1 = 20
        # 设置变动幅度
        self.pct = 2
        # 设置self.order的初始值为0，表示处于未交易状态
        self.order = 0
        # 设置买入价格的初始值为0
        self.buy_price = 0
        # 设置卖出价格的初始值为0
        self.sell_price = 0
        # 调用bt指标模块的ATR函数，并将参数传入初始化函数的self.n1变量中
        self.atr = bt.indicators.ATR(period=self.n1)
        # 调用bt的indicator指标模块SMA函数，并将参数传入初始化函数的self.n1
          变量中
        self.sma1 = bt.indicators.SMA(period=self.n1)
```

说明：

❑ 在 Backtrader 中，__init__ 是一个特殊的函数，用于在创建一个新的类实例时进行初始化操作。在 Backtrader 中，可以定义一个继承自 bt.Strategy 或 bt.Indicator 类的自定义类，然后在其中定义 __init__ 函数来初始化该类的属性和函数。

❑ __init__ 函数在类实例化时自动调用并且可以接受多个参数。在 Backtrader 中，通常将 __init__ 函数用于以下几个方面。

➢ 设置默认参数：在 __init__ 函数中设置默认参数值，以便在创建类实例时使用，而不必每次都重新输入相同的值。

➢ 设置类属性：在 __init__ 函数中设置类属性，这些属性是与类相关的变量，可以

在类的任何方法中使用,以实现在类中共享变量并且在不同方法之间传递信息。
  ➢ 定义类函数:在__init__函数中定义类函数,这些函数是与类相关的函数,可以在类的任何函数中使用,实现在类中封装一些功能并在不同函数之间共享代码。
❑ Backtrader 框架包括一个 indicators 对象,该对象内部包括各类指标,具体调用方式为"backtrader.indicators.指标名称(参数)",也可以将 indicators 简写为 ind。

代码如下:

```
# 第2-2步:定义交易规则
def next(self):
    # 如果策略交易状态为真(self.order==1)
    if self.order:
        return
    # 卖出条件1:当前行策略持仓状态为真(self.position==1)
    if self.position:
        # 卖出条件2:当前行的close<self.sell_price(止损)或当前行的close>
          self.sell_price(止盈)
        if self.data.close < self.sell_price or self.data.close[0] > self.buy_price:
            # 执行bt内部卖出函数sell,卖出量为bt内部postion对象的size属性
            self.sell(size=self.position.size)
    else:
        # 买入条件:当前策略持仓状态为假且close>self.sma1
        if self.data.close > self.sma1:
            # 将self.buy_price设为close当前行的数值与初始化函数中self.atr
              的self.pct倍的加法和
            self.buy_price = self.data.close[0] + self.atr[0] * self.pct
            # 将self.sell_price设为close列当前行的数值与初始化函数中self.atr
              的self.pct50%的减法差
            self.sell_price = self.data.close[0] - self.atr[0] * self.pct*0.5
            # 执行bt内部买入函数buy,买入量由参数size设定为1000股
            self.buy(size=1000,)
```

说明:

❑ 在 Backtrader 框架中,最重要的部分就是构建策略函数 next。自定义交易策略的买卖条件与买卖操作均在 next 函数中定义,在 Backtrader 框架中,被引用的数据源的每一行数据都会执行一次 next 函数。

❑ 引用 Backtrader 框架内部数据的表示方式非常灵活。例如,本例引入 close 列数据,可以选择的表示方式有:
  ➢ self.data.lines.close,也可将 lines 省略,即 self.data.close。
  ➢ self.data.lines_close,也可将 lines 省略,即 self.data_close。

❑ 在本例中,next 函数首先判断当前是否已建仓或持仓。Backtrader 框架以 self.position 作为策略仓位对象,用来标记策略中的持仓情况。如果已建立仓位,即 self.position 为真,则判断是否满足卖出条件(卖出条件为源数据当前的收盘价 self.data.close 小于设置的卖出价 self.sell_price)。

❑ 在 Backtrader 框架中调用 self.sell 函数执行买入操作,该函数可以传入卖出数量 size 参数和卖出价格 price 参数。在本例中,卖出价格 price 参数的默认值为源数据当前行的收盘价 close 值(在实盘中则为市场的当前价格)。

- 当 Backtrader 标记仓位的 self.position 为假时（即 self.position==0），意味着当前策略为未持仓状态。如果此时又满足买入条件，即满足收盘价 close 列的当前值（self.data.close）大于均线 self.sma1 与均线 self.sma2 时，则执行以下操作：
  - 设置买入价格 self.buy_price。
  - 设置卖出价格 self.sell_price。
  - 执行买入操作 self.buy，买入数量 size 为 1000 股，买入价格为 self.buy_price。
- self.data.datetime.date(0)可以获得当前数据的时间戳中的日期部分。在 Backtrader 中，self.data.datetime 是一个 datetime.datetime 对象，表示当前数据的时间戳。date(0) 是一个函数，它返回 datetime.datetime 对象的日期部分（即年、月、日），并将该日期转换为 Python 的 datetime.date 对象。在引用 self.data.datetime 时，特别需要注意以下内容。
  - 在 Backtrader 框架中，self.data.datetime 是一个时间序列，表示当前数据的时间戳序列。
  - 在策略类中，self.data.datetime[0]表示当前行数据点的时间戳。例如，在 OHLC 数据中，self.data.datetime[0]对应的是最新 K 线的时间戳。在分钟线数据中，self.data.datetime[0]对应的是最新的分钟的时间戳。该时间戳也可以转换为日期形式，即 bt.num2date(self.data.datetime[0]).strftime('%Y-%m-%d')可以转换为如"2023-05-02"的形式输出，效果与 self.data.datetime.date(0)相同。
  - 如果需要将时间戳转换为字符串格式，则可以使用 self.data.datetime.datetime(0).strftime('%Y-%m-%d %H:%M:%S')，其中'%Y-%m-%d %H:%M:%S'是字符串格式化代码，用于指定输出字符串的格式。

代码如下：

```
# 第 3 步：创建 backtrader.Cerebro 实例
cerebro = bt.Cerebro()
```

说明：在 Backtrader 框架中首先需要进行实例化。

代码如下：

```
# 第 4 步：设置策略初始值
cerebro.broker.setcash(100000)
cerebro.broker.setcommission(commission=0.001)
```

说明：在 Backtrader 框架中可以非常方便地设置交易初始值和交易佣金等。

代码如下：

```
# 第 5 步：读取并加载数据
data = bt.feeds.PandasData(dataname=pd.read_csv("d:/bt000004.csv", index_col=0, parse_dates=True))
cerebro.adddata(data)
```

说明：
- 使用 Backtrader 框架可以方便地读入 CSV 格式保存的数据文件，也可以直接操作 pandas.DataFrame 对象。
- cerebro.adddata(data)完成数据加载。

代码如下：

```
# 第 6 步：加载策略类
cerebro.addstrategy(TurtleStrategy)
```

说明：cerebro.addstrategy 函数用于加载自定义的策略 TurtleStrategy。

代码如下：

```
# 第 7 步：运行策略回测
cerebro.run()
```

说明：执行 cerebro.run 函数，开始策略回测操作。

代码如下：

```
# 第 8 步：输出策略回测结果
portvalue = cerebro.broker.getvalue()
pnl = portvalue - cerebro.broker.startingcash
print("策略运行终值: ${}".format(portvalue))
print("利润/亏损: ${}".format(pnl))
```

说明：

- cerebro.broker.getvalue 函数执行获取策略回测后的终值。
- cerebro.broker.startingcash 属性值为调用 cerebro.broker.setcash 函数设置的策略初始值，在本例中为 100000。

代码如下：

```
# 第 9 步：将策略回测结果可视化输出
cerebro.plot(figsize=(6,3))
```

说明：执行 cerebro.plot 函数，可以方便地将策略回测结果进行可视化输出。

6.5 网格交易策略实战

网格交易策略是一种基于价格波动幅度的交易策略，常常被用于外汇、股票和期货等交易市场。它的核心思想是在价格波动的过程中逐步建立多个交易单，并在价格达到预期水平时平仓，从而获得利润。

6.5.1 网格交易策略介绍

网格交易策略不仅可以在横盘整理行情中使用，而且可以在中长线周期行情中使用。在横盘整理行情中，价格波动较为频繁、变化范围较小，网格交易策略可以利用价格波动区间反向频繁地进行交易，从而实现利润的锁定和增加。在中长线周期性行情下，由于价格大幅度波动的范围较为清晰，交易策略可以有效地跟踪价格波动趋势，避免操作失误。

由于网格交易策略与海龟交易的交易规则都是基于趋势跟随与反转原理来设计的，二者都存在止损与止盈机制，所以二者的策略容易混淆。为了更好地理解网格交易策略，有必要将网格交易策略与海龟交易策略的区别说一下，具体如下：

- **策略概述**：海龟交易策略是基于趋势跟踪的策略，旨在捕捉价格的长期趋势；而网格交易策略则是基于价格波动的策略，通过设定网格来捕捉价格的波动。
- **交易方向**：海龟交易策略可以在上涨或下跌市场中进行交易；但网格交易策略通常只适用于震荡市场或有明显波动的市场。
- **入市信号**：海龟交易策略使用技术指标来确认趋势，并使用突破入市策略；网格交易策略则基于价格的波动性，当价格接近网格的上限或下限时进入市场。
- **交易规模**：海龟交易策略使用波动性单位来确定交易规模；而网格交易策略则使用网格单位来确定交易规模。
- **止损策略**：海龟交易策略通常使用固定的止损点；而网格交易策略通常使用网格中的止损点。

虽然网格交易策略是一种常用且有效的交易策略，许多量化交易者均喜欢构建自己的网格交易策略，但是在实际应用时需要注意以下几点：

- 选择合适的网格间距和价格范围，以充分利用波动带来的机会；
- 严格执行止盈和止损规则，避免因为盲目追求利润而造成大额亏损；
- 注意市场风险，特别是"黑天鹅"事件，及时采取应对措施；
- 对于不同的市场和品种，需要根据实际情况进行调整和优化。

6.5.2 网格交易策略实战代码

为了讲解网格交易策略的构建方法，本节构建了中长线的网格交易策略，而非常见的短周期的网格交易策略。在本策略中，网格的上限是 100 元，下限是 60 元，网格间隔 5 元，具体加仓、建仓条件见示例 6.5。

【示例 6.5】网格交易策略。

代码如下：

```python
# 第1步：引入模块
import backtrader as bt
import pandas as pd
import numpy as np
import matplotlib.pyplot as plt
# 设置清晰度
plt.rcParams['figure.dpi'] = 300

# 第2步：自定义交易策略类
class GridTradingStrategy(bt.Strategy):
    # 第2-1步：定义参数元组params
    params = (('grid_gap', 5),              # 网格间距为5元
              ('trade_size', 100),          # 单次交易数量为100股
              ('grid_floor', 60),           # 网格下限为60元
              ('grid_top', 100),)           # 网格上限是100元
    # 第2-2步：定义记录函数log
    def log(self, txt, dt=None):
        # 调用self.data.datetime.date(0)获取当前行数据的日期
        dt = dt or self.data.datetime.date(0)
        if isinstance(dt, float):
```

```python
            dt = bt.num2date(dt)
        print('%s, %s' % (dt.isoformat(), txt))

# 第2-3步：定义初始化函数
def __init__(self):
    # 设置网格交易下限
    self.buy_price = self.p.grid_floor
    # 设置网格交易上限
    self.sell_price = self.p.grid_top
    # 买入价格记录
    self.price = []
    # 交易获利记录
    self.profit = []
    # 单次清仓获利
    self.close_profit = 0

# 第2-4步：定义开始函数start，打印
def start(self):
    self.log(f"策略回测开始，起始资金：{self.broker.startingcash}。")

# 第2-5步：定义策略核心执行函数next，设置策略交易条件
def next(self):
    # 空仓情况下只能执行买入操作
    if self.position.size == 0:
        # 初始化网格下限的买入价格
        self.buy_price = self.p.grid_floor
        self.close_profit = 0

        # 执行买入操作的条件
        # 条件1：当前收盘价＞网格下限价格
        buy_con_1 = self.data.close > self.buy_price
        # 条件2：当前收盘价＜网格下限上浮一个网格
        buy_con_2 = self.data.close[0] < self.buy_price+self.p.grid_gap
        if buy_con_1 and buy_con_2:
            # 执行买入，数量为self.p.trade_size，价格为次日开盘价，限价交易
            self.buy(size=self.p.trade_size)
            # 设置self.buy_price价格为次日开盘价下浮一个网格距离
            self.buy_price = self.data.open[1] - self.p.grid_gap
    # 如果未空仓，那么可能执行加仓或减仓操作
    else:
        # 加仓条件
        # 条件1：当前收盘价跌破前次买入价下浮一个网格
        add_con_1 = self.data.close<self.buy_price
        # 条件2：当前收盘价没有跌破网格下限下浮20%范围
        add_con_2 = self.data.close>self.p.grid_floor*0.8

        if add_con_1 and add_con_2:
            # 执行买入，数量为self.p.trade_size，价格为次日开盘价，限价交易
            self.buy(size=self.p.trade_size, price=self.data.open[1], exectype=bt.Order.Limit)
            # 设置self.buy_price价格为次日开盘价下移self.params.grid_gap
            self.buy_price = self.data.open[1] - self.p.grid_gap
            self.sell_price = self.p.grid_top
        # 减仓条件：当前收盘价＞设置的网格上限价格
        elif self.data.close>self.sell_price:
            # 执行卖出，数量为self.p.trade_size，价格为次日开盘价，限价交易
```

```python
                    self.sell(size=self.p.trade_size, price=self.data.open[1],
            exectype=bt.Order.Limit)
                    # 减仓一次，卖出条件为收盘价格 self.data.close 上移一个网格
                    self.sell_price = self.data.open[1] + self.p.grid_gap
        # 第 2-6 步：定义订单通知函数 notify_order，处理订单状态改变时需要执行的操作
        def notify_order(self, order):
            # 如果 order.status 为提交和接受委托状态，则不做任何处理
            if order.status in [order.Submitted, order.Accepted]:
                return
            # 如果 order.status 为订单完成状态则进行记录
            if order.status in [order.Completed]:
                # 如果 order 是买入，则将当前买入价格记录到 self.price 列表内
                if order.isbuy():
                    self.price.append(order.executed.price)
                    self.log(f'notify_order \n 买入价格：{order.executed.price}, \
                        数量：{order.executed.size}, \
                        金额：{order.executed.value}, \
                        平均持仓成本：{self.getposition(self.data).price}')
                # 如果 order 是卖出，则计算交易盈利并记录到 self.profit 列表内
                else:
                    # print(order.executed.price , self.price[-1])
                    profit = round(order.executed.price - self.price[-1],1)
                    self.close_profit += profit*self.p.trade_size
                    self.profit.append(profit*abs(order.executed.size))
                    self.log(f'notify_order \n 卖出价格：{order.executed.price},\
                        数量：{order.executed.size}, \
                        本次交易获利：{self.profit[-1]:.1f}, \
                        剩余股票数量：{self.position.size}')
                    self.price.pop()
                    # self.bar_executed = len(self)
            elif order.status in [order.Canceled, order.Margin, order.Rejected]:
                self.log('Order 取消/金额不足/拒绝')

        # 第 2-7 步：定义交易通知函数 notiyf_trade，处理交易完成时需要执行的操作
        def notify_trade(self, trade):
            if trade.size==0:
                self.log(f'notify_trade 股票已清仓，共获利：{self.close_profit}')
                print("------------------------------------------------------")

        # 第 2-8 步：定义终止函数 stop，处理自定义策略回测结束时需要执行的操作
        def stop(self):
            print("------------------------------------------------------")
            self.log(f'执行stop函数！\n策略回测已结束，累计交易次数：{len(self.profit)}, \
                累计盈利：{np.sum(self.profit)}, \n 交易单次盈利记录：{self.profit}')

# 第 3 步：创建 backtrader.Cerebro 实例
cerebro = bt.Cerebro()
# 第 4 步：设置策略初始值
cerebro.broker.setcash(100000)
# cerebro.broker.setcommission(commission=0.001)
# 第 5 步：读取并加载数据
file_data = pd.read_csv("d:/bt000004.csv", index_col=0, parse_dates=True)
data = bt.feeds.PandasData(dataname=file_data)
cerebro.adddata(data)
# 第 6 步：加载策略类
cerebro.addstrategy(GridTradingStrategy)
```

```
# 第7步：运行策略回测
result = cerebro.run()
# 第8步：将策略回测结果可视化输出
cerebro.plot(figsize=(6,3))
```

回测结果如下，可视化效果如图6.5所示。

```
2022-12-22，策略回测开始，起始资金：100000。
2014-09-17, notify_order
买入价格：64.09，    数量：100，    金额：6409.0，    平均持仓成本：64.09
2014-12-24, notify_order
买入价格：59.57，    数量：100，    金额：5957.0，    平均持仓成本：61.83
2015-04-14, notify_order
卖出价格：111.76，   数量：-100，   本次交易获利：5220.0，剩余股票数量:100
2015-05-18, notify_order
卖出价格：122.34，   数量：-100，   本次交易获利：5820.0，剩余股票数量:0
2015-05-18, notify_trade 股票已清仓，共获利：11040.0
------------------------------------------------------------
2018-09-06, notify_order
买入价格：62.27，    数量：100，    金额：6227.0，    平均持仓成本：62.27
2019-01-30, notify_order
买入价格：57.02，    数量：100，    金额：5702.0，    平均持仓成本：59.645
2020-02-20, notify_order
卖出价格：113.77，   数量：-100，   本次交易获利：5670.0，   剩余股票数量:100
2020-02-21, notify_order
卖出价格：132.48，   数量：-100，  本次交易获利：7020.0，    剩余股票数量:0
2020-02-21, notify_trade 股票已清仓，共获利：12690.0
------------------------------------------------------------
2021-02-08, notify_order
买入价格：63.16，    数量：100，    金额：6316.0，    平均持仓成本：63.16
2021-05-13, notify_order
买入价格：56.01，    数量：100，    金额：5601.0，    平均持仓成本：59.585
2021-07-21, notify_order
卖出价格：102.18，   数量：-100，   本次交易获利：4620.0，    剩余股票数量:100
------------------------------------------------------------
2022-12-22，执行stop函数！
策略回测已结束，累计交易次数：5，          累计盈利:28350.0，
交易单次盈利记录：[5220.0, 5820.0, 5670.0, 7020.0, 4620.0]
```

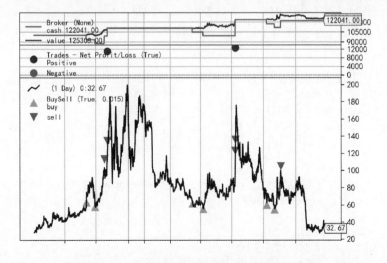

图6.5　网格交易策略收益率可视化效果

说明：从本例回测效果来看，网格交易策略的历史回测表现较好，这与我国 A 股行情紧密相关，也与选择分析的个股历史走势有关，但并不能直接作为实战交易的依据。

6.5.3　网格交易策略实战代码详解

本节中的网格交易策略也在 Backtrader 回测平台上实现。网格交易策略要求设置网格上限、下限与网格间距，这些基础信息一般定义在 Backtrader 的自定义策略类的 params 元组内。

代码如下：

```python
# 第1步：引入模块，具体代码见示例 6.5
# 第2步：自定义交易策略类
class GridTradingStrategy(bt.Strategy):
    # 第 2-1 步：定义参数元组 params
    params = (('grid_gap', 5),          # 网格间距为 5 元
              ('trade_size', 100),      # 单次交易数量为 100 股
              ('grid_floor', 60),       # 网格下限为 60 元
              ('grid_top', 100),)       # 网格上限是 100 元
```

说明：
- 在 Backtrader 框架中自定义交易策略时，可以设置 params 变量，该变量的类型为元组类型。
- 调用 params 内部的元素，可以通过 self.params.grid_top 或 self.p.grid_top 调用 params 元组中 grid_top 对应的值 100 来实现。

代码如下：

```python
# 第 2-2 步：定义记录函数 log
def log(self, txt, dt=None):
    # self.data.datetime.date(0)获取当前行数据的日期
    dt = dt or self.data.datetime.date(0)
    if isinstance(dt, float):
        dt = bt.num2date(dt)
    print('%s, %s' % (dt.isoformat(), txt))
```

说明：记录函数 log 主要用于记录策略回测过程。

代码如下：

```python
# 第 2-3 步：定义初始化函数，具体代码见示例 6.5
# 第 2-4 步：定义开始函数 star，具体代码见示例 6.5
# 第 2-5 步：定义策略核心执行函数 next，设置策略交易条件
def next(self):
    # 空仓情况下，只能执行买入操作
    if self.position.size == 0:
        # 初始化网格下限的买入价格
        self.buy_price = self.p.grid_floor
        self.close_profit = 0

        # 执行买入操作的条件
        # 条件1：当前收盘价>网格下限
        buy_con_1 = self.data.close > self.buy_price
```

```
        # 条件 2：当前收盘价<网格下限上浮一个网格
        buy_con_2 = self.data.close[0] < self.buy_price+self.p.grid_gap
        if buy_con_1 and buy_con_2:
            # 执行买入，数量为 self.p.trade_size，价格为次日开盘价，限价交易
            self.buy(size=self.p.trade_size)
            # 设置 self.buy_price 价格为次日开盘价下浮一个网格距离
            self.buy_price = self.data.open[1] - self.p.grid_gap
    # 如果未空仓，则执行加仓或减仓操作
    else:
        # 加仓条件
        # 条件 1：当前收盘价跌破前次买入价下浮一个网格
        add_con_1 = self.data.close<self.buy_price
        # 条件 2：当前收盘价没有跌破网格下限下浮 20%的范围
        add_con_2 = self.data.close>self.p.grid_floor*0.8

        if add_con_1 and add_con_2:
            # 执行买入，数量为 self.p.trade_size，价格为次日开盘价，限价交易
            self.buy(size=self.p.trade_size, price=self.data.open[1],
exectype=bt.Order.Limit)
            # 设置 self.buy_price 价格为次日开盘价下移 self.params.grid_gap
            self.buy_price = self.data.open[1] - self.p.grid_gap
            self.sell_price = self.p.grid_top
        # 减仓条件：当前收盘价＞设置的网格上限价格
        elif self.data.close>self.sell_price:
            # 执行卖出，数量为 self.p.trade_size，价格为次日开盘价，限价交易
            self.sell(size=self.p.trade_size, price=self.data.open[1],
exectype=bt.Order.Limit)
            # 减仓一次，卖出条件为收盘价格 self.data.close 上移一个网格
            self.sell_price = self.data.open[1] + self.p.grid_gap
```

说明：
- 网格交易策略在空仓时仅判断是否满足买入（建仓）条件，如果当前收盘价数据大于网格下限数据，则执行开仓买入并将加仓价格向下浮动一个网格距离。
- 网格交易策略在非空仓时，需要判断是否满足加仓买入或者获利止盈的减仓条件。如果当前收盘价数据低于前次买入价格下浮一个网格的范围，并且未跌破网格下限向下浮动 20%的范围，则执行加仓买入，并将网格上限还原至初始值；如果当前价格超过网格上限则执行卖出操作，并将网格上限上移至该笔卖出价格上浮一个网格距离的范围。

代码如下：

```
# 第 2-6 步：定义订单通知函数 notify_order，处理订单状态改变时需要执行的操作
    def notify_order(self, order):
        # 如果 order.status 为提交和接受委托状态，则不做任何处理
        if order.status in [order.Submitted, order.Accepted]:
            return
        # 如果 order.status 为订单完成状态，则进行记录
        if order.status in [order.Completed]:
            # 如果 order 是买入，则将当前买入价格记录到 self.price 列表内
            if order.isbuy():
                self.price.append(order.executed.price)
                self.log(f'notify_order \n 买入价格：{order.executed.price}, \
```

```
                    数量：{order.executed.size}, \
                    金额：{order.executed.value}, \
                    平均持仓成本：{self.getposition(self.data).price}')
        # 如果 order 是卖出，则计算交易盈利并记录到 self.profit 列表内
        else:
            # print(order.executed.price , self.price[-1])
            profit = round(order.executed.price - self.price[-1],1)
            self.close_profit += profit*self.p.trade_size
            self.profit.append(profit*abs(order.executed.size))
            self.log(f'notify_order \n卖出价格：{order.executed.price},\
                    数量：{order.executed.size}, \
                    本次交易获利：{self.profit[-1]:.1f}, \
                    剩余股票数量:{self.position.size}')
            self.price.pop()
        # self.bar_executed = len(self)
    elif order.status in [order.Canceled, order.Margin, order.Rejected]:
        self.log('Order 取消/金额不足/拒绝')
```

说明：

- notify_order 是 Backtrader 框架中用于通知订单状态变化的回调函数之一，它会在订单状态发生变化时被调用。在调用 notify_order 函数时，Backtrader 框架会将与该订单相关的 Order 对象作为参数传递给该函数。这样，网格交易策略就可以通过访问该订单对象的各种属性来获得关于该订单的详细信息。

- 在 next 函数中每次产生交易指令（如 self.buy 或者 self.sell 函数等）时，Backtrader 就会生成一个 Order 对象来表示该订单，这个 Order 对象包含订单的各种信息，如订单的方向（买入或卖出）、价格、数量和状态等。同时，这个 Order 对象也会作为参数传递给订单通知函数 notify_order。

- Order 对象的状态 status 属性用于确定订单的当前状态。例如在本例中，order.status 属性属于 order.Submitted, order.Accepted, order.Completed, order.Canceled, order.Margin, order.Rejected 之一，可以通过判断 order.status 的属性来获取目前的订单状态。

- 如果希望获取订单的价格或数量信息，则可以通过 order.executed.price、order.executed.size 来实现。

代码如下：

```
# 第 2-7 步：定义交易通知函数 notiyf_trade, 处理交易完成时需要执行的操作
def notify_trade(self, trade):
    if trade.size==0:
        self.log(f'notify_trade 股票已清仓，共获利：{self.close_profit}')
        print("-----------------------------------------------------")
```

说明：

- 在 Backtrader 框架中，每次有新的完整交易被创建时都会调用 notify_trade 函数。交易是指买入或卖出某个资产，并在以后将其卖出或买入的过程。因此，一个完整的交易包括买入和卖出两个部分。在原始持仓基础上加仓或减仓，不会被视为新交易；相反，这将被视为已有交易的修改。只有通过买入或卖出操作完全关闭当前的持仓然后重新开仓，才会创建新的交易并调用 notify_trade 函数。

- 在本例中，通过观察代码运行结果可以发现：每次首次开仓买入股票，都被视为

一次交易并会调用 notify_trade 函数；每次清仓所持股票，都被视为一次交易并调用 notify_trade 函数。

代码如下：

```
# 第 2-8 步：定义终止函数 stop，处理自定义策略回测结束时需要执行的操作
def stop(self):
    print("--------------------------------------------------------")
    self.log(f'执行 stop 函数！\n 策略回测已结束，累计交易次数：{len(self.profit)}, \
    累计盈利:{np.sum(self.profit)}, \n 交易单次盈利记录：{self.profit}')
```

说明：Backtrader 自定义策略类内部的 stop 函数是在全部数据行运行完其他内部函数后才执行，通常是返回、输出一些回测结果。本例通过 stop 函数输出累计交易次数、累计盈利及交易单次盈利记录等信息。

6.6 本章小结

本章介绍基于金融量化交易实战角度，详细介绍了趋势追踪、顶底背离、小市值、海龟交易以及网格交易策略等常用的交易策略的原理与代码实现。通过学习并掌握这些实战交易策略原理及代码知识，读者可以具备自主编写其他量化交易策略模型的能力。

6.7 思考题

1. 海龟交易策略的主要内容是什么？利用 Pandas 模块重写本章示例 6.4 中的海龟交易策略。
2. 网格交易策略的主要内容是什么？利用 Pandas 模块重写本章示例 6.5 中的网格交易策略。

第 7 章 金融量化分析常用的工具模块

在使用 Python 进行金融量化分析的过程中，除了经常使用的 Pandas 模块、NumPy 模块及 Matplotlib 模块外，还有一些专业工具模块，如第 5 章介绍的 Backtrader 模块就为使用者提供了一个功能强大且方便使用的开源量化策略回测框架。除此以外，还有一些工具模块，如 Ta-Lib、Empyrical、Mplfinace 模块等，本章将集中介绍这些模块的主要使用方法。

本章的学习目标：
- 掌握 TA-Lib 模块的使用方法；
- 掌握 Empyrical 模块的使用方法；
- 掌握 Mplfinace 模块的使用方法。

7.1 TA-Lib 模块

TA-Lib（Technical Analysis Library）是一个用于计算金融技术分析指标的模块，它为各种金融市场指标的计算提供了简单易用的 API 接口，允许用户通过参数将分析数据与指标参数传递给 API 来计算对应的技术指标，帮助交易者和分析师对市场趋势和交易机会进行技术分析。

TA-Lib 模块具有灵活性与可扩展性的优势，它可以为多种类型的数据计算金融技术指标，如 NumPy 数组对象、Pandas 数据对象、列表对象均可以成为 TA-Lib 处理的数据源。

此外，TA-Lib 模块还支持多种编程语言，如 Python、Java 和 C#语言等。本节以 Python 环境为例，详细讲解 TA-Lib 模块的安装与使用。

7.1.1 TA-Lib 模块的安装

TA-Lib 模块有很多版本，在安装过程中可能会遇到各种问题。一般情况下，通过 pip 命令安装即可。在 Windows 环境下，在 DOS 命令行终端执行 pip 命令即可完成安装。例如，在 Windows 10 命令窗口中输入命令 pip3 install TA-Lib 即可。注意：
- 在安装时，TA-Lib 模块名称需要区分大小写，如果将 TA-Lib 写成 talib 则会报错（TA-Lib 模块安装好后，引入 TA-Lib 模块时应输入 import talib，而非输入 import

TA-Lib);

❑ 如果出现报错,则可以下载 whl 文件后通过 pip 命令安装方式完成安装。

如果通过命令 pip3 install TA-Lib 无法完成安装,则需要下载适应本地计算机环境的 TA-Lib 版本的 whl 文件进行安装,具体步骤如下:

(1)登录网站 https://www.lfd.uci.edu/~gohlke/pythonlibs/,通过页面搜索 ta-lib 可以快速定位至 TA-Lib 对应的 whl 类型文件下载页面,如图 7.1 所示。

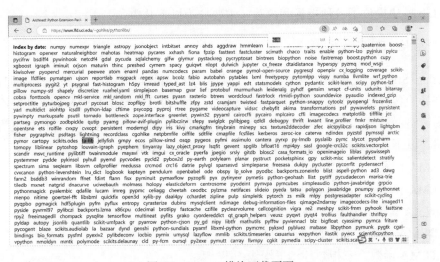

图 7.1 Python 模块下载页面

(2)在 TA-Lib 下载页面选择适合本地 Python 版本与 Windows 系统版本的 whl 文件进行下载。在选择 TA-Lib 不同版本的 whl 文件时,下载的 whl 文件名中标明了 Python 版本号与硬件型号。如图 7.2 所示,TA_Lib-0.4.24-cp310-cp310-win_amd64.whl 名称中的 cp310 要求本地环境的 Python 版本应为 3.10,am64 表示操作系统是 64 位的。

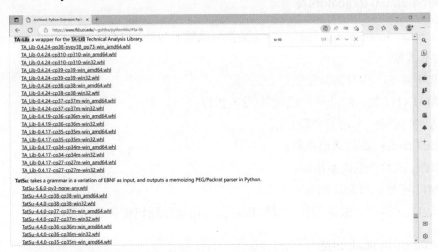

图 7.2 TA-Lib 的下载版本

(3)下载正确版本的 whl 文件后,可在 DOS 命令行终端执行 pip install TA_Lib-0.4.24-cp310-cp310-win_amd64.whl 命令即可完成安装(本地机为 64 位主机,Python 为 3.10 版

本）。当通过 pip 命令安装 whl 文件时，该 whl 文件需要带绝对路径的名称，否则会报错。例如，TA_Lib-0.4.24-cp310-cp310-win_amd64.whl 保存的位置在 D 盘根目录下，安装命令应该为 pip install d:/ TA_Lib-0.4.24-cp310-cp310-win_amd64.whl。

7.1.2 TA-Lib 模块的函数类别

TA-Lib 模块提供了各种指标和函数，主要分为以下几类。

1. Overlap Studies 类

Overlap Studies 类包括一些重叠指标函数。这些函数可以用于计算股票、期货和外汇等金融产品的各种技术指标。使用这些函数时，可以通过调整函数的参数来适应不同的市场和交易策略；同时，也可以将这些函数与其他指标和工具一起使用，以构建更为复杂的交易策略。以下是 Overlap Studies 类别包含的一些常用函数：

- SMA 函数：简单移动平均线；
- EMA 函数：指数移动平均线；
- WMA 函数：加权移动平均线；
- DEMA 函数：双指数移动平均线；
- TEMA 函数：三指数移动平均线；
- TRIMA 函数：三角移动平均线；
- KAMA 函数：适应性移动平均线；
- MAMA 函数：MESA 适应性移动平均线；
- T3 函数：T3 移动平均线。

2. Momentum Indicators 类

Momentum Indicators 类包括一些动量指标函数。以下是 Momentum Indicators 类包含的一些常用函数。

- RSI 函数：相对强弱指数；
- MACD 函数：移动平均线收敛/发散指标；
- ADX 函数：平均趋向指数；
- CCI 函数：商品通道指数；
- ROC 函数：变动率指标；
- MFI 函数：资金流指标；
- WILLR 函数：威廉指标，包括相对强弱指数和随机指标等动量指标。

3. Volume Indicators 类

Volume Indicators 类包括一些成交量指标函数。以下是 Volume Indicators 类包含的一些常用函数。

- AD 函数：累计/派发线；

- OBV 函数：能量潮指标；
- ADXR 函数：平均趋向指数评估；
- PVI 函数：正量指标；
- NVI 函数：负量指标。

4．Volatility Indicators类

Volatility Indicators 类是 TA-Lib 模块中的一个类别，它包括一些波动率指标的函数。以下是 Volatility Indicators 类包含的一些常用函数。

- ATR 函数：平均真实范围；
- BBANDS 函数：布林带；
- KCH 函数：凯尔特通道；
- TRANGE 函数：真实范围。

5．Price Transform类

Price Transform 类包括一些价格变换指标函数。以下是 Price Transform 类包含的一些常用函数。

- ACOS 函数：反余弦值；
- ASIN 函数：反正弦值；
- ATAN 函数：反正切值；
- CEIL 函数：向上取整；
- COS 函数：余弦值；
- EXP 函数：指数函数；
- FLOOR 函数：向下取整；
- LN 函数：自然对数；
- LOG10 函数：以 10 为底的对数；
- SIN 函数：正弦值；
- SQRT 函数：平方根；
- TAN 函数：正切值。

6．Cycle Indicators类

Cycle Indicators 类包括一些周期性指标函数。以下是 Cycle Indicators 类包含的一些常用函数。

- HT_DCPERIOD 函数：希尔伯特变换周期；
- HT_DCPHASE 函数：希尔伯特变换相位；
- HT_PHASOR 函数：希尔伯特变换相量分析器；
- HT_SINE 函数：希尔伯特变换正弦波；
- HT_TRENDLINE 函数：希尔伯特变换趋势线；
- HT_TRENDMODE 函数：希尔伯特变换趋势模式；

- MASS 函数：梅斯线；
- PHASE 函数：相位差；
- SINE 函数：正弦线。

7．Pattern Recognition类

Pattern Recognition 类包括一些图形模式识别指标函数。以下是 Pattern Recognition 类包含的一些常用函数。

- CDL2CROWS 函数：两只乌鸦；
- CDL3BLACKCROWS 函数：三只乌鸦；
- CDL3INSIDE 函数：三内部上涨；
- CDL3LINESTRIKE 函数：三线打击；
- CDL3OUTSIDE 函数：三外部上涨；
- CDL3STARSINSOUTH 函数：南方三星；
- CDL3WHITESOLDIERS 函数：三白兵；
- CDLABANDONEDBABY 函数：弃婴；
- CDLADVANCEBLOCK 函数：推进块；
- CDLBELTHOLD 函数：捉腰带；
- CDLBREAKAWAY 函数：突破；
- CDLCLOSINGMARUBOZU 函数：收盘缺影线；
- CDLCONCEALBABYSWALL 函数：藏婴吞没；
- CDLCOUNTERATTACK 函数：反击线；
- CDLDARKCLOUDCOVER 函数：乌云压顶；
- CDLDOJI 函数：十字线；
- CDLDOJISTAR 函数：十字星；
- CDLDRAGONFLYDOJI 函数：蜻蜓十字线；
- CDLENGULFING 函数：吞没线；
- CDLEVENINGDOJISTAR 函数：黄昏十字星。

8．Statistic Functions类

Statistic Functions 类包括一些统计学指标函数。以下是 Statistic Functions 类包含的一些常用函数。

- BETA 函数：贝塔系数；
- CORREL 函数：相关系数；
- LINEARREG 函数：线性回归；
- LINEARREG_ANGLE 函数：线性回归角度；
- LINEARREG_INTERCEPT 函数：线性回归截距；
- LINEARREG_SLOPE 函数：线性回归斜率；
- STDDEV 函数：标准差；

- TSF 函数：时间序列预测；
- VAR 函数：方差。

调用 TA-Lib 模块计算各类技术分析指标非常便利，这里以 CDJDOJI（十字线指标）函数为例介绍如何调用 TA-Lib 模块函数。

【示例 7.1】调用 CDLDOJI 函数进行十字线指标判断。

代码如下：

```python
import pandas as pd
import talib as tb

# 定义函数：确定数组内部含有特定值的个数与位置
def get_id(arr, value):
    indices = []
    for i in range(len(arr)):
        if arr[i] == value:
            indices.append(i)
    print("列表中存在{}个1,它们的位置分别为:{}".format(len(indices), indices))


df = pd.read_csv('d:/600000.csv')
df = df.tail(30)
"""
CDLDOJI 函数的语法和参数如下:
talib.CDLDOJI(open, high, low, close)
参数:

open: 表示开盘价的数组
high: 表示最高价的数组
low: 表示最低价的数组
close: 表示收盘价的数组
"""
close = df.close.values
open = df.open.values
high = df.high.values
low = df.low.values

cdldoji = tb.CDLDOJI(open,high,low,close)

# 调用 get_id 函数确定数组中含有 100 的个数与位置
print('talib.CDLDOJI 函数返回结果: \n',cdldoji)
get_id(cdldoji,100)
```

程序输出结果如下：

```
talib.CDLDOJI 函数返回结果:
 [  0   0   0   0   0   0   0   0   0   0   0   0   0   0   0   0 100 100
   0   0   0 100   0   0   0   0   0   0   0   0]
数组中存在 3 个 1，它们的位置分别为：[16, 17, 21]
```

说明：

- 本例调用了 CDLDOJI 函数，该函数的语法为 talib.CDLDOJI(open, high, low, close)，其参数分别为开盘价 open、最高价 high、最低价 low 与收盘价 close。返回值是一个内部元素为 0 和 100 的 np.array 数组，0 表示非十字线，100 代表是十字线。

- 本例定义了函数 get_id，传入数组 cdldoji 与 100 作为参数，返回数组 cdldoji 中值为 100 的个数与位置。返回结果说明有 3 个值为 100，对应索引分别为 16、17 与 21。

7.1.3 TA-Lib 模块的常用函数

TA-Lib 模块提供了丰富的指标函数，本节以常用的函数为例，介绍这些函数的语法及其使用方法。

1. 移动平均线MA

移动平均线 MA 是一种基本的技术分析工具，它以一段时间内的股价平均值为基础，通过不断地加入新的价格数据和剔除旧的价格数据来计算得出的数组。移动平均线 MA 可以帮助交易者判断股票价格的波动趋势和市场动向，是许多交易策略中常用的指标之一。

语法：talib.MA(close, timeperiod, matype)。

参数：

- close：pandas.Series 类型对象或 numpy.ndarray 类型对象等序列数据，如 pandas.DataFrame 对象中的收盘价序列数据。
- timeperiod：整数 int 类型数据，计算平均线的周期。
- matype：整数 int 类型数据，其中，0 表示 SMA，1 表示 EMA，2 表示 WMA，3 表示 DEMA，4 表示 TEMA，5 表示 TRIMA，6 表示 KAMA，7 表示 MAMA，8 表示 T3（默认值为 SMA）。

【示例 7.2】talib.MA 指标：均线指标。

代码如下：

```
df['MA2'] = tb.MA(df['close'], timeperiod=2, matype=0)
print(df.head(2))
```

程序输出结果如下：

```
        date    open   high    low  close   volume     MA2
0  2015/5/18  18.00  18.00  17.03  18.00  2197500     NaN
1  2015/5/19  17.92  19.15  17.92  18.80  1978700  18.400
```

说明：TA-Lib 模块还可以直接调用均线类型函数，具体包括以下几个。

- talib.SMA(close, timeperiod)：单移动平均指标 SMA；
- talib.EMA(close, timeperiod)：指数移动平均线 EMA；
- talib.WMA(close, timeperiod=30)：移动加权平均法 WMA。

2. 考夫曼的自适应移动平均线KAMA

talib.KAMA 函数用于计算 KAMA（Kaufman's Adaptive Moving Average）的均线技术分析指标。KAMA 均线是一种自适应移动平均线，可以根据股票价格的波动性动态地调整移动平均线的参数，以更好地适应股票价格的变化。

通常情况下，如果 KAMA 均线指标向上运动，则可以认为市场处于上升趋势；反之，如果 KAMA 均线指标向下运动，则可能意味着市场处于下降趋势。

语法：talib.KAMA(close, timeperiod=30)。

参数：与移动平均线的参数含义相同，不再赘述。

3．布林带BBANDS

布林带指标是一种基于移动平均线的技术分析工具，其由 3 条轨道组成，分别是上轨、中轨和下轨。中轨通常是一段时间内的移动平均线，而上轨和下轨则分别是中轨加减上下标准差的结果。布林带指标可以帮助交易者判断价格波动的幅度和趋势方向，是许多交易策略中常用的指标之一。

语法：talib.BBANDS(close, timeperiod, matype)。

参数：

- close：必备参数，表示收盘价的序列数据。
- timeperiod：必备参数，表示移动平均线的时间周期，也是计算标准差的时间周期。
- matype：可选参数，表示移动平均线和标准差的计算方法，默认值为 0，表示简单移动平均线（SMA），也可以选择其他计算方法，如指数移动平均线（EMA）等。

返回值：talib.BBANDS 函数的返回值是一个包含 3 个数组的元组，分别表示上轨、中轨和下轨的计算结果。使用 talib.BBANDS 函数时，可以根据具体情况调整函数的参数以适应不同的市场和交易策略。

【示例7.3】talib.BBANDS 指标：布林带指标。

代码如下：

```
upper, middle, lower = tb.BBANDS(close,5, matype=tb.MA_Type.EMA)
或：
upper, middle, lower = tb.BBANDS(close,5, matype=1)
```

4．阶段中点价格MIDPOINT

talib.MIDPOINT 是 TA-Lib 模块中的一个函数，用于计算中间价格线指标。中间价格线指标又称为价格趋势线，它是一种基于价格的技术分析工具，通过计算一段时间内的价格高低的平均值得出。中间价格线指标可以帮助交易者判断价格走势的方向和趋势，是许多交易策略中常用的指标之一。

语法：talib.MIDPOINT(close, timeperiod)。

参数：与移动平均线的参数含义相同，不再赘述。

5．抛物线指标SAR

talib.SAR 是 TA-Lib 模块中的一个函数，用于计算抛物线转向指标（Parabolic SAR）。抛物线转向指标是一种基于价格趋势的技术分析工具，它根据当前价格的走势和波动情况来确定一个停损点，以此来帮助交易者控制风险和管理仓位。具体来说就是寻找买入信号，当抛物线转向指标从下方穿过价格时，可以视为一个买入信号；寻找卖出信号是当抛物线转向指标从上方穿过价格时，可以视为一个卖出信号。抛物线转向指标也可以用作设置止损点的依据，当价格趋势发生反转或抛物线转向指标开始移动时，可以视为止损点被触发的信号。

语法：talib.SAR(high, low, acceleration=0, maximum=0)。

参数：
- high：最高价数据，通常是一个序列或数组。
- low：最低价数据，通常是一个序列或数组。
- acceleration：加速因子，通常是一个浮点数，用于控制抛物线转向指标的加速度，默认值为 0.02。
- maximum：最大值，通常是一个浮点数，用于控制抛物线转向指标的最大值，默认值为 0.2。

6. 真实波动幅度均值ATR

talib.ATR 函数用于计算真实波幅指标（Average True Range，ATR）。真实波幅指标基于股价的波动范围进行计算，通常用于确定股价的波动范围和预测价格趋势的转折点。ATR 通常用于技术分析中的波动性指标，可以帮助交易者确定止损和获利目标等关键价格指标。

语法：talib.ATR(high, low, close, timeperiod=14)。

参数：参考 talib.SAR 函数的参数含义，这里不再赘述。

7. 归一化波动幅度均值NATR

talib.NATR 函数用于计算归一化平均真实范围指标（Normalized Average True Range，NATR），也称为标准化 ATR 指标。

语法：talib.NATR(high, low, close, timeperiod=14)。

参数：参考 talib.SAR 函数的参数含义，这里不再赘述。

8. 真正的范围TRANGE

talib.TRANGE 函数用于计算真实范围指标（True Range，TRANGE），它是计算 ATR 指标的基础。TRANGE 指标是一个衡量股票价格波动性的指标，它考虑了股票的最高价、最低价和前一个交易日的收盘价，从而计算出股票当日的波动范围。

语法：talib.TRANGE(high, low, close)。

参数：参考 talib.SAR 函数的参数含义，这里不再赘述。

7.2 Empyrical 模块

Empyrical 是一个基于 Python 的开源模块，用于评估和分析投资组合的性能和风险。该模块提供了一系列常用的投资组合分析指标和风险模型，包括夏普比率、最大回撤、年化收益率、贝塔系数和 Alpha 值等。

7.2.1 Empyrical 模块的优点

作为常用的金融专业模块，Empyrical 具有以下优点。
- 易于使用：Empyrical 模块提供了简单易用的 API，用户可以轻松地计算出各种投资组合指标和风险模型。
- 灵活性：Empyrical 模块支持不同类型的时间序列数据，包括日度、周度和月度等，用户可以根据自己的需求进行灵活配置。
- 高效性：Empyrical 模块采用了高性能的计算方法，能够快速处理大量的时间序列数据。
- 开源免费：Empyrical 模块是一款完全开源的免费软件，用户可以自由使用、修改和分发。

7.2.2 Empyrical 模块的用途

Empyrical 模块在金融量化分析过程中发挥着重要作用，主要表现在以下几点。
- 计算投资组合的基本统计指标：Empyrical 模块提供了许多实用的金融计算工具，如年化收益率、波动率、夏普比率、最大回撤率等，可以帮助投资者计算投资组合的基本统计指标，并根据这些指标评估投资组合的表现。
- 进行投资组合优化：Empyrical 模块提供了一些投资组合优化函数，如最小方差组合、最大化夏普比率等，可以帮助投资者优化他们的投资组合，以最大化收益或最小化风险。
- 进行统计分析：Empyrical 模块提供了一些统计分析函数，如回归分析、假设检验和因子分析等，可以帮助投资者对市场和投资组合进行深入的分析和评估。
- 分析和评估个股表现：Empyrical 模块提供了一些函数，可以帮助投资者对单个股票的表现进行分析和评估，如 alpha_beta 函数和 cum_returns 函数等。

总体来说，Empyrical 模块是一个功能强大、易于使用的投资组合分析工具，可以帮助投资者更好地了解和评估他们的投资组合，Empyrical 模块还支持各种统计分析和投资组合优化方法，使投资者能够更有效地做出决策。

7.2.3 Empyrical 模块的常用函数

Empyrical 模块的常用函数非常丰富，这些函数既可以计算简单收益率、累计收益率、最终收益率，又可以计算最大回撤率、卡玛比率、夏普比率等，下面具体介绍。

1. 计算简单收益率

语法：empyrical. stats.simple_returns(prices)。

参数：prices 表示浮点 float 类型数据序列（如果为整数 int 类型数据序列，则会报错

UFuncTypeError: Cannot cast ufunc 'divide' output from dtype('float64') to dtype('int32') with casting rule 'same_kind'），该参数指定用于计算收益率的资产价格数据，可以是 Pandas 的 Series、DataFrame 对象或 numpy.ndarray 对象。如果是 Pandas 对象，则列名应该是资产价格名称，一般将该 Pandas 对象的索引设为 DatetimeIndex 或 PeriodIndex 类型。

返回值：函数返回值类型为 pandas.Series，返回值为参数变量 price 的每日收益率数据。

【示例 7.4】使用 empyrical.stats.simple_returns 函数计算简单收益率。

代码如下：

```
# 引入模块
import empyrical as ep
import pandas as pd
import numpy as np
# 读入数据文件进行数据清洗
df = pd.read_csv('d:/金融量化分析书稿数据/sh603110.csv',
                 encoding='utf-8-sig',usecols=['日期','收盘价'])
# 将 df 变量中的 0 数据替换为空值 np.nan
df.replace(0,np.nan,inplace=True)
# 将 df 变量中的空值 np.nan 替换为前一行值
df.ffill(inplace=True)
# 将 df 变量中的"日期"列数据设为索引列
df.set_index('日期',drop=True,inplace=True)
# 计算简单收益率
returns = ep.stats.simple_returns(df['收盘价'])
# 也可以写为 "returns = ep. simple_returns(df['收盘价'])"
print("简单收益率 returns 类型：\n",type(returns))
print('--------------------------------------------')
print(returns)
```

程序输出结果如下：

```
简单收益率 returns 类型：
 <class 'pandas.core.series.Series'>
--------------------------------------------
日期
2017-10-16    0.100106
2017-10-17    0.100194
2017-10-18    0.099868
2017-10-19    0.100000
2017-10-20    0.100000
                ...
2022-12-01    0.035569
2022-12-02   -0.008164
2022-12-05    0.002838
2022-12-06    0.009057
2022-12-07    0.003366
Name: 收盘价, Length: 1253, dtype: float64
```

说明：ep.stats.simple_returns(df['收盘价'])：根据 df['收盘价']列数据计算简单收益率，返回值为 pandas.Series 类型。

2. 计算累计收益率

语法：empyrical.stats.cum_returns(returns, starting_value=0, out=None)。
参数：

- starting_value：浮点 float 类型数据，可选参数，用于指定累计收益率的初始值。默认值为 0，表示初始收益率为 0%。
- out：可选参数，指定一个数组用来存储计算结果。如果没有指定，则新生成一个数值保存返回的结果。一般不设置 out 参数。

返回值：empyrical.stats.cum_returns 函数的返回值为一个数组，表示给定收益率数据的累计收益率序列。该序列的索引与输入数据相同，其值表示从初始时间到当前时间的累计收益率。

【示例 7.5】使用 empyrical.stats.cum_returns 函数计算累计收益率。
代码如下：

```
cum_returns = ep.stats.cum_returns(returns)
print(cum_returns)
```

程序输出结果如下：

```
日期
2017-10-16    0.100106
2017-10-17    0.210330
2017-10-18    0.331203
2017-10-19    0.464324
2017-10-20    0.610756
                ...
2022-12-01    0.891374
2022-12-02    0.875932
2022-12-05    0.881257
2022-12-06    0.898296
2022-12-07    0.904686
Length: 1253, dtype: float64
```

说明：ep.stats.cum_returns 函数的参数为每日收益率 pandas.Series 类型数据。

3. 计算收益率终值

语法：empyrical.stats.cum_returns_final(returns, starting_value=0)。
参数：参数含义参考 empyrical.stats.cum_returns 函数的参数，不再赘述。

【示例 7.6】使用 empyrical.stats.cum_returns_final 函数计算累计收益率终值。
代码如下：

```
cum_returns_final = ep.stats.cum_returns_final(returns)
print(cum_returns_final)
```

程序输出结果如下：

```
0.9046858359957362
```

4．计算最大回撤率

语法：empyrical.stats.max_drawdown(returns, out=None)。

参数：参数含义参考 empyrical.stats.cum_returns 函数的参数，不再赘述。

【示例7.7】使用 empyrical.stats. max_drawdown 函数计算最大回撤率。

代码如下：

```
max_drawdown = ep.stats.max_drawdown(returns)
print(max_drawdown)
```

程序输出结果如下：

```
-0.7514278619319594
```

5．计算年化复合收益率

语法：empyrical.stats.annual_return(returns, period=DAILY, annualization=None)。

参数：

- period：字符串 str 类型数据，可选参数，用于指定收益率数据的周期性。该参数仅在未指定 annualization 参数时使用。默认情况下，参数 period 为'daily'，一年的交易天数为 252 天，可以指定以下数值。
    - 'monthly'：12。
    - 'weekly'：52。
    - 'daily'：252。
- annualization：整数 int 类型数据，可选参数，用于指定收益率数据的年化频率。如果指定了该参数，则无须设置 period 参数，即使设置了 period 参数，也以 annualization 参数为准，period 参数将会失效。

返回值：empyrical.stats.annual_return 函数返回一个浮点数，表示给定策略的年化复合收益率。该值表示从初始时间到最后一个时间点的年化复合增长率。

【示例7.8】使用 empyrical.stats. annual_return 函数计算年化复合收益率。

代码如下：

```
annual_return = ep.stats.annual_return(returns, period= 'daily')
print(annual_return)
```

程序输出结果如下：

```
0.13835395886222113
```

6．计算年回报率波动率

计算年回报率波动率的语法如下：

```
empyrical.stats.annual_volatility(returns,
                period=DAILY,
                alpha=2.0,
                annualization=None,
                out=None)
```

参数：

- returns、period、annualization 和 out 参数的含义可参考前面介绍的函数参数，这里不再赘述。
- alpha：浮点 float 类型数据，其为缩放关系参数，用于计算波动率的稳定指数。默认值为 2.0。

返回值：empyrical.stats.annual_volatility 函数的返回值是一个浮点 float 类型数据，表示该策略的年化波动率。

【示例 7.9】使用 empyrical.stats. annual_volatility 函数计算年收益率波动率。

代码如下：

```
annual_volatility = ep.stats.annual_volatility(returns)
print(annual_volatility)
```

程序输出结果如下：

```
0.5351576219058175
```

7. 计算卡玛比率

语法：empyrical.stats.calmar_ratio(returns, period=DAILY, annualization=None)。

参数：参数含义参考前面介绍的函数参数，这里不再赘述。

【示例 7.10】使用 empyrical.stats.calmar_ratio 函数计算卡玛（Calmar）比率。

代码如下：

```
calmar_ratio = ep.stats.calmar_ratio(returns)
print(calmar_ratio)
```

程序输出结果如下：

```
0.1841214118764588
```

8. 计算夏普比率

计算夏普（Sharp）比率的语法如下：

```
empyrical.stats.sharpe_ratio(returns,
            risk_free=0,
            period=DAILY,
            annualization=None,
            out=None)
```

参数：

- returns、period、annualization 和 out 参数的含义可参考前面介绍的函数参数，这里不再赘述。
- risk_free：策略回测期间内恒定的无风险日收益率。

【示例 7.11】使用 empyrical.stats.sharpe_ratio 函数计算夏普（Sharp）比率。

代码如下：

```
sharp_ratio = ep.stats.sharpe_ratio(returns)
print(sharp_ratio)
```

程序输出结果如下：

```
0.5131607025844898
```

9. 计算索提诺比率

计算索提诺（Sortino）比率的语法如下：

```
empyrical.stats.sortino_ratio(returns,
              required_return=0,
              period=DAILY,
              annualization=None,
              out=None,
              _downside_risk=None)
```

参数：

- returns、period、annualization 和 out 参数的含义可参考前面介绍的函数参数，这里不再赘述。
- required_return：float 或 pandas.Series 类型数据，为策略最小可接受的收益率。
- _downside_risk：float，可选，策略的下行风险。如果未提供该参数，则函数将会计算下行风险。

【示例 7.12】使用 empyrical.stats.sortino_ratio 函数计算索提诺（Sortino）比率。

代码如下：

```
sortino_ratio = ep.stats.sortino_ratio(returns)
print(sortino_ratio)
```

程序输出结果如下：

```
0.7515474340294174
```

10. 计算阿尔法值

计算阿尔法（α）值的语法如下：

```
empyrical.stats.alpha(returns,
        factor_returns,
        risk_free=0.0,
        period=DAILY,
        annualization=None,
        out=None,
        _beta=None)
```

参数：factor_returns 与参数 returns 数据类型相同的基准资产的收益率。

返回值：alpha 函数返回该资产相对于基准资产的 Alpha 值。如果 alpha 函数返回 NaN 值，则可能有以下几个原因。

- 输入数据中存在缺失值或无穷大值。如果输入数据中存在缺失值或无穷大值，则 alpha 函数会返回 NaN 值。因此，需要在计算 alpha 函数之前确保在输入的数据中没有缺失值或无穷大值。
- 超额收益率和基准收益率的长度不一致。如果超额收益率和基准收益率的长度不一致时，则 alpha 函数会返回 NaN 值。因此，在计算 alpha 函数之前需要确保超额收益率和基准收益率的长度一致。

- 超额收益率和基准收益率的标准差为 0。如果超额收益率和基准收益率的标准差为 0，则 alpha 函数会返回 NaN 值。这种情况可能会在计算期间出现，通常表示资产和基准收益率完全相同或非常接近。如果遇到这种情况，可以考虑选择其他资产或基准来计算 alpha 函数。
- 综上所述，如果 alpha 函数返回 nan 值时，则需要检查输入数据的完整性和准确性，并确保超额收益率和基准收益率的长度一致。

【示例 7.13】使用 empyrical.stats.alpha 函数计算阿尔法（α）值。

代码如下：

```
# 读取数据
df_data = pd.read_csv('d:/var_test.csv',encoding='utf-8-sig', usecols=
['603110','603501'])

# 数据清洗：用 np.nan 空值替代 0
df_data = df_data.replace(0,np.nan)
# 数据清洗：使用前一个值替代空值
df_data = df_data.ffill()

# 计算目标股票的简单收益率
returns_603110 = ep.stats.simple_returns(df_data['603110'])
# 计算 benchmark 基准股票的简单收益率
benchmark = ep.stats.simple_returns(df_data['603501'])
# 计算目标股票的 Alpha 值
alpha = ep.stats.alpha(returns=returns_603110, factor_returns=benchmark,
risk_free=0.0001)
print(alpha)
```

程序输出结果如下：

```
0.2048824721938547
```

说明：

- 本例中以 df_data['603501'] 的日收益率作为基准日收益率，计算股票 603110 的 Alpha 值。
- 为了避免 alpha 函数返回空值 NaN，本例将 df_data 对象中的 0 替换成前一行数据的对应值，确保在该数据中没有空值或 0。

11．计算贝塔值

语法：empyrical.stats.beta(returns, factor_returns, risk_free=0.0, out=None)。

参数：参数含义参见前面介绍的函数参数，这里不再赘述。

【示例 7.14】使用 empyrical.stats.beta 函数计算贝塔（β）值。

代码如下：

```
beta = ep.stats.beta (returns=returns_603110, factor_returns=benchmark)
print(beta)
```

程序输出结果如下：

```
0.1891363185310878
```

12. 计算数据稳定性

语法：empyrical.stats.stability_of_timeseries(returns)。

参数：参数含义参考前面介绍的函数参数，这里不再赘述。

【示例 7.15】使用 empyrical. stats. stability_of_timeseries 函数计算数据的稳定性。

代码如下：

```
stability_of_timeseries = ep.stats.stability_of_timeseries(returns)
print(stability_of_timeseries)
```

程序输出结果如下：

```
0.39968750701912026
```

说明：

- stability_of_timeseries 函数用于计算给定时间序列的线性拟合 R 方值，即将参数 returns 给定的非累计收益率序列转换为对数收益率的累计序列，并使用线性回归方法计算拟合的斜率和截距，然后返回 R 方值，表示数据的稳定性。
- empyrical. stats. stability_of_timeseries 函数的参数 returns 表示待计算 R 方值的收益率序列，可以是 Pandas 的 Series 对象或 numpy.ndarray 对象。该函数会自动将输入转换为 numpy.ndarray 对象进行处理。如果输入的序列中存在 NaN 值，则函数会自动将其剔除；如果输入序列的长度小于 2，则函数会返回 NaN 值。
- empyrical. stats. stability_of_timeseries 函数返回一个浮点数，表示给定时间序列的线性拟合 R 方值。R 方值越接近 1，说明数据越稳定，拟合效果越好；R 方值越接近 0，说明数据越不稳定，拟合效果越差。

7.3　Mplfinance 模块

Mplfinance 是一个 Python 库，因此也可以将其视为 Mplfinance 库。它基于 Matplotlib 库提供了一些易于使用的函数和类，可以用于创建各种类型的金融图表，如 K 线图、蜡烛图和成交量图等。

7.3.1　Mplfinance 模块的优点

Mplfinance 模块的主要优点包括以下几个方面。

- 简单易用：Mplfinance 模块提供了一些易于使用的函数和类，可以快速创建各种类型的金融图表。
- 支持多种数据格式：Mplfinance 模块可以处理多种数据格式，包括 Pandas DataFrame、NumPy 数组和 CSV 文件等。
- 可定制性强：Mplfinance 模块提供了许多可定制的选项，可以自定义图表的颜色、线型和字体等属性。

□ 交互式：Mplfinance 模块的图表是交互式的，可以使用鼠标和键盘进行缩放、平移和选择等操作。
□ 支持导出：Mplfinance 模块可以将图表导出为 PNG、SVG、PDF 和 EPS 等格式。

Mplfinance 模块的安装非常方便，在 Windows 环境下，可以在 DOS 命令行终端执行 pip install mplfinance 命令即可完成安装。

7.3.2 Mplfinance 模块的主要函数

Mplfinance 模块提供了多个函数，用于绘制不同类型的金融图表，下面是一些常用的函数。

1. mplfinance.make_marketcolors函数

在绘制图形时，首先需要设置颜色方案。mpf.make_marketcolors 函数用于设置自定义 K 线的颜色，一般将 mpf.make_marketcolors 函数设定好的颜色方案保存在变量里，以便传入 make_mpf_style 函数的 marketcolors 参数来定义绘制图形的风格。

语法：mplfinance.make_marketcolors(up='w', down='k', edge='inherit', wick='inherit', volume='in', ohlc='inherit')。

参数：

□ up：字符串 str 或字典 dict 类型，可选参数，表示上涨的颜色。默认值为'w'（白色）。如果需要自定义颜色，可以提供一个字典，如{'up': 'g'}表示上涨的颜色为绿色。
□ down：字符串 str 或字典 dict 类型，可选参数，表示下跌的颜色。默认值为'k'（黑色）。如果需要自定义颜色，可以提供一个字典，如{'down': 'r'}表示下跌的颜色为红色。
□ edge：字符串 str 或字典 dict 类型，可选参数，表示 K 线图的边缘颜色。默认值为'inherit'，表示继承上涨或下跌的颜色。如果需要自定义颜色，可以提供一个字典，如{'edge': 'g'}表示边缘颜色为绿色。
□ wick：字符串 str 或字典 dict 类型，可选参数，表示 K 线图的蜡烛线颜色。默认值为'inherit'，表示继承上涨或下跌的颜色。如果需要自定义颜色，可以提供一个字典，如{'wick': 'g'}表示蜡烛线的颜色为绿色。
□ volume：字符串 str 或字典 dict 类型，可选参数，表示成交量的颜色。默认值为'in'，表示继承上涨或下跌的颜色。如果需要自定义颜色，可以提供一个字典，如{'volume': 'g'}表示成交量的颜色为绿色。
□ ohlc：字符串 str 或字典 dict 类型，可选参数，表示成交量的颜色。默认值为'in'，表示继承上涨或下跌的颜色。如果需要自定义颜色，可以提供一个字典，如{'volume': 'g'}表示成交量的颜色为绿色。

2. mplfinance.make_mpf_style函数

make_mpf_style 函数用于创建一个新的绘图样式，以自定义金融图表的外观。一般将

mpf.make_mpf_style 函数定义的新绘图样式传递给 mpf.plot 函数的 style 参数即可在绘图中生效。

通常 make_mpf_style 函数与 make_marketcolors 函数一起使用，可以创建自定义的颜色模板与图表样式风格。

语法：mplfinance.make_mpf_style(base_mpl_style=None, rc=None, **kwargs)。

参数：

- base_mpl_style：已有的 Mplfinance 样式名称，表示新创建的样式基于该样式。如果 base_mpl_style 为 None，则表示新创建的样式基于 Mplfinance 的默认样式，具体参数如下。
  - binance：币安（币安交易所）风格。
  - blueskies：蓝天风格。
  - brasil：巴西风格。
  - charles：查理风格。
  - checkers：跳棋风格。
  - classic：古典风格。
  - default：默认风格。
  - mike：迈克风格。
  - nightclouds：夜云风格。
  - sas：SAS 风格。
- rc：字典类型，用于指定 Matplotlib 的 rc 参数，（如 rc={'font.family': 'SimHei', 'axes.unicode_minus': 'False'}）。rc 字典还包括以下几个参数。
  - figure.figsize：设置图形的大小，如[10, 6]。
  - axes.spines.left：用于控制坐标轴左侧边框的显示情况。当该参数为 True 时，左侧边框将被显示；当该参数为 False 时，左侧边框将被隐藏。
  - axes.grid：用于控制坐标轴网格线的显示情况。当该参数为 True 时，网格线将被显示；当该参数为 False 时，网格线将被隐藏。
  - font.size：设置字体的大小。
- font.weight：设置字体的粗细程度。
- marketcolors：字典类型，用于指定不同市场状态下的颜色。
- mavcolors：字典类型，用于指定不同移动平均线的颜色。
- y_on_right：布尔值，表示是否将 y 轴放在右侧。
- **kwargs 可以用来指定样式的其他参数，具体如下。
  - linecolor：线条颜色。
  - facecolor：填充颜色。
  - edgecolor：边框颜色。
  - gridcolor：网格线颜色。
  - gridstyle：网格线样式。
  - gridalpha：网格线透明度。

- alpha：元素透明度。

3．mplfinance.plot函数

mplfinance.plot 函数用于绘制金融图表，支持 K 线图、折线图、面积图和散点图等，可以自定义样式和参数。

语法：mplfinance.plot(data, **kwargs)。

参数：

- data 是一个 Pandas DataFrame 对象，包含需要绘制的金融数据。DataFrame 必须包含 open、high、low、close、volume 列（这些 OHLC 字段的列名的大小写不敏感，如 Open 或 open 均可），索引必须为日期类型数据，日期列名没有限制。
- **kwargs 是一系列可选参数，用于指定绘图的样式、设置图表标题和坐标轴标签等。下面是一些常用的**kwargs 参数。
  - type：字符串 str 类型，绘图类型，可以是 candle（K 线图，默认值）、line（折线图）或 ohlc（开、高、低、收图）。
  - style：绘图的样式，可以是 binance、blueskies、charles、checkers、classic、default、mike 或 nightclouds。默认值是 default。
  - title：字符串 str 类型，图表标题。
  - ylabel：字符串 str 类型，y 轴标签。
  - mav：整数 int 类型或整数列表类型，表示绘制几条移动平均线。例如，mav=5 表示绘制一条 5 日移动平均线，mav=[10, 20]表示绘制 10 日和 20 日两条移动平均线。
  - volume：布尔类型，是否绘制成交量，默认值为 True。
  - show_nontrading：布尔类型，是否在图表上显示非交易时间的价格，默认值为 False。
  - main_panel：整数 int 类型，主图的面板位置，0 代表位于最上面的面板，9 代表最下面的面板。
  - volume_panel：用于指定成交量图的设置，如 volume_panel={'ylabel': 'volume'} 表示将成交量画板的 y 轴标签设置为'Volume'。
  - panel_ratios：元组类型，主图与所有子图的高度比例。例如，(2,1,1)表示第 1 个面板的高度比例为 2，第 2 个面板的高度比例是 1，第 3 个面板的高度比例是 1。
  - num_panels：整数 int 类型，面板的全部数量，例如，num_panels=2 表示总共有两个面板。如果 num_panels 的值大于主图与 addplot 添加的子图数量，则会产生空白的子图。

4．mplfinance.make_addplot函数

mplfinance.make_addplot 函数用于创建将额外数据添加到金融图表的 Matplotlib 绘图对象中。它可以将各种类型的数据添加到金融图表中，如技术指标、交易信号等各类与行

情相关的数据。

如果需要在绘制图形中添加这些指标，则可以将 mpf.maket_addplot 函数返回值传递给 mpf.plot 函数的 addplot 参数。

每一个 mpf.make_addplot 函数会返回一个数据（指标或信号）的辅助绘图，如果需要添加多个指标的辅助绘图，可以新建列表（列名元素为 mpf.make_addplot 函数返回的对象），再将该列表传递给 mpf.plot 函数的 addplot 参数即可。

语法：mplfinance.make_addplot(data, **kwargs)。

参数：

- data：要添加到金融图表中的数据，可以是一个 pandas Series 或 DataFrame 对象，也可以是一个包含多个对象的列表。以下是 data 参数的几种类型。
  - 单个 pandas Series 或 DataFrame 对象：如果 mplfinance.plot 函数的 data 参数是单个 DataFrame 对象，则 mplfinance.make_addplot 函数的 data 参数可以是单个 Series 或 DataFrame 对象，用于表示要添加到金融图表中的数据。Series 或 DataFrame 对象必须具有与 mplfinance.plot 函数中使用的 DataFrame 对象相同的索引，以确保数据可以正确对齐。如果 mplfinance.plot 函数的 data 参数是一个包含多个 DataFrame 对象的列表，则 mplfinance.make_addplot 函数的 data 参数应该是一个包含多个 Series 或 DataFrame 对象的列表，每个对象都用于表示要添加到对应子图中的数据。
  - 多个 pandas Series 或 DataFrame 对象的列表：与单个对象的情况类似，多个 Series 或 DataFrame 对象的列表应该与 mplfinance.plot 函数中使用的 DataFrame 对象具有相同的索引，以确保数据可以正确对齐。
  - mplfinance.make_addplot 函数的 data 参数与 mplfinance.plot 函数的 data 参数类似，但前者用于将额外数据添加到金融图表中。
- **kwargs 参数包括以下几种。
  - type：字符串 str 类型，表示绘图的类型，可以是 line（折线图，默认值）或 scatter（散点图）。
  - panel：整数 int 类型，用于设置面板位置，panel<9，否则会报错。当 panel 为 0 时，代表最上面的面板，当 panel 为 1 时，代表第 2 个面板。当设置的多个 make_addplot 中的 panel 参数相同时，则这些 addplot 对象都将显示在一个面板中。
  - color：字符串 str 类型或元组类型，用于设置图形的颜色，可以用一个字符串表示颜色名称（如 red、blue 等），也可以用一个 RGB 元组表示颜色值（如(0.2, 0.4, 0.6)）。
  - secondary_y：布尔类型，表示是否使用次坐标轴（右侧坐标轴）绘制添加的数据，默认为 False。如果设置为 True，则 ylabel 参数设置的 y 轴标签将显示在面板右边的 y 轴旁边。
  - ylabel：字符串 str 类型，用于设置面板的 y 轴标签。每个面板都可以设置独立的面板 y 轴标签。

> linestyle：字符串 str 类型，用于设置线条样式，如 solid（实线，默认值）、dashed（虚线）等。
> alpha：整数 int 类型，用于设置透明度，取值范围为 0～1。

7.3.3 通过 Mplfinance 模块绘制 K 线图

通过 Mplfinance 模块，不仅可以绘制最基本的 K 线图，而且可以绘制自定义模式的 K 线图；既可以在主图上添加指标线图，又可以在子图上添加指标线图；甚至还可以通过计算、保存回测交易记录，将回测交易记录数据转换为交易信号添加至 K 线图中。

1. 绘制最基本的K线图

绘制 K 线图是 Mplfinance 模块的主要功能之一，它可以展示股票、期货和外汇等市场的价格变化情况，方便投资者进行技术分析。示例 7.16 演示了如何使用 Mplfinance 模块绘制最基本的 K 线图。

【示例 7.16】使用 Mplfinance 模块绘制最基本的 K 线图。

代码如下：

```
import pandas as pd
import mplfinance as mpf
import matplotlib.pyplot as plt

# 读取数据为 Pandas DataFrame 格式
df_data = pd.read_csv('d:/600000.csv'
                      # 将 trade_date 设为日期类型
                      ,parse_dates=['trade_date'],
                      # 将 trade_date 设为索引
                      index_col='trade_date')
# 为了显示清晰，只选取最后 50 个数据
df_data = df_data.iloc[-50:]
# 设置自定义画图风格
style = mpf.make_mpf_style(
    rc={# 设置中文显示为简体黑体
        'font.family': 'SimHei',
        # 设置负号正常显示
        'axes.unicode_minus': 'False',
        # 设置清晰度
        'figure.dpi':300})
# 使用 Mplfinance 模块绘制 K 线图
fig, ax = mpf.plot(df_data,
                # 图形类型是蜡烛图
                type='candle',
                # 日期显示格式如 2022-08
                datetime_format='%Y-%m',
                # 返回值为 Figure 对象和子图列表对象，否则只返回单一的 Axis 对象
                returnfig=True,
                # 设置主图大小
                figsize=(6, 3),
                # 风格选用自定义的 style
```

```
                 style=style,)
# 调整 x 轴标签位置靠 x 轴
# ax[0].tick_params(axis='x', pad=-5)

# 设置第一个子图的坐标轴属性
ax[0].tick_params(axis='x',             # 坐标轴为 x 轴
                  labelrotation=45,     # 坐标标签倾斜 45°
                  labelsize=8,          # 设置坐标标签字体大小
                  pad=-5)               # 设置靠近坐标的距离，负值表示与坐标轴贴近
ax[0].tick_params(axis='y', labelsize=8, pad=-0)
# 手动添加网格线
ax[0].grid()
# 设置轴标签
ax[0].set_ylabel('价格', fontsize=12)
plt.show()
```

程序输出结果如图 7.3 所示。

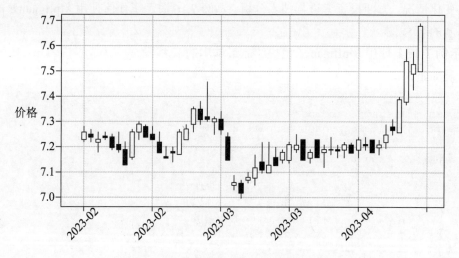

图 7.3 最基本的 K 线图（600000.SH）

说明：

- 用于 Mplfinance 画图的数据 datetime 必须为索引列且包含 OHLC 数据的 DataFrame。

- style = mpf.make_mpf_style(rc={'font.family': 'SimHei', 'axes.unicode_minus': 'False'})，其中，SimHei 用于设置中文显示，axes.unicode_minus 用于显示负号，style 变量作为参数传递给 mpf.plot 函数后，该函数根据 Style 定义的风格生成相应的图形。

- mpf.plot 函数返回的对象是一个 Matplotlib Figure 对象，它包含绘制的 K 线图和其他可能添加的技术指标、买卖信号等。该对象还包含一些其他属性和函数，例如，suptitle 函数可以用于添加总标题，savefig 函数可以将图形保存到文件中等。

- mpf.plot 函数指定了参数 returnfig=True，该函数还会返回一个元组，其中，第一个元素是 Matplotlib 的 Figure 对象，第二个元素是包含 Axes 对象的列表。这些 Axes 对象用于绘制 K 线图和其他技术指标等。如果对第 1 个 Axes 对象进行设置，则需要使用类似 axes[0]的方式调用 Axes 列表的第一个子图对象。

- mpf.plot 函数的参数 datetime_format='%Y-%m'表示 x 轴日期只显示年与月的信息。
- mpf.plot 函数的参数 figsize=(6,3) 指定了 fig 的大小。
- mpf.plot 函数的参数 style=style 指定了绘图风格采取自定义的 style 风格。
- 如果希望在图下部显示图的名称信息，则可以使用 fig.suptitle 函数设置 fig 的 title 信息，具体如下。
  - t 参数是总标题的文本字符串，可以包含 LaTeX 标记。
  - x 和 y：总标题的水平（x）和垂直（y）位置。默认值为 0.5，即居中。
  - fontsize：总标题的字体大小。默认值为 matplotlib.rcParams['font.size']。
  - fontweight：总标题的字体粗细。默认值为 normal。
  - color：总标题的颜色。默认值为 matplotlib.rcParams['text.color']。
- 使用 ax[0].tick_params(axis='x', pad=-5)获取第一个子图的 Axes 对象，然后使用 tick_params 函数设置 x 轴刻度的属性。
  - 参数 axis='x'用于指定要设置的是 x 轴刻度的属性。
  - 参数 pad=-5 用于设置刻度标签和轴线之间的距离。本例将距离设置为-5，表示将刻度标签向轴线靠近一些。

2．添加自定义模式显示K线图

Mplfinance 模块提供了丰富的样式选项，还可以自定义金融图表的外观。示例 7.17 演示了如何自定义 K 线图的样式，并且为最基本的 K 线图设置颜色。

【示例 7.17】使用 mplfinance 模块绘制定义模式的 K 线图。

代码如下：

```
# 设置 mpf 库的 MarketColors 对象，包括 K 线的颜色
my_color = mpf.make_marketcolors(
    up='red',                              # 上涨 K 线的颜色
    down='green',                          # 下跌 K 线的颜色
    edge='black',                          # K 线的边缘颜色
    wick='black',                          # K 线上下影线的颜色
    volume='inherit')                      # 成交量条的颜色

# 将 MarketColors 对象设置为 mpf.make_mpf_style 参数
style = mpf.make_mpf_style(
    marketcolors=my_color,                 # 设置 MarketColors 参数
    rc={# 设置中文显示为简体黑体
        'font.family': 'SimHei',
        # 设置负号正常显示
        'axes.unicode_minus': 'False',
        # 设置清晰度
        'figure.dpi':300})
fig, ax = mpf.plot(df_data,
                type='candle',
                datetime_format='%Y-%m',
                returnfig=True,
                figsize=(6, 3),
                style=style,)
```

程序输出结果如图 7.4 所示。

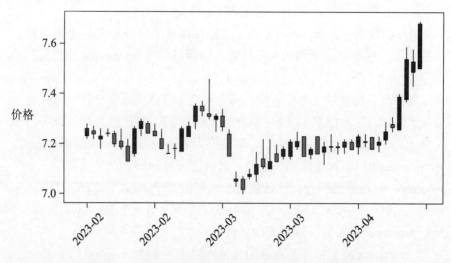

图 7.4　自定义（新增色彩）的 K 线图（600000.SH）

3．在主图上添加指标线：布林带

使用 Mplfinance 模块除了可以方便地绘制 K 线图形，还可以通过 make_addplot 函数在主图上添加各类指标。本节将以在主图上添加布林带指标为例，演示如何在 K 线主图上添加指标线。

【示例 7.18】 绘制添加布林带的 K 线图。

代码如下：

```
from talib import BBANDS
# 计算布林带指标
up, mid, low = BBANDS(df_data['close'],
                      timeperiod=20,
                      nbdevup=2,
                      nbdevdn=2,
                      matype=0)

upline = mpf.make_addplot(up,              # 设置数据列
                          width=1,          # 设置曲线的粗细
                          type='line',      # 设置线的类型
                          panel=0,          # 设置显示的子图编号
                          alpha=0.9)        # 设置透明度，0 代表全透明

midline = mpf.make_addplot(mid, linestyle='-')
lowline = mpf.make_addplot(low, linestyle='--')

fig, ax = mpf.plot(df_data,
                   type='candle',
                   datetime_format='%Y-%m',
                   returnfig=True,
                   figsize=(6, 3),
                   style=style,
                   addplot=[upline,midline,lowline])
```

程序输出结果如图 7.5 所示。

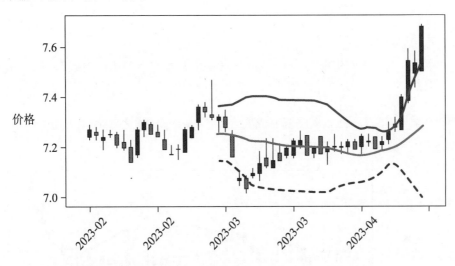

图 7.5　增加布林带（非 OHLC 数据）的 K 线图（600000.SH）

说明：
- mpf.make_addplot 函数的语法为 mpf.make_addplot(data, **kwargs)，其中，参数 data 可以是 pandas.Series 或 numpy.ndarray 类型。在本例中 up 为布林带指标的上轨线。
- mpf.make_addplot 函数中的**kwargs 参数是可选项，用于控制如何绘制数据，支持的参数包括以下几个。
    - type：指定数据的绘制类型，可以是 line、scatter 或 bar。默认值是 line。
    - width：指定数据的线宽或柱宽。默认值是 1。
    - color：指定数据的颜色。默认值是 blue。
    - alpha：指定数据的透明度。默认值是 1。
    - panel：指定数据要绘制的子图编号。默认值是 0，即主图。
    - ylabel：指定数据的 y 轴标签。默认值是 None。
    - secondary_y：指定数据是否绘制在子图上。默认值是 False。

4．在成交量子图上添加成交量5日均线指标

Mplfinance 模块支持在成交量子图上添加成交量均线指标，具体代码见示例 7.19。

【示例 7.19】绘制含成交量 5 日均线指标的 K 线图。

代码如下：

```
# 将成交量 5 日均线添加至成交量子面板
df_data['vol_ma5'] = df_data['volume'].rolling(window=5).mean()
vol_ma5 = mpf.make_addplot(df_data['vol_ma5'],
                          type='line',
                          color='blue',
                          panel=1,
                          width=1,
                          ylabel='成交量')
fig, ax = mpf.plot(df_data,
```

```
                        type='candle',
                        datetime_format='%Y-%m',
                        returnfig=True,
                        figsize=(6, 3),
                        style=style,
                        addplot=[upline,midline,lowline,vol_ma5],
                        volume=True,
                        ylabel_lower='vol',        # 设置成交量图的 y 轴标签
                        main_panel=0,              # 设置主图编号为 0
                        volume_panel=1,)           # 设置成交量图编号为 1
```

程序输出结果如图 7.6 所示。

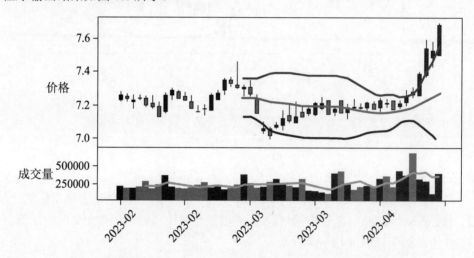

图 7.6 在成交量子图上添加成交量 5 日均线的 K 线图（600000.SH）

5. 添加包含MACD指标的第2子图

使用 Mplfinance 模块除了方便地添加成交量子图，也可以添加其他指标的子图（最多添加 8 个子图），下面演示如何添加简单的 MACD 指标附图（见示例 7.20）。

【示例 7.20】添加 MACD 指标的 K 线图。

代码如下：

```
# 计算 MACD 的数据
exp12 = df_data['close'].ewm(span=12, adjust=False).mean()
exp26 = df_data['close'].ewm(span=26, adjust=False).mean()
DIF = exp12 - exp26
DEA = DIF.ewm(span=9, adjust=False).mean()
MACD = DIF - DEA
# 设置多个需要添加至子图的 make_addplot 对象列表
add_plot = [
    mpf.make_addplot(exp12, type='line',width=1, color='y'),
    mpf.make_addplot(exp26, type='line',width=1, color='r'),
    mpf.make_addplot(MACD, type='bar', width=0.7, panel=2, color='dimgray',
alpha=1,secondary_y=False),
    mpf.make_addplot(DIF, panel=2, color='fuchsia',width=1, secondary_y=
False),
    mpf.make_addplot(DEA, panel=2, color='b',width=1, secondary_y=False,
ylabel='macd'),
```

```
    mpf.make_addplot(df_data['volume'].rolling(10).mean(), panel=1,
width=1, color='g',ylabel='macd'),
    mpf.make_addplot(mid,width=1, linestyle='-'),
    mpf.make_addplot(low,width=1, linestyle='--'),
    mpf.make_addplot(up,width=1, linestyle='--')
    ]
# 可视化输出K线主图
fig,ax = mpf.plot(df_data,
              datetime_format='%Y-%m',
              returnfig=True,
              figsize=(6, 3),
              type='candle',
              style=style,
              volume=True,
              addplot=add_plot,
              ylabel_lower='vol',         # 设置成交量图的y轴标签
              main_panel=0,               # 设置主图编号为0
              volume_panel=1,             # 设置成交量图编号为1
              )
```

程序输出结果如图7.7所示。

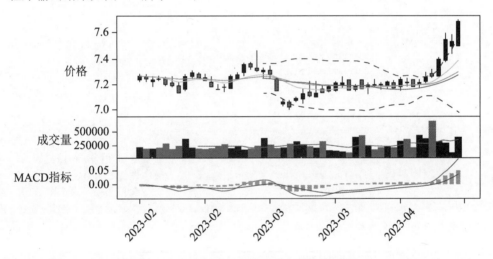

图7.7 添加MACD指标的K线图（600000.SH）

6. 优化MACD子图

上述MACD指标的K线图仅显示了一种颜色，为了更清晰地显示MACD柱线在0轴之上还是0轴之下，可以将MACD数据分成两组，为保证x轴坐标相同，分组后的缺失值以空值NaN代替，在通过make_addplot添加数据时，将这两组MACD值设置为不同的颜色即可（见示例7.21）。

【示例7.21】双色MACD指标的K线图。

代码如下：

```
# 计算两组MACD值，分别代表0轴上方的MACD柱线与0轴下方的MACD柱线
MACD = DIF - DEA
MACD[MACD < 0] = None
MACD_positive = MACD
```

```
MACD = DIF - DEA
MACD[MACD >= 0] = None
MACD_negative = MACD

# 设置多个需要添加至子图的 make_addplot 对象列表
add_plot = [
    mpf.make_addplot(exp12, type='line',width=1, color='y'),
    mpf.make_addplot(exp26, type='line',width=1, color='r'),
    mpf.make_addplot(MACD_negative, type='bar', width=0.7, panel=2, color=
'g', alpha=1,secondary_y=True),
    mpf.make_addplot(MACD_positive, type='bar', width=0.7, panel=2, color=
'r', alpha=1, secondary_y=True),
    mpf.make_addplot(DIF, panel=2, color='fuchsia',width=1, secondary_y=
False),
    mpf.make_addplot(DEA, panel=2, color='b',width=1, secondary_y=False,
ylabel='macd'),
    mpf.make_addplot(df_data['volume'].rolling(10).mean(), panel=1,
width=1, color='g',ylabel='macd'),
    mpf.make_addplot(mid,width=1, linestyle='-'),
    mpf.make_addplot(low,width=1, linestyle='--'),
    mpf.make_addplot(up,width=1, linestyle='--')
    ]
# 可视化输出 K 线主图
fig,ax = mpf.plot(df_data,
            datetime_format='%Y-%m',
            returnfig=True,
            figsize=(6, 3),
            type='candle',
            style=style,
            volume=True,
            addplot=add_plot,
            ylabel_lower='vol',          # 设置成交量图的 y 轴标签
            main_panel=0,                # 设置主图编号为 0
            volume_panel=1,              # 设置成交量图编号为 1
            )
```

程序输出结果如图 7.8 所示。

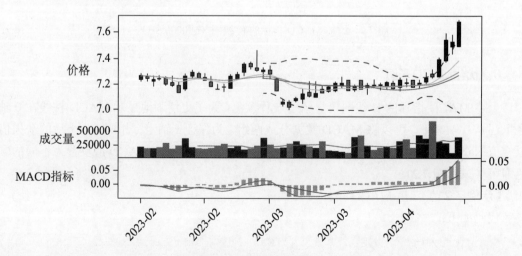

图 7.8　优化 MACD 指标后的 K 线图（600000.SH）

7. 在主图上添加买入与卖出信号标记

使用 Mplfinance 模块除了显示 K 线相关的信息以外，还可以将交易策略的交易信号标记在主图 K 线上，这种可视化方法便于检查交易策略是否按计划进行量化交易。以均线交叉策略为例，如果 K 线的 12 日均线上穿 26 日均线，则以绿色上三角标记；如果 K 线的 12 日均线下穿 26 日均线，则以红色下三角标记（见示例 7.22）。

【示例 7.22】添加交易信号的 K 线图。

代码如下（全部）：

```
import pandas as pd
import mplfinance as mpf
import matplotlib.pyplot as plt
from talib import BBANDS

df_data = pd.read_csv('d:/600000.csv'
                     ,parse_dates=['trade_date'],
                     index_col='trade_date')
df_data = df_data.iloc[-50:]
# 设置mpf库的MarketColors对象，包括K线的颜色信息
my_color = mpf.make_marketcolors(
    up='red',                              # 上涨K线的颜色
    down='green',                          # 下跌K线的颜色
    edge='black',                          # K线的边缘颜色
    wick='black',                          # K线上下影线的颜色
    volume='inherit')                      # 成交量条的颜色
# 将MarketColors对象设置为mpf.make_mpf_style参数
style = mpf.make_mpf_style(
    marketcolors=my_color,                 # 设置MarketColors参数
    rc={'font.family': 'SimHei',           # 设置rc
        'axes.unicode_minus': 'False'})
# 计算布林带指标
up, mid, low = BBANDS(df_data['close'],
                      timeperiod=20,
                      nbdevup=2,
                      nbdevdn=2,
                      matype=0)
upline = mpf.make_addplot(up, width=1, type='line', panel=0, alpha=0.9,)
midline = mpf.make_addplot(mid, linestyle='-')
lowline = mpf.make_addplot(low, linestyle='--')
# 计算MACD的数据
exp12 = df_data['close'].ewm(span=12, adjust=False).mean()
exp26 = df_data['close'].ewm(span=26, adjust=False).mean()
DIF = exp12 - exp26
DEA = DIF.ewm(span=9, adjust=False).mean()
# 计算两组MACD值，分别代表0轴上方的MACD柱线与0轴下方的MACD柱线
MACD = DIF - DEA
MACD[MACD < 0] = None
MACD_positive = MACD
MACD = DIF - DEA
MACD[MACD >= 0] = None
MACD_negative = MACD
# 设置买卖交易标记作为图的y轴数值
```

```python
high_mark = df_data.high.apply(lambda x:x*1.02)
low_mark = df_data.high.apply(lambda x:x*0.98)
# 计算买入信号
df_data['buy'] = np.where(((exp12.shift(1)<exp26.shift(1)) & (exp12>=
exp26)),low_mark,np.nan)
buy_mark = df_data['buy']
# 计算卖出信号
df_data['sell'] = np.where(((exp12.shift(1)>exp26.shift(1)) & (exp12<=
exp26)),high_mark,np.nan)
sell_mark = df_data['sell']
# 设置买入信号与卖出信号序列添加至子图的 make_addplot 对象列表，不设置 panel 参数值，
  默认在主图显示
add_plot = [
    mpf.make_addplot(sell_mark, type='scatter', marker='v',color='r'),
    mpf.make_addplot(buy_mark, type='scatter', marker='^',color='b'),
    mpf.make_addplot(exp12, type='line',width=1, color='b'),
    mpf.make_addplot(exp26, type='line',width=1, color='r'),
    mpf.make_addplot(MACD_negative, type='bar', width=0.7, panel=2,
color='g', alpha=1,secondary_y=True),
    mpf.make_addplot(MACD_positive, type='bar', width=0.7, panel=2,
color='r', alpha=1, secondary_y=True),
    mpf.make_addplot(DIF, panel=2, color='fuchsia',width=1, secondary_y=
False),
    mpf.make_addplot(DEA, panel=2, color='b',width=1, secondary_y=False,
ylabel='macd'),
    mpf.make_addplot(df_data['volume'].rolling(10).mean(), panel=1,
width=1, color='g',ylabel='macd'),
    ]
# 可视化输出 K 线主图
fig,ax = mpf.plot(df_data,
            datetime_format='%Y-%m',
            returnfig=True,
            figsize=(6, 3),
            type='candle',
            style=style,
            volume=True,
            addplot=add_plot,
            ylabel_lower='vol',    # 设置成交量图的 y 轴标签
            main_panel=0,          # 设置主图编号为 0
            volume_panel=1,        # 设置成交量图编号为 1
            )
title = '图 7.7 添加买卖信号的 K 线图（600000.SH）'
fig.suptitle(title,                # title 内容
        y=0.0,                     # 设置 title 显示的垂直位置（比例）
        fontsize=12,               # 设置 title 的字体大小
        fontweight='bold')         # 设置 title 字体的粗细

ax[2].tick_params(axis='x',        # 坐标轴为 x 轴
        labelrotation=20,          # 坐标标签倾斜 45°
        labelsize=8,               # 设置坐标标签的字体大小
        pad=-5)                    # 设置靠近坐标的距离，负值表示与坐标轴贴近
ax[2].tick_params(axis='y', labelsize=8, pad=-0.5)
# ax[0].grid()
ax[0].set_ylabel('价格', fontsize=9)
plt.show()
```

程序输出结果如图 7.9 所示。

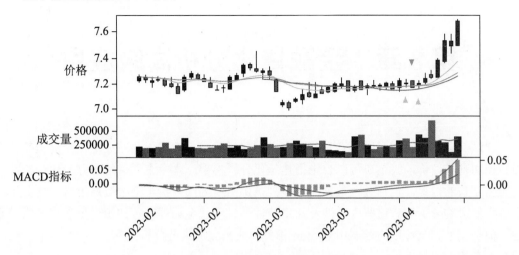

图 7.9　添加买卖信号的 K 线图（600000.SH）

7.4　本章小结

本章介绍了金融量化分析中几个非常重要的工具模块，其中，TA-Lib 模块提供了丰富的计算各类技术指标的函数；Empyrical 模块为策略回测结果指标提供了各种计算方法；Mplfinance 模块为 K 线类相关数据提供了便捷的可视化解决方案。通过这几个模块的使用，读者可以自主搭建一个功能完善、可视化效果良好的量化策略分析框架。

7.5　思　考　题

1. Empyrical 模块的主要应用场景是什么？这些应用场景涉及哪些函数与方法的使用？
2. 利用 Mplfinance 模块绘制 K 线图，该图包含 5 日均线，当收盘价高于 5 日均线的 K 线最高价的 1.05 倍处显示△持仓信号。

第 8 章 金融量化分析高级应用

通过前面章节的学习，读者有能力自主构建量化交易策略，并完成量化交易策略的历史数据回测与评价，甚至还可以自主搭建量化分析框架。本章主要讲解金融量化分析涉及的较为复杂的内容，包括金融数据时间序列 ARIMA 回归分析、金融资产组合优化分析与金融事件影响分析等。这些内容涉及计量统计学、现代金融理论等知识，虽然有一定的难度，但是读者完全可以通过调用 Python 相关模块来完成这些分析工作。

本章的学习目标：
- 掌握金融时间序列 ARIMA 模型回归分析方法；
- 掌握金融资产组合优化分析方法；
- 掌握金融事件影响分析方法。

8.1 金融数据回归分析

回归分析是一种用于研究变量之间的关系统计分析方法，它的主要目的是通过建立一个数学模型来描述自变量和因变量之间的关系，并利用模拟出的回归模型进行预测和控制。

在金融量化分析中，回归分析是一种基础且重要的分析工具，其在资产价格预测、风险管理等多个领域均有丰富的应用场景。

8.1.1 回归分析的基本原理

在回归分析中，通常将自变量看作影响因变量的因素，因变量则是需要被预测或解释的现象。回归分析的目标是建立一个数学模型，使得自变量和因变量之间的关系能够被清晰地描述和预测。回归模型可以用于预测因变量的未来值，也可以用于解释自变量和因变量之间的关系。回归模型可以是线性或非线性的，还可以包括一个或多个自变量。在金融量化分析过程中，经常需要分析不同时间序列之间是否存在函数关系，以便更为合理地预测因变量的未来走势。

例如，在金融投资过程中，为了评估某只股票价格是否偏离了该股票的理论值，可以选择另外一只股票的历史价格作为因变量的时间序列，然后通过回归分析探索这两只股票之间的关系。如果该股票脱离回归关系预测值较大时，则该股票回归理论值的概率将会增加。金融量化分析的核心目的就是有效地预测股票未来的价格走势。由于大多数金融数据均有时间属性，所以各类经典的时间序列计量分析模型可以应用于金融数据分析中。

8.1.2 回归分析的步骤

经典的回归分析一般需要以下几步。

（1）确定自变量和因变量。自变量是用来预测因变量的变量，而因变量是需要被预测的变量。

（2）收集数据。收集自变量和因变量的数据。

（3）建立回归模型。建立一个数学模型来描述自变量和因变量之间的关系。常见的回归模型包括线性回归、多项式回归和逻辑回归等。

（4）评估回归模型。使用统计学方法评估回归模型的拟合程度，如计算残差、确定回归系数等。

（5）预测因变量。使用回归模型来预测因变量的值，或者探究自变量对因变量的影响。

8.1.3 构建回归模型示例

为了演示如何构建回归模型，本节选取 603110.SH 和 603501.SH 两只股票的收盘价数据进行回归分析，以 603110.SH 数据为自变量，以 603501.SH 数据为因变量，通过构建回归模型，探索二者的关系。如果二者存在一定的解释关系，即可以作为探索 603501.SH 股票理论价格的依据，进而判断 603501.SH 股票的现实价格与理论价格的差距是否过度偏离正常值（正常值可以定义为理论价格均值的±2 倍标准差范围内），如果偏离正常波动范围，则现实价格回归理论价格的可能性增大，从而为交易决策提供依据（见示例 8.1）。

【示例 8.1】对 603110.SH 和 603501.SH 股价进行回归分析。

代码如下：

```
import statsmodels.api as sm
# 创建并清洗数据
# 引入数据文件
data = 'd:/var_test.csv'
df = pd.read_csv(data, encoding='utf-8-sig')
# 为了避免在计算收益率过程中出现分母为 0 的情况，先将 0 替换为空值 np.nan
df.replace(0, np.nan, inplace=True)
# 将空值用前一行数据来替代
df.ffill(inplace=True)
# 将数据中的 date 列转换为日期 datetime 类型数据
df['date'] = pd.to_datetime(df['date'])
# 将数据 date 列设为索引列
df.set_index('date', drop=True, inplace=True)
# 将数据列 603110 设为回归分析中的独立变量 x
x = df['603110']
# 将数据列 603501 设为回归分析中的因变量 y
y = df['603501']
# 进行回归分析
model = sm.OLS(y, x).fit()
# 输出回归结果
print(model.summary())
```

程序输出结果如下：

```
                            OLS Regression Results
==============================================================================
Dep. Variable:                 603501   R-squared (uncentered):                   0.792
Model:                            OLS   Adj. R-squared (uncentered):              0.792
Method:                 Least Squares   F-statistic:                              4766.
Date:                Mon, 10 Apr 2023   Prob (F-statistic):                        0.00
Time:                        07:06:39   Log-Likelihood:                         -7240.5
No. Observations:                1254   AIC:                                  1.448e+04
Df Residuals:                    1253   BIC:                                  1.449e+04
Df Model:                           1
Covariance Type:            nonrobust
==============================================================================
                 coef    std err          t      P>|t|      [0.025      0.975]
------------------------------------------------------------------------------
603110         5.7148      0.083     69.035      0.000       5.552       5.877
==============================================================================
Omnibus:                      521.057   Durbin-Watson:                      0.008
Prob(Omnibus):                  0.000   Jarque-Bera (JB):                  65.189
Skew:                          -0.034   Prob(JB):                        6.99e-15
Kurtosis:                       1.885   Cond. No.                            1.00
==============================================================================
```

说明：

- Dep. Variable：指定因变量为 603501。
- coef：回归系数为 5.7148，表示在独立变量 603110 每增加 1 个单位时，因变量 603501 则会增加 5.7148 个单位。
- std err：标准误差为 0.083。
- t：t 值为 69.035，表示回归系数与 0 之间的差异相对于标准误差的比值，t 值越大表示差异越显著。
- P>|t|：p 值为 0，表示回归系数与 0 之间的差异是非常显著的，拒绝原假设。
- R-squared：决定系数为 0.792，表示回归模型可以解释因变量 79.2%的变异性。
- Adj. R-squared：调整后的决定系数为 0.792，将模型中每个预测变量的贡献与模型中使用的预测变量数量对比并进行修正。
- F-statistic：F 值为 4766，表示模型的总体显著性检验的统计量。
- Prob (F-statistic)：p 值为 0，表示拒绝总体显著性检验的原假设。
- Omnibus、Skew、Kurtosis：残差的偏度和峰度统计量，一般用于检验回归模型的正态性，Omnibus 和 Prob(Omnibus)表示模型残差正态性检验的结果，Prob(Omnibus)的值越小越好，Jarque-Bera (JB)同样是检验残差的正态性，值越小越好。
- Durbin-Watson：统计量，用于检验残差是否存在自相关性。值一般为 0~4，值越接近 2，则表明残差的自相关性越小。
- Cond. No.：条件数，用于检测独立变量之间的多重共线性问题。值越大表示多重共线性越强，通常应小于 30。

基于这个回归结果，可以得出一元线性回归方程：$y = 5.7148x + c$。其中，x 为独立变量 603110，y 为因变量 603501，c 为常数项。

根据上面的参数检验结果可以看出，模型的 R-squared（R 平方）为 0.792，这意味着模型能够解释因变量（603501）的方差的 79.2%。此外，p 值为 0.000，小于 0.05 的显著性水平，说明模型的回归系数显著不为 0。这些结果表明，该模型可以用于解释因变量的变化，并且它是一个较好的回归模型。

在这个回归模型中，常数项 c 表示当独立变量 x（即 603110）为 0 时，因变量 y（即 603501）对应的值。但是，从实际情况来看，603110 和 603501 都是股票价格，不可能为 0。在这种情况下，常数项 c 的实际意义可能并不重要，因为我们更关心的是独立变量对因变量的影响。因此，在这种情况下，可以忽略常数项 c，只关注回归系数的值（即 5.7148），用其来解释独立变量对因变量的影响。

8.2 金融数据时间序列 ARIMA 模型回归分析

金融量化分析的核心目的是有效预测股票未来的价格走势。由于大多数金融数据均有时间属性，所以各类经典的时间序列计量分析模型可以应用于金融数据分析中。

8.2.1 时间序列分析模型介绍

时间序列分析是一种用于研究时间序列数据的统计方法。时间序列数据是指按照时间顺序排列的数据，如股票价格、经济数据等。通过时间序列分析，可以了解时间序列数据的特征并进行预测和决策。

1. 时间序列分析模型分类

经典的时间序列计量分析模型主要包括以下几种。
- 移动平均模型（MA）：该模型假设时间序列的观测值是过去若干个白噪声（随机误差）的线性组合。
- 自回归模型（AR）：该模型假设时间序列的当前值是过去若干个时间点的值的线性组合。
- 自回归移动平均模型（ARMA）：该模型将 AR 和 MA 模型结合在一起，既考虑了时间序列的自回归特征，又考虑了随机误差的影响。
- 自回归移动平均模型（ARIMA）：该模型在 ARMA 模型的基础上引入了差分操作，以适应非平稳时间序列的建模。
- 季节性自回归积分移动平均模型（SARIMA）：该模型在 ARIMA 模型的基础上引入了季节性差分和季节性自回归操作，以适应具有季节性变化的时间序列的建模。
- 指数平滑模型：该模型假设时间序列具有平稳性和趋势性，通过对平稳分量和趋势分量进行加权平均得到预测值。

2. ARIMA模型优势

较其他时间序列数据分析模型相比，ARIMA 模型具有以下优势。

- ARIMA 模型综合考虑了时间序列的自回归特征、差分操作和移动平均特征，ARIMA 模型的拟合能力和预测能力较其他时间序列回归模型更优。
- ARIMA 模型不仅可以分析平稳时间序列数据，也可以分析非平稳时间序列数据，因此，ARIMA 模型的适用范围也较其他时间序列分析模型更为广泛。
- 在 ARIMA 模型衍生出的 SARIMA 模型可以针对具有季节性特征的时间序列进行建模。而大部分金融时间序列均具有非平稳性，有些金融时间序列也存在一定的季节性波动。因此，ARIMA 模型成为分析金融时间序列数据的重要模型。

3. ARIMA模型的构建过程

ARIMA 模型的全称是自回归移动平均模型，其中，AR 代表自回归，MA 代表移动平均，I 代表差分操作。ARIMA 模型的主要用途是对未来一段时间内的数据进行预测，也可以用来分析时间序列的趋势和季节性。

ARIMA 模型的使用通常分为以下 3 步。

（1）模型识别：确定 ARIMA 模型中的 p、d、q 参数，p 代表自回归项数，d 代表时间序列的差分次数，q 代表移动平均项数。模型识别可以通过自相关图（ACF）和偏自相关图（PACF）来完成。

（2）参数估计：对 ARIMA 模型中的参数进行估计，通常采用最大似然估计法。

（3）模型检验：对估计的 ARIMA 模型进行检验，判断其是否合理。

8.2.2 ARIMA 模型的计算公式

ARIMA 模型的通俗表达式为 ARIMA(p,d,q) = AR(p) + I(d) + MA(q)。

1. 确定AR(p)项

AR(p)项表示一个 p 阶的自回归模型，AR(p)表达式为：

$$y_t = c + \varphi_1 y_{t-1} + \varphi_2 y_{t-2} + \cdots + \varphi_p y_{t-p} + \varepsilon_t$$

其中，c 是常数项，ε_t 是随机误差项。

AR(p)表达式中的 p 数值不同，代表的含义也不同，具体如下。

- 当 $\varphi_1 = 0$ 时，y_t 相当于白噪声，也就是说，各个时刻之间没有任何相关性，每个时刻的值都是独立且随机的。
- 当 $\varphi_1 = 1$ 且 c = 0 时，y_t 相当于随机游走模型，也称为随机漫步模型，表示每个时刻的值都等于前一个时刻的值加上一个随机扰动，因此序列会呈现出随机漫步的特性，即趋势随机上升或下降，但是没有明显的周期性。
- 当 $\varphi_1 = 1$ 且 c ≠ 0 时，y_t 相当于带漂移的随机游走模型，表示序列除了随机漫步的趋势以外还有一个固定的漂移项 c，因此序列在随机上升或下降的同时也会整体向上或向下平移。
- 当 $\varphi_1 < 0$ 时，y_t 倾向于在正负值之间上下浮动，因为每个时刻的值都受到前面时刻的负向影响，而序列又不能无限地向下减小，所以会在正负值之间上下波动。当 φ_1 的绝对值越大时，波动越剧烈。

2．确定MA(q)

MA(q)项表示一个 q 阶的预测误差回归模型，MA(q)表达式如下：

$$y_t = c + \varepsilon_t + \theta_1\varepsilon_{t-1} + \theta_2\varepsilon_{t-2} + \cdots + \theta_q\varepsilon_{t-q}$$

其中，c 是常数项，ε_t 是随机误差项。y_t 可以看作历史预测误差的加权移动平均值，q 指定了历史预测误差的期数。因此，要确定 ARIMA 模型，首先需要确定 3 个参数，即 p、d、q。

- p：AR（自回归）项的阶数，表示时间序列中当前时刻与 p 个时刻之前的值的自回归系数。该参数需要事先设定好。
- d：表示对时间序列进行差分操作的次数，用于平稳化时间序列。d 参数一般是一阶。非平稳序列可以通过差分来得到平稳序列，但是过度的差分，会导致时间序列失去自相关性，从而失去使用 AR 项的条件。
- q：表示时间序列中当前时刻与 q 个时刻之前的噪声的移动平均系数。q 参数需要事先设定好，表示 y 的当前值和前 q 个历史值 AR 预测误差有关，即使用历史值的 AR 项预测误差来建立一个类似回归的模型。

8.2.3 构建 ARIMA 模型示例

本节以分析某只股票（603825.SH）收盘价时间序列为例，演示通过构建 ARIMA 模型预测该股票未来走势的过程。

1．确定ARIMA模型参数：差分阶数（d）

在构建 ARIMA 模型时，首先需要确定差分阶数 d，一般通过观察 ACF 与 PACF 图的特征来确定差分阶数 d，具体判断方法有以下 3 种。

- 截尾法：当 ACF 和 PACF 在某一滞后阶数后均截尾，即相关系数几乎为 0 时，可选择对应的滞后阶数为 ARIMA 模型的 p 和 q 参数。例如，如果 ACF 和 PACF 在滞后阶数为 3 后均截尾，则可以选择 ARIMA(p, d, q)中的 p 和 q 为 3。
- 半自相关系数法：当 PACF 在某一滞后阶数后截尾而 ACF 没有截尾时，可选择对应的滞后阶数为 ARIMA 模型的 p 参数。例如，如果 PACF 在滞后阶数为 2 后截尾，而 ACF 没有截尾，则可以选择 ARIMA(p, d, q)中的 p 为 2。
- 自相关系数法：当 ACF 在某一滞后阶数后截尾而 PACF 没有截尾时，可选择对应的滞后阶数为 ARIMA 模型的 q 参数。例如，如果 ACF 在滞后阶数为 4 后截尾，而 PACF 没有截尾，则可以选择 ARIMA(p, d, q)中的 q 为 4。

需要注意的是，以上判断方法仅是初步判断 ARIMA 模型的滞后阶数，在实际应用中需要结合实际情况进行调整和优化。

【示例 8.2】使用 ARIMA 模型预测股价走势（以 603825.SH 为例）。

代码如下：

```python
import pandas as pd
import numpy as np
import matplotlib.pyplot as plt
from statsmodels.graphics.tsaplots import plot_acf, plot_pacf

# 读取数据并清洗数据，将收盘价 close 值为 0 的数据替换为前一行的数据
df = pd.read_csv('d:/603825.csv',encoding='utf-8-sig',usecols=['close'])
df.replace(0,np.nan,inplace=True)
df.ffill(inplace=True)

# 设置画板格式
plt.rcParams.update({'figure.figsize':(9,10),
                     'figure.dpi':200,
                     'font.size':10,
                     'font.sans-serif':'SimHei',
'axes.unicode_minus':False})

# 设置子画板
fig, axes = plt.subplots(3, 3, sharex=True)
axes[1,1].set_xlim([0,100])

# 收盘价 close 原始数据及 ACF 和 PACF 图
axes[0, 0].plot(df.close); axes[0, 0].set_title('收盘价原图')
plot_acf(df.close, ax=axes[0, 1], lags=198)
plot_pacf(df.close, ax=axes[0, 2], lags=99)

# 收盘价 close1 阶差分数据及 ACF 和 PACF 图
axes[1, 0].plot(df.close.diff()); axes[1, 0].set_title('收盘价 1 阶差分图')
plot_acf(df.close.diff().dropna(), ax=axes[1, 1], lags=198)
plot_pacf(df.close.diff().dropna(), ax=axes[1, 2], lags=98)

# 收盘价 close2 阶差分数据及 ACF 和 PACF 图
axes[2, 0].plot(df.close.diff().diff()); axes[2, 0].set_title('收盘价二阶差分图')
plot_acf(df.close.diff().diff().dropna(), ax=axes[2, 1], lags=197)
plot_acf(df.close.diff().diff().dropna(), ax=axes[2, 2], lags=97)

plt.show()
```

程序输出结果如图 8.1 所示。

说明：从收盘价原图发现，close 序列数据为非平稳数据，自相关 ACF 图与偏自相关 PACF 图也显示了其非平稳性质，即需要对收盘价 close 原始数据序列进行差分处理。对比一阶差分的 ACF 和 PACF 图与二阶差分的 ACF 和 PCF 图，选择一阶差分处理收盘价 close 序列数据即可。

2. 确定ARIMA模型参数：自回归项数 p

自回归项数 p 是指前一时刻的误差对当前时刻的预测产生的影响，可以使用自相关函数（ACF）图和偏自相关函数（PACF）图来确定自回归项数 p。ACF 表示一个时间序列与

其自身滞后版本之间的相关性，而 PACF 消除了其他滞后项的影响，只考虑特定滞后项与当前值之间的相关性。p 通常被认为是 PACF 图中第一个显著不为 0 的滞后项。从可视化输出结果可以看到，PACF 图在一阶之后就落入阴影区，即自回归项数可以设置为 1。

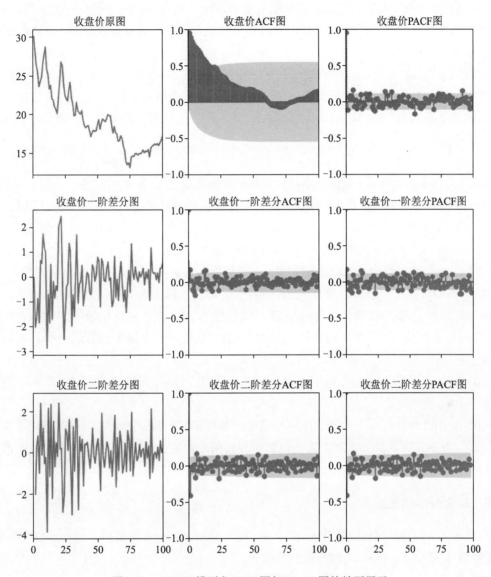

图 8.1　ARIMA 模型之 ACF 图与 PACF 图的效要展示

3．确定ARIMA模型参数：确定移动平均项数 q

移动平均项数 q 通常被认为是 ACF 图中第 1 个显著不为 0 的滞后项。在本例中，移动平均项数 q 可以确定为 1。

4．ARIMA模型拟合准则

在确定了 p、d、q 参数之后，为了确定这些参数是否为最优参数，可以参考 AIC 和

BIC 标准进行比较。

1）AIC

AIC（赤池信息准则）是由日本数学家赤池弘次于 1974 年提出的一种用于评估模型拟合优度的标准。AIC 给出了对给定数据拟合度的估计，同时考虑到了模型的复杂度。AIC 越小，说明模型对数据的拟合就越好，同时也越简单，即模型的复杂度就越小。AIC 的计算公式如下：

$$\text{AIC} = -2 \times \ln(L) + 2 \times k$$

其中，$\ln(L)$ 是模型的对数似然函数值，k 是模型的参数数量。

通过计算不同参数的 ARIMA 模型的 AIC 值，可以比较它们的拟合度和复杂度，从而选择最优模型。

2）BIC

BIC（贝叶斯信息准则）是由斯洛文尼亚数学家施瓦茨于 1978 年提出的一种用于评估模型拟合优度的标准。与 AIC 类似，BIC 也同时考虑了模型的复杂度和对数据的拟合程度。不同之处在于，BIC 惩罚项比 AIC 更严格，对参数数量的惩罚更加严重。BIC 的计算公式如下：

$$\text{BIC} = -2 \times \ln(L) + k \times \ln(n)$$

其中，$\ln(L)$ 是模型的对数似然函数值，k 是模型的参数数量，n 是样本数据的数量。

BIC 比 AIC 多了一个参数数量的惩罚项 $k \times \ln(n)$，这个惩罚项的影响随着样本数量 n 的增加而增加。与 AIC 类似，通过计算不同模型的 BIC 值，可以比较它们的拟合度和复杂度，从而选择最优模型。在模型选择时，BIC 更倾向于选择参数数量更少、更简单的模型。

AIC 和 BIC 是信息准则，用于比较不同模型的拟合效果。通常选择 AIC 和 BIC 值最小的模型作为最终模型。

AIC 和 BIC 准则可用于判断 ARIMA 模型中参数 p 与参数 q 的优劣，但不能用于选择差分 d。因为差分 d 发生变化时会改变似然函数使用的数据，这会使 AIC 和 BIC 信息准则的比较失去意义。

5. 拟合ARIMA模型

在确定了 ARIMA 模型的参数 p、d、q 后，即可进行 ARIMA 模型拟合并查看拟合结果。

【示例 8.3】使用 ARIMA 模型拟合实验 1。

代码如下：

```
# 从 statsmodels.tsa.arima.model 中引入 ARIMA 函数
from statsmodels.tsa.arima.model import ARIMA

# 拟合 ARIMA(1, 1, 1)模型
model = ARIMA(df.close, order=(1,1,1))
model_fit = model.fit()

# 输出 ARIMA(1, 1, 1)模型拟合指标
print(model_fit.summary())
```

程序输出结果如下：

```
                               SARIMAX Results
==============================================================================
Dep. Variable:                  close   No. Observations:                  296
Model:                 ARIMA(1, 1, 1)   Log Likelihood                -302.873
Date:                Fri, 24 Mar 2023   AIC                            611.745
Time:                        16:42:05   BIC                            622.806
Sample:                             0   HQIC                           616.174
                                - 296
Covariance Type:                  opg
==============================================================================
                 coef    std err          z      P>|z|      [0.025      0.975]
------------------------------------------------------------------------------
ar.L1          0.1463      0.212      0.690      0.490      -0.269       0.562
ma.L1          0.0260      0.222      0.117      0.907      -0.409       0.461
sigma2         0.4563      0.025     18.206      0.000       0.407       0.505
===================================================================================
Ljung-Box (L1) (Q):                   0.00   Jarque-Bera (JB):                83.85
Prob(Q):                              0.97   Prob(JB):                         0.00
Heteroskedasticity (H):               0.22   Skew:                            -0.29
Prob(H) (two-sided):                  0.00   Kurtosis:                         5.55
===================================================================================
```

说明：

- coef 列用于显示每个特征的重要性，即每个特征如何影响时间序列。
- P>|z|列用于显示每个特征重量的意义。在本例中，每个特征的 p 值都远高于 0.05，说明需要重新构建 ARIMA 模型。
- 鉴于上述拟合结果并不理想，下面重新拟合 ARIMA(2,1,2)模型，即修改 ARIMA 模型中参数 p 与参数 q 的值。

【示例 8.4】使用 ARIMA 模型拟合实验 2。

代码如下：

```
# 重新构建ARIMA(2, 1, 2)模型
model = ARIMA(df.close, order=(2,1,2))
model_fit = model.fit()
print(model_fit.summary())
```

程序输出结果如下：

```
                               SARIMAX Results
==============================================================================
Dep. Variable:                  close   No. Observations:                  296
Model:                 ARIMA(2, 1, 2)   Log Likelihood                -298.373
Date:                Fri, 24 Mar 2023   AIC                            606.747
Time:                        16:42:13   BIC                            625.181
Sample:                             0   HQIC                           614.128
                                - 296
Covariance Type:                  opg
==============================================================================
                 coef    std err          z      P>|z|      [0.025      0.975]
------------------------------------------------------------------------------
ar.L1          1.2991      0.127     10.252      0.000       1.051       1.548
ar.L2         -0.6089      0.117     -5.200      0.000      -0.838      -0.379
ma.L1         -1.1421      0.154     -7.393      0.000      -1.445      -0.839
ma.L2          0.4033      0.136      2.976      0.003       0.138       0.669
sigma2         0.4424      0.025     17.360      0.000       0.392       0.492
===================================================================================
Ljung-Box (L1) (Q):                   0.07   Jarque-Bera (JB):                63.35
```

```
Prob(Q):                    0.79   Prob(JB):               0.00
Heteroskedasticity (H):     0.24   Skew:                  -0.36
Prob(H) (two-sided):        0.00   Kurtosis:               5.15
===============================================================
```

说明：

❑ ARIMA(2,1,2)模型的 AIC 值小于 ARIMA(1,1,1)模型，表明 ARIMA(2,1,2)模型优于 ARIMA(1,1,1)模型。

❑ ARIMA(2,1,2)模型的 P>|z|明显优于 ARIMA(1,1,1)模型，表明参数组合（$p=2$, $q=2$）优于参数组合（$p=1$, $q=1$）。

❑ 虽然 ARIMA()模型的拟合结果参数并不严格符合计量经济学要求的标准，但是鉴于金融市场具有波动性大、很难严格满足统计学理论条件的原因，用于金融量化分析的模型估计一般没有最优选择，相对较优即可。

6. 检查估计模型的残差项

检验原数据样本减去模拟拟合序列后得到的数据序列，越符合随机误差分布（均值为 0 的正态分布），说明模型拟合得越好；否则，说明该模型还需要考虑增加其他因素。

【示例 8.5】使用 ARIMA 模型进行残差项检查。

代码如下：

```
# 设置画板格式
plt.rcParams.update({'figure.figsize':(6,3),
                     'figure.dpi':300,
                     'font.size':10,
                     'font.sans-serif':'SimHei',
                     'axes.unicode_minus':False})
# 模型估计的残差项可视化
residuals = pd.DataFrame(model_fit.resid)
fig, ax = plt.subplots(1,2)
residuals.plot(title="残差项分布", ax=ax[0], ylabel="value")
residuals.plot(kind='kde', title='残差分布密度', ax=ax[1])
```

程序输出结果如图 8.2 所示。

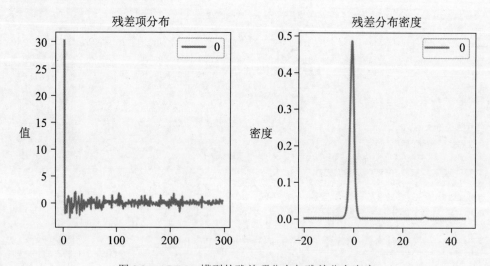

图 8.2　ARIMA 模型的残差项分布与残差分布密度

说明：观察残差项分布图与残差分布密度图，可以基本确定参数符合随机误差分布。

7．可视化ARIMA模型拟合效果

为了更清晰地展示 ARIMA 模型的拟合效果，可以对模型拟合效果进行可视化输出。

【示例8.6】对 ARIMA 模型的拟合效果进行可视化输出。

代码如下：

```
# 使用模型模拟样本内估计值
observe_model_values = model_fit.predict(start=1, end=len(df)-1)

# 使用模型模拟样本外预测值
model_forecast_values = model_fit.forecast(steps=10)

# 将模型模拟的样本内估计值与样本外模拟值进行合并
model_values = pd.concat([observe_model_values,model_forecast_values],
axis=0)

# 绘制原始数据与模型估计（含预测值）
plt.plot(df['close'], label='实际值')
plt.plot(model_values, label='模型估计值（含未来预测值）')
plt.legend()
plt.show()
```

程序输出结果如图 8.3 所示。

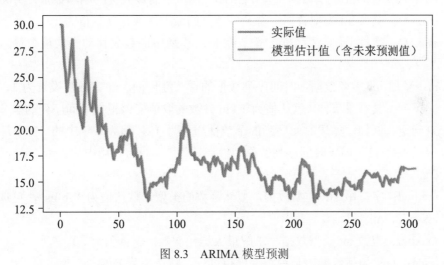

图 8.3　ARIMA 模型预测

说明：虽然在观测样本内，使用 ARIMA 模型估计的数据可视化图形显示与实际数据走势相关，但是样本外预测值并非与真实走势一致，特别是在预测值期数较多时尤为明显。

8．自动优选ARIMA模型参数

通过以上步骤构建 ARIMA 模型，这些步骤需要事先确定一组（p,d,q）参数，该组参数是否最优，需要逐组比较、分析，效率较低。为了提升比较效率，使用 Pmdarima 模块中的 auto_arima()函数可以实现 ARIMA 模型批量比较不同参数的模拟效果，并按照 AIC 准则或 BIC 准则筛选出最优的参数组合，以确定 ARIMA 模型。

语法：pmdarima.auto_arima(data, **kwargs)。

参数：

- data：pandas.Series 和 numpy.array 等序列类型数据，表示要建模的时间序列数据。
- exogenous：pandas.Series 和 numpy.array 等序列类型数据，可选参数，表示外生变量，如回归模型中的自变量。
- start_p：整数 int 类型数据，AR 模型中的起始自回归项数量，默认值为 2。
- d：整数 int 类型数据，时间序列数据需要差分的次数，默认值为 None，如果是 None，则自动选择。
- start_q：整数 int 类型数据，MA 模型中的起始移动平均项数量，默认值为 2。
- max_p：整数 int 类型数据，AR 模型中的最大自回归项数量，默认值为 5。
- max_d：整数 int 类型数据，时间序列数据可以进行的最大差分次数，默认值为 2。
- max_q：整数 int 类型数据，MA 模型中的最大移动平均项数量，默认值为 5。
- start_P：整数 int 类型数据，季节性 AR 模型中的起始自回归项数量，默认值为 1。
- D：整数 int 类型数据，季节性差分的次数，默认值为 None，如果是 None，则自动选择。
- start_Q：整数 int 类型数据，季节性 MA 模型中的起始移动平均项数量，默认值为 1。
- max_P：整数 int 类型数据，季节性 AR 模型中的最大自回归项数量，默认值为 2。
- max_D：整数 int 类型数据，季节性差分的最大次数，默认值为 1。
- max_Q：整数 int 类型数据，季节性 MA 模型中的最大移动平均项数量，默认值为 2。
- m：整数 int 类型数据，时间序列数据的季节性周期，m 参数被设置为 1，表示时间序列不具有季节性。默认值为 1（m 参数的取值应该根据时间序列的季节性周期来确定。例如，如果时间序列的季节性周期为 12，即为一年中的 12 个月，则 m 应设置为 12。如果时间序列的季节性周期为 7，即为一周中的 7 天，则 m 应设置为 7。
- method：字符串 str 类型数据，似然函数的类型，默认值为 "lbfgs"，可选值包括 css-mle、mle 和 css。
- maxiter：整数 int 类型数据，求解最大迭代次数，默认值为 50。
- trace：布尔类型数据，是否跟踪模拟过程，默认值为 False。
- with_intercept：布尔类型数值或字符串 str 类型数据，默认值为 True。
- transparams：布尔类型数据，是否检验平稳性和可逆性，默认值为 True（如果为 True，则进行变换确保平稳性；如果为 False，则不检验平稳性和可逆性）。
- max_order：整数 int 类型数据，p+q+P+Q 组合的最大值，默认值为 5（如果 p+q ≥ max_order，则该组合对应的模型将不会被拟合；如果是 None，则对最大阶没有限制）。
- stationary：布尔类型数据，标志该序列是否为平稳序列，默认值为 False。
- seasonal：布尔类型数据，表示是否考虑季节性，默认值为 True（如果 seasonal=True,

- **stepwise**：布尔类型数据，表示是否执行逐步搜索，默认值为 True（设置为 True，可以更快速地找到最佳模型和防止过拟合，但存在不是最佳模型的风险；如果设置为 False，虽然模型搜索范围扩大了，但是耗时也会相应增加）。
- **information_criterion**：字符串 str 类型数据，表示选择模型的信息准则，可选值包括 AIC、AICC、BIC 和 HQIC，默认值为 AIC。
- **alpha**：浮点 float 类型数据，表示显著性水平，用于计算置信区间和预测区间，默认值为 0.05。
- **test**：字符串 str 类型数据，表示检验类型，如 kpss 或 adf，默认值为 kpss（当非平稳且 d=None 时才会进行检验，当出现奇异值分解错误时可选 adf）。
- **seasonal_test**：字符串 str 类型，为季节周期单位根检验 法的标志，可选值包括 ocsb、ch、hegyi、adf、kpss 与 False，默认值为 ocsb。
- **trend**：字符串 str 类型，如 c、t、ct、ctt 或者 False 等，其中，Fasle 表示不存在趋势，c 表示常数，t 表示线性，ct 表示有常数项的线性多项式趋势的多项式系数，ctt 表示包含二次趋势项。
- **n_jobs**：整数 int 类型数据，表示并行运行的作业数量，默认值为 1（如果为-1，则尽可能多地进行并行，以最大限度提高速度）。
- pm.auto_arima 函数的返回结果是一个 ARIMA 模型对象，包括确定的最佳 ARIMA 模型的参数。

【示例 8.7】自动优选 ARIMA 模型参数。

代码如下：

```
from statsmodels.tsa.arima.model import ARIMA
import pmdarima as pm
# 利用 padarima.arima 函数选出 ARIMA 模型的最优参数
model = pm.auto_arima(df.values,
                      stationary=True,
                      test='kpss',
                      stepwise=False,
                      seasonal_test='cocssb',
                      with_intercept=True,
                      n_jobs=-1,
                      trend='ctt',
                      trace=True,)
# 输出 padarima.arima 优选后的 ARIMA 模型估计参数
print(model.summary())
# 利用参数优选后的 ARIMA 模型进行未来预测
n_periods = 7
fc, confint = model.predict(n_periods=n_periods, return_conf_int=True)
index_of_fc = np.arange(len(df.values), len(df.values)+n_periods)
# 计算 ARIMA 模型预测值的取值范围
fc_series = pd.Series(fc, index=index_of_fc)
# ARIMA 模型预测值下限
lower_series = pd.Series(confint[:, 0], index=index_of_fc)
# ARIMA 模型预测值上限
upper_series = pd.Series(confint[:, 1], index=index_of_fc)
```

```python
# 可视化输出
plt.plot(df.values)
plt.plot(fc_series, color='darkgreen')
plt.fill_between(lower_series.index,
         lower_series,
         upper_series,
         color='k', alpha=.15)
```

程序输出结果如下，可视化效果如图 8.4 所示。

```
Best model:  ARIMA(1,0,2)(0,0,0)[1] intercept
Total fit time: 5.518 seconds
                           SARIMAX Results
==============================================================
Dep. Variable:                 y   No. Observations:        296
Model:             SARIMAX(1, 0, 2)  Log Likelihood      -302.126
Date:              Fri, 24 Mar 2023  AIC                  618.251
Time:                     19:03:32  BIC                  644.084
Sample:                          0  HQIC                 628.594
                             - 296
Covariance Type:               opg
==============================================================
                coef    std err      z     P>|z|    [0.025   0.975]
--------------------------------------------------------------
intercept     2.0829    0.671     3.103   0.002    0.767    3.398
drift        -0.0068    0.003    -2.084   0.037   -0.013   -0.000
trend.2    1.702e-05  1.01e-05    1.679   0.093  -2.85e-06 3.69e-05
ar.L1         0.9054    0.027    34.158   0.000    0.853    0.957
ma.L1         0.1628    0.050     3.270   0.001    0.065    0.260
ma.L2         0.0335    0.044     0.760   0.447   -0.053    0.120
sigma2        0.4060    0.025    16.162   0.000    0.357    0.455
==============================================================
Ljung-Box (L1) (Q):           0.26   Jarque-Bera (JB):     94.31
Prob(Q):                      0.61   Prob(JB):              0.00
Heteroskedasticity (H):       0.21   Skew:                  0.43
Prob(H) (two-sided):          0.00   Kurtosis:              5.63
==============================================================
```

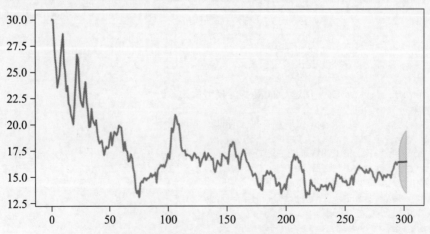

图 8.4 自动优选 ARIMA 模型参数预测效果

输出结果 Best model: ARIMA(1,0,2)(0,0,0)[1] intercept 的说明如下。
- ARIMA(1,0,2)表示该模型中的自回归项为 1，差分项为 0，移动平均项为 2。
- (0,0,0)表示该模型中没有季节性项。
- [1]表示该模型中的季节性周期为 1，即该时间序列不具有季节性。
- intercept 表示该模型中包含截距项，即模型中存在一个常数项。
- 优选后的模型可以表示为：$y_{(t)} = c + \varphi_1 y_{(t-1)} + \theta_1 e_{(t-1)} + \theta_2 e_{(t-1)} + e_{(t)}$。其中，$y_{(t)}$表示时间序列在时刻 t 的观测值，c 表示常数项，φ_1 为自回归系数，θ_1 和 θ_2 为移动平均系数，$e_{(t)}$ 为白噪声误差项。该模型没有季节性项，因此不需要进行季节性差分操作。
- ARIMA 模型的公式表达式为：$y_{[t]} = 2.0829 - 0.0068t - 1.702e^{-5}t^2 + 0.9054 y_{[t-1]} + e_{[t]} + 0.1628 e_{[t-1]} + 0.0335 e_{[t-2]}$。

8.3 金融数据时间序列 VAR 模型回归分析

VAR（Vector Autoregression）模型是一种用于分析多个时间序列变量之间相互影响的模型。在金融领域，VAR 模型常用于研究不同金融变量的相互作用，如股票价格、汇率和利率等。

8.3.1 VAR 模型介绍

VAR 模型假设每个变量都是由过去若干个时刻的自身和其他变量的线性组合决定的。因此，VAR 模型的建立需要确定变量之间的滞后阶数（lag order），即过去几个时刻的变量对当前变量的影响。

1．VAR模型的原理

VAR 模型（Vector Autoregression Model，向量自回归模型）是一种用来描述多个时间序列变量之间的相互关系的分析方法。VAR 模型基于自回归模型（AR 模型）的思想，将单一序列数据变量自回归分析推广至多序列数据变量自回归分析，即 VAR 模型的核心仍然是向量自回归方程，实现描述多个序列数据变量在当前时刻的取值与它们在过去时刻的取值的关系。VAR（p）模型可以表示如下：

$$y_t = c + \varphi_1 y_{t-1} + \varphi_2 y_{t-2} + \cdots + \varphi_p y_{t-p} + \varepsilon_t$$

- y_t：一个 k 维向量，表示 k 个变量在当前时刻的取值。
- c：k 维常数向量。
- $\varphi_1, \varphi_2, \ldots \varphi_p$：$k \times k$ 的矩阵，表示 k 个变量在过去 p 个时刻的取值与当前时刻的关系。
- ε_t：一个 k 维向量，表示当前时刻的误差项，通常假设它服从多元正态分布。

2. 构建VAR模型的步骤

构建 VAR 模型需要以下 6 步。

（1）准备数据并完成数据清洗。确保拟分析的时间序列数据列以时间顺序排序，并检查是否存在缺失值，如果有缺失值，则需要对缺失值进行填充。

（2）检查时间序列数据是否为平稳时间序列数据。通常可以使用 ADF 或 KPSS 方法测试来检查每个时间序列数据变量的平稳性。如果数据不平稳，则需要进行差分处理。

（3）确定 VAR 模型滞后项数。在构建 VAR 模型时，如果滞后期太少，则误差项的自相关会很严重，并导致参数的非一致性估计。因此，在 VAR 模型中适当加大滞后项数（增加滞后变量个数），可以消除误差项中存在的自相关性。与此同时，滞后项数值也不宜过大，如果滞后项数值过大，则会导致 VAR 模型自由度减小，这将会直接影响模型参数估计量的有效性。为了选择合适的 VAR 模型滞后项数，一般利用 AIC、BIC 或 FPE 等信息准则来判断，也可以通过 Ljung-Box 检验方法来确定 VAR 模型的滞后项数。

（4）估计 VAR 模型。在 Python 环境下，可以通过调用 Statsmodels 模块中的 VAR 类来估计 VAR 模型。在调用 VAR 类时，需要指定 VAR 模型的阶数，并指定使用哪种误差协方差类型。

（5）检验 VAR 模型的拟合效果。例如，可以使用各种统计量和图形来检查 VAR 模型的拟合程度，可以使用残差的自相关函数（ACF）和偏自相关函数（PACF）来检查残差是否存在自相关性，以及用图形检查残差的正态性和异方差性。

（6）未来预测。可以利用通过检验的 VAR 模型进行未来预测。

3. VAR模型的应用场景

VAR 模型的应用场景非常丰富，在许多领域的数据分析与预测环节均可使用 VAR 模型，具体如下。

- 宏观经济分析：VAR 模型可以用来分析宏观经济变量之间的关系。例如，通过将 GDP、通货膨胀、失业率等时间序列数据纳入值 VAR 模型中进行分析，探索这些时间序列变量之间的动态关系，以预测它们的未来发展趋势。
- 金融市场资产定价：VAR 模型可以用来分析金融市场中多个资产之间的关系。例如，构建 VAR 模型，将股票、债券、商品跨市场价格类时间序列作为分析对象，即可研究这些时间序列要素之间的协整关系，预测它们的未来走势，以及评估不同资产之间的风险溢价。
- 风险管理：VAR 模型可以用来分析多个风险因素之间的关系，如市场风险、信用风险和操作风险等。通过建立一个包含这些变量的 VAR 模型，研究它们之间的相互作用，预测这些风险因素的未来波动，以评估不同风险因素对组合风险的贡献。

8.3.2　构建 VAR 模型示例

本节以分析三只股票 603825.SH、603501.SH 和 603633.SH 的收盘价时间序列为例，演示通过构建 VAR 模型预测这三只股票未来走势的过程。

1. 准备数据并进行平稳性检验

由于 VAR 模型仅可以处理平稳时间序列数据,所以在构建 VAR 模型前需要确定时间序列数据是否平稳。如果所需处理的时间序列数据为非平稳数据,则需要进行平稳化处理。

本节需要处理的是三只股票的收盘价时间序列数据,一般的金融数据都是非平稳数据,需要进行平稳化处理,可通过一阶差分方法进行平稳化处理,然后进行 ADF 检验与 KPSS 检验(见示例 8.8)。

【示例 8.8】数据平稳性检验。

代码如下:

```
import pandas as pd
from statsmodels.tsa.stattools import adfuller, kpss

# 读取时间序列的原始数据
# 原始数据包括 4 列信息,分别是 date、603110、603501 和 603633
# date:格式为 YYYY/m/d 的字符串类型数据,表示交易日期
# 603110:浮点 float 类型的序列数据,表示 603110.SH 的收盘价序列数据
# 603501:浮点 float 类型的序列数据,表示 603501.SH 的收盘价序列数据
# 603633:浮点 float 类型的序列数据,表示 603633.SH 的收盘价序列数据
df = pd.read_csv('d:/var_test.csv',encoding='utf-8-sig')

# 对原始数据进行清洗
# 将原始数据中的 0、空值 NaN、正负无穷大值均替换为空值 np.nan
# 删除原始数据中的空值 NaN
df.replace([0, np.nan, np.inf, -np.inf],np.nan,inplace=True)
df.dropna(inplace=True)

# 将 pandas.DataFrame 对象的 date 列转换为 datetime 类型
df['date'] = pd.to_datetime(df['date'])
# 将 date 列设置为索引列
df.set_index('date',drop=True,inplace=True)

# 对各股票收盘价一阶差分数据进行 ADF 与 KPSS 检验
column_name_list = df.columns
for column in column_name_list:
    print(column)
    # 输出 ADF 的检验结果
    result_ADF= adfuller(df[column].diff()[1:])
    print('ADF 统计量: %.2f\t' % result_ADF[0],
        'p 值: %.2f\t' % result_ADF[1],
        '滞后阶数: %.0f\t' % result_ADF[2],
        '观测数: %.0f\t' % result_ADF[3])
    print('置信水平: \t')
    for key, value in result_ADF[4].items():
        print('\t%s: %.3f' % (key, value))
    print('\n')
    # 输出 KPSS 的检验结果
    result_KPSS= kpss(df[column].diff()[1:])
    print('KPSS 统计量: %.2f\t' % result_KPSS[0],
        'p 值: %.2f\t' % result_KPSS[1],
```

```
            '滞后阶数: %.0f\t' % result_KPSS[2])
    print('置信水平: \t')
    for key, value in result_KPSS[3].items():
        print('\t%s: %.3f' % (key, value))
    print("------------------------------------------------------------")
```

程序输出结果如下:

```
603110
ADF 统计量: -8.19  p 值: 0.00   滞后阶数: 17  观测数: 1139
置信水平:
    1%: -3.436
    5%: -2.864
    10%: -2.568

KPSS 统计量: 0.05  p 值: 0.10   滞后阶数: 1
置信水平:
    10%: 0.347
    5%: 0.463
    2.5%: 0.574
    1%: 0.739
------------------------------------------------------------
603501
ADF 统计量: -33.85    p 值: 0.00   滞后阶数: 0  观测数: 1156
置信水平:
    1%: -3.436
    5%: -2.864
    10%: -2.568

KPSS 统计量: 0.38  p 值: 0.09   滞后阶数: 3
置信水平:
    10%: 0.347
    5%: 0.463
    2.5%: 0.574
    1%: 0.739
------------------------------------------------------------
603633
ADF 统计量: -31.96    p 值: 0.00   滞后阶数: 0  观测数: 1156
置信水平:
    1%: -3.436
    5%: -2.864
    10%: -2.568

kpss 统计量: 0.26  p 值: 0.10   滞后阶数: 1
置信水平:
    10%: 0.347
    5%: 0.463
    2.5%: 0.574
    1%: 0.739
------------------------------------------------------------
```

说明:

❑ ADF 检验的零假设是时间序列数据有单位根,即是非平稳的;而备择假设是时间序列数据为平稳的。因此,当 ADF 检验的 p 值小于 0.05 时,可以拒绝零假设,认为时间序列数据是平稳的。

- KPSS 检验的零假设是时间序列数据是平稳的,即不存在单位根;而备择假设是时间序列数据为非平稳的。因此,当 KPSS 检验的 p 值大于 0.05 时,不能拒绝零假设,不能否认时间序列数据是平稳的。
- 在本例中,3 只股票的一阶差分数据均通过了 ADF 检验与 KPSS 检验,即可认为是平稳数据,满足进行 VAR 模型对分析数据的要求。

2. 选择合适的滞后阶数创建VAR模型

在 Python 环境下,一般可以通过 statsmodels.tsa.vector_ar.var_model 模块中的 select_order 函数来确定 VAR 模型的滞后项数值。

语法:statsmodels.tsa.vector_ar.var_model.select_order(maxlags,verbose)。

参数:
- maxlags:整数 int 类型数据,用于设置最大滞后阶数,默认值为 12。
- verbose:布尔类型数据,表示是否详细输出计算结果,默认值为 False。

返回值:返回一个 results 对象,其包含以下属性。
- aic:滞后阶数,Akaike 信息准则(AIC)。
- bic:滞后阶数,贝叶斯信息准则(BIC)。
- fpe:滞后阶数,最终预测误差(FPE)。
- hqic:滞后阶数,Hannan-Quinn 信息准则(HQIC)。

【示例 8.9】选择 VAR 模型滞后项数。

代码如下:

```
from statsmodels.tsa.vector_ar.var_model import VAR

# 构建原时间序列数据一阶差分序列数据,实现时间序列平稳化
df['603110'] = df['603110'] - df['603110'].shift(1)
df['603501'] = df['603501'] - df['603501'].shift(1)
df['603633'] = df['603633'] - df['603633'].shift(1)
df.dropna(inplace=True)

# 选择合适的滞后阶数创建 VAR 模型
model = VAR(df)
# 确定 VAR 模型滞后项数
lag_order = model.select_order()
print(lag_order)
```

程序输出结果如下:

```
<statsmodels.tsa.vector_ar.var_model.LagOrderResults object. Selected
orders are: AIC -> 0, BIC -> 0, FPE -> 0, HQIC ->  0>
```

说明:
- 根据 select_order 函数的输出结果显示,本 VAR 模型的滞后项数确定为 0。
- 由于分析的时间序列是原始时间序列数据的一阶差分时间序列数据,所以 select_order 函数显示的滞后项数为 0,但在实际分析工作中,一般不会选择滞后项数为 0。

3. 拟合并检验VAR模型

statsmodels.tsa.vector_ar.var_mode 模块的 fit 方法可以拟合 VAR 模型并返回拟合结果。

语法：statsmodels.tsa.vector_ar.var_mode.VAR().fit(**kwargs)。

参数：

- maxlags：整数 int 类型数据，最大滞后阶数。如果不指定该参数，则默认使用 Akaike 信息准则（AIC）来选择最优滞后阶数。
- method：字符串 str 类型数据，表示拟合 VAR 模型所使用的方法。可选值包括 OLS、MLE 和 VIVE-N 等，默认值为 OLS。
- ic：字符串 str 类型数据，用于设置信息准则，以选择最优滞后阶数。可选值包括 aic、bic 与 hqic，默认值为 aic。
- trend：拟合模型的常数项。可选值包括 c（包括常数项）、nc（不包括常数项）、ct（包括趋势项，但不包括常数项）与 ctt（包括二次趋势项，但不包括常数项），默认值为 c（包括常数项）。在大多数情况下，包括常数项是合适的，因为它可以帮助解释数据中的平均水平。如果数据具有线性趋势，则可以考虑使用 trend="ct"或 trend="ctt"来控制趋势项的拟合类型。
- verbose：布尔类型数据，用于控制模型拟合过程中的输出信息。如果 verbose=True，则会输出一些拟合过程的信息，如迭代次数和收敛信息等。如果 verbose=False，则不会输出这些信息。默认值为 False。

返回值：

- params：该属性返回一个二维数组形式表示的 VAR 模型参数的估计值，其中每一行对应一个时间序列变量的系数向量。如果有 k 个时间序列变量，且使用 p 阶滞后项，则 params 的维度为$(k \times p + 1) \times k$。其中，第 1 行是常数项的系数，接下来的 p 行是 p 阶滞后项的系数（从 $t-1$ 到 $t-p$），每行有 k 个元素，表示第 k 个时间序列变量在这个滞后阶数上的系数向量。params 属性的返回值可以用于计算模型的预测值、残差和模型拟合的统计量等，是对 VAR 模型的一个完整描述。
- cov_params：该函数返回一个 p×p 的矩阵二维数组，其中的每个元素都是模型协方差参数的一个估计值。例如，该矩阵的第(i,j)个元素表示变量 i 和变量 j 之间的协方差参数的估计值。
- resid：该属性返回模型的残差。该属性返回一个 $p \times n \times T$ 的三维数组，其中，p 是模型中变量的数量，n 是时间序列的数量，T 是时间序列的长度。使用 resid 可以进行残差图（residual plot）、残差自相关和偏自相关函数（residual autocorrelation and partial autocorrelation function）、Ljung-Box 检验，以判断残差序列是否存在自相关性或是否符合正态分布假设。如果存在自相关性或不符合正态分布假设，则需要改进 VAR 模型。
- llf：模型的对数似然函数值。
- fittedvalues：该属性返回一个用于存储模型对观测数据的拟合值数组，例如，fittedvalues[i,j]表示模型对于第 i 个时间点、第 j 个变量的预测值。该属性的返回值可以用于评估模型的拟合质量、预测新数据和可视化模型结果等。
- summary：该函数返回 VAR 模型的主要统计信息。

【示例 8.10】VAR 模型拟合。

代码如下：

```
# 拟合 VAR 模型
model_fit = model.fit(1)

# 输出 VAR 模型的拟合参数
print(model_fit.summary())
```

程序输出结果如下：

```
  Summary of Regression Results
==================================
Model:                         VAR
Method:                        OLS
Date:            Sun, 26, Mar, 2023
Time:                     09:32:26
--------------------------------------------------------------------
No. of Equations:     3.00000    BIC:                    2.11040
Nobs:                 1156.00    HQIC:                   2.07775
Log likelihood:      -6098.38    FPE:                    7.82993
AIC:                  2.05795    Det(Omega_mle):         7.74921
--------------------------------------------------------------------
Results for equation 603110
==================================================================
              coefficient     std. error       t-stat         prob
------------------------------------------------------------------
const            0.010102        0.028783        0.351        0.726
L1.603110        0.136689        0.031064        4.400        0.000
L1.603501        0.006152        0.004853        1.268        0.205
L1.603633       -0.071645        0.059780       -1.198        0.231
==================================================================

Results for equation 603501
==================================================================
              coefficient     std. error       t-stat         prob
------------------------------------------------------------------
const            0.040084        0.177466        0.226        0.821
L1.603110        0.270753        0.191531        1.414        0.157
L1.603501       -0.000816        0.029921       -0.027        0.978
L1.603633       -0.274595        0.368582       -0.745        0.456
==================================================================

Results for equation 603633
==================================================================
              coefficient     std. error       t-stat         prob
------------------------------------------------------------------
const           -0.008294        0.014943       -0.555        0.579
L1.603110        0.009918        0.016127        0.615        0.539
L1.603501        0.002869        0.002519        1.139        0.255
L1.603633        0.054109        0.031035        1.743        0.081
==================================================================
```

```
Correlation matrix of residuals
          603110    603501    603633
603110   1.000000  0.160770  0.329826
603501   0.160770  1.000000  0.122509
603633   0.329826  0.122509  1.000000
```

说明：

- summary 函数用于展示模型拟合的详细结果，包括系数估计、标准误、t 值、p 值和置信区间等信息。
- t-stat（t 值）是指估计的系数与 0 之间的差异除以该系数的标准误差所得到的比值。在统计学中，t 值是用于衡量估计值与真实值之间差异的标准化指标。t-stat 值越大，意味着估计的系数与 0 之间的差异越显著，该系数对于解释变量的贡献就越大。
- prob 是指模型残差的正态性检验结果中的 p 值，即残差的分布是否符合正态分布的假设。这里使用的是 Jarque-Bera 正态性检验。如果 p 值小于 0.05，则可以拒绝残差符合正态分布的假设，这意味着模型可能存在一些未被考虑到的因素或者结构性问题，需要使用其他模型或者调整当前模型的参数；如果 p 值大于 0.05，则无法拒绝残差符合正态分布的假设，模型表现良好。但需要注意的是，即使残差符合正态分布的假设，也不能保证模型在其他方面的表现都良好。因此，需要综合考虑多个指标和因素来评估模型的优劣。

4．VAR模型预测

经过拟合与检验后，可以使用 statsmodels.tsa.vector_ar.var_model 模块的 forecast 函数生成未来预测值。

语法：statsmodels.tsa.vector_ar.var_model.VAR().fit().forecast(**kwargs)。

参数：

- y：一个二维的 NumPy array 或 Pandas DataFrame，表示输入的时间序列数据，其中的每一列表示一个单独的时间序列变量。
- steps：整数 int 类型数据，指定需要预测的时间步长数量。forecast(steps=k)将会使用 VAR 模型（滞后项数为 p）中最后 p 个时间步长的数据来预测接下来的 k 个时间步长的值。例如，在滞后项数为 3 的 VAR 模型中，使用 forecast(steps=5)预测未来 5 个时间步长的值，即该函数将会基于 VAR 模型最后 p=3 个时间步长的数据来预测未来 5 个时间步长的值。

【示例 8.11】VAR 模型预测。

代码如下：

```
# 利用 forecast 函数预测未来 5 个值
forecast_result = model_fit.forecast(y=df.values, steps=5)
forecast_result_df = pd.DataFrame(forecast_result, columns=df.columns)
forecast_result_df.plot(figsize=(6, 3))
```

程序输出结果如图 8.5 所示。

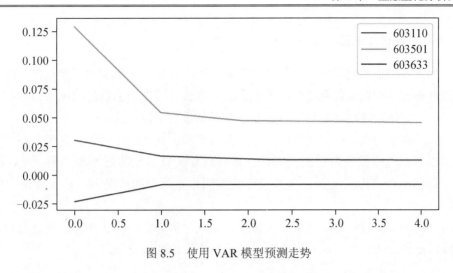

图 8.5　使用 VAR 模型预测走势

说明：
- 输出的折线图显示的是 3 只股票收盘价一阶差分数据未来 5 日的变化趋势。
- 603110 折线图表明未来一日收盘价一阶差分值为正值，与实际情况相符（2022 年 12 月 8 日收阳线）。
- 603501 折线图表明未来一日收盘价一阶差分值接近 0，与实际情况不符（2022 年 12 月 8 日收阴线）。
- 603633 折线图表明未来一日收盘价一阶差分值小于 0，与实际情况相符（2022 年 12 月 8 日收阴线）。
- 图 8.5 显示的拟合的 VAR 模型具有一定的参考性，即在预测股票未来走势方面可以发挥一定的作用。

8.4　金融资产组合优化量化分析

在金融量化分析中，除了需要分析单一金融资产的价格、收益和未来走势，还需要分析不同金融资产组合的收益情况，以选择最优的资产组合投资方案。其中，现代金融学理论中的马科维茨的均值方差模型（Markowitz Mean-Variance Model）是进行金融资产组合的理论依据。

8.4.1　马科维茨模型

马科维茨模型（Markowitz Model）也称为均值-方差模型（Mean-Variance Model），它是由美国经济学家哈里·马科维茨在 20 世纪 50 年代提出的，用于解决投资者如何在风险和回报之间做出最优决策的问题。马科维茨模型是现代投资组合理论的基础。

1. 马科维茨模型的核心思想

马科维茨模型通过将各种不同资产的预期回报率、风险和相关性考虑在内，构建出一个投资组合的方差和期望收益之间的关系公式。投资者可以根据自己的风险偏好和预期回报率的要求，优化投资组合的配置，以实现最优的收益平衡。

马科维茨模型的核心思想是通过分散化投资来减少风险，即将资金分配到不同的投资品种中，以降低整个投资组合的波动性。通过计算投资组合的方差和预期收益，投资者可以确定最优的资产配置比例，以实现在预期回报率给定的情况下，使投资组合的风险最小化。

马科维茨模型为投资者提供了一种量化和系统化的方法来构建和管理投资组合，使投资者可以根据自己的投资目标和风险承受能力制定合理的投资策略。

2. 马科维茨模型假设

马科维茨的均值方差模型是一个用于投资组合优化的经典模型，该模型基于以下两个假设：

- 预期收益和风险的平衡是投资者最终关注的两个元素。
- 投资者可以通过投资资产分散化来降低整个投资组合的风险水平。

3. 马科维茨模型步骤分析

（1）确定投资组合中的资产，这些资产可以是股票、债券、商品和房地产等任何可交易的金融工具。

（2）计算每个资产的预期收益率和风险，以及资产之间的相关性。

（3）计算不同投资组合的预期收益率和风险，即通过将资产按照一定的权重组合起来，计算出整个投资组合的预期收益率和风险。

（4）构建有效的组合边界。有效组合边界是一条曲线，表示在所有可能的投资组合中，收益率和风险之间的最佳平衡。投资者可以利用有效前沿来选择最优的投资组合。

（5）选择最优投资组合。根据投资者的风险偏好和收益目标，选择最优的投资组合。

在 Python 环境下，通过调用 cvxpy 模块可以方便地求解马科维茨模型的最优投资组合比例。

8.4.2 利用 cvxpy 模块求解马科维茨模型

cvxpy 是一个用于优化问题建模和求解的 Python 模块，它支持多种优化问题的建模和求解，包括线性规划、二次规划、半定规划、凸优化等。cvxpy 提供了一种简单而直观的方式来描述优化问题，使得用户可以专注于问题的本质，而无须关注求解的细节。

1. 引入股票池资产价格（收盘价）数据

本节仍以 var_test.csv 文件数据为例来介绍如何利用 cvxpy 模块求解马科维茨模型。

【示例8.12】马科维茨模型：数据清洗。

代码如下：

```python
"""
使用 cvxpy 模块计算投资组合优化
"""
import empyrical as ep
import cvxpy as cvx
import pandas as pd
import numpy as np

# 创建示例数据
data = 'd:/var_test.csv'
df = pd.read_csv(data, encoding='utf-8-sig')
df.replace(0,np.nan,inplace=True)
df.ffill(inplace=True)
df['date'] = pd.to_datetime(df['date'])
df.set_index('date',drop=True,inplace=True)
```

说明：

- var_test.csv 文件内包括 4 列数据，一列是交易日期 date，另外 3 列分别为股票"603110.SH""603501.SH"与"603633.SH"。
- 通过将 0 值、空值 nan 替换为前一行数据，并将"date"列设为索引列，完成数据清洗。

2. 计算股票池日收益率均值与协方差

【示例8.13】马科维茨模型：计算日收益率均值与协方差。

代码如下：

```python
# 计算收益率
returns = ep.simple_returns(df)
# 计算收益率均值
returns_mean = returns.mean()
# 计算收益率的协方差矩阵，它衡量的是两个变量同时偏离它们各自的平均值的程度
returns_cov = returns.cov()
```

3. 利用cvxpy模块求解马科维茨模型

【示例8.14】马科维茨模型：求解。

代码如下：

```python
# 确定组合中的资产个数
n = len(returns.columns)
# 创建一个具有 n 个元素向量的函数，每个元素都是独立的变量
weights = cvx.Variable(n)
# 设置目标函数 objective
# ① cvx.quad_form 函数用于计算一个投资组合的方差
# ② cp.Minimize 函数将目标函数 cvx.quad_form 转换为一个 cvxpy 对象，并将其赋值给
  objective 变量
objective = cvx.Minimize(cvx.quad_form(weights, returns_cov))
# 设置约束条件 constraints
# 约束条件1：权重 weights 向量每个元素加总和为1
```

```
# 约束条件 2：权重 weights 向量每个元素不小于 0
constraints = [cvx.sum(weights) == 1, weights >= 0]
# 定义优化问题对象
problem = cvx.Problem(objective, constraints)
# 求解最优化问题
problem.solve()
# 输出最优问题的计算结果
weights = weights.value
print("最优投资组合比重： ", weights)
# 计算投资组合的预期收益
expected_return = np.dot(weights, returns_mean)
print("最优投资组合收益率： ", expected_return)
```

程序输出结果如下：

```
最优投资组合比重：  [0.32940889 0.28579336 0.38479775]
最优投资组合收益率：  0.0007962056982888887
```

说明：

- 最优投资组合比重表明，在最优投资组合中，第 1 只股票"603110.SH"的持仓比重为 0.3294，第 2 只股票"603501.SH"的持仓比重为 0.2858，第 3 只股票"603633.SH"的持仓比重为 0.3848。
- 最优投资组合收益率表明最优投资组合日收益率为 0.00079。

8.4.3　金融资产组合优化问题解决方案（通用）

金融资产组合优化问题是金融量化分析的基本问题之一，本节通过构建通用自定义函数的方法，来讲解金融资产组合优化问题的通用解决方案（见示例 8.15）。

【示例 8.15】金融资产组合优化问题解决方案（通用）。

代码如下：

```
import numpy as np
import scipy.optimize as opt

# 假设 3 个资产的历史收益率数据保存至 returns
returns = np.array([
    [0.01, 0.02, 0.03, -0.02, 0.04],
    [0.02, 0.03, -0.01, -0.02, 0.01],
    [0.03, 0.05, 0.02, -0.01, -0.02]
])

# 计算资产的预期收益
expected_returns = np.mean(returns, axis=1)

# 计算协方差矩阵
cov_matrix = np.cov(returns)

# 计算投资组合的预期收益
def portfolio_return(weights, returns):
    return np.sum(weights * returns)

# 计算投资组合的风险（标准差）
```

```python
def portfolio_volatility(weights, cov_matrix):
    return np.sqrt(np.dot(weights.T, np.dot(cov_matrix, weights)))

# 定义夏普比率
def sharpe_ratio(weights, returns, cov_matrix, risk_free_rate=0):
    return_ratio = portfolio_return(weights, returns) - risk_free_rate
    volatility = portfolio_volatility(weights, cov_matrix)
    return return_ratio / volatility

# 最大化夏普比率
def negative_sharpe_ratio(weights, returns, cov_matrix, risk_free_rate=0):
    return -sharpe_ratio(weights, returns, cov_matrix, risk_free_rate)

# 约束条件：权重之和等于1
constraints = ({'type': 'eq', 'fun': lambda x: np.sum(x) - 1})

# 定义权重的边界，每个资产权重范围为0~1
bounds = [(0, 1) for _ in range(len(expected_returns))]

# 初始化权重
initial_weights = np.array([1/len(expected_returns) for _ in range(len(expected_returns))])

# 使用scipy.optimize.minimize进行优化
result = opt.minimize(negative_sharpe_ratio, initial_weights, args=(expected_returns, cov_matrix, 0),
                      method='SLSQP', bounds=bounds, constraints=constraints)

# 输出最优组合比例
optimal_weights = result.x
print("最优组合比例: ", optimal_weights)
```

程序输出结果如下：

最优组合比例： [6.53601999e-01 9.54097912e-18 3.46398001e-01]

说明：

- 在本例中，收益率可以是日收益率也可以是月收益率或年收益率，具体周期可以依据实际情况而定。
- 程序输出结果表明资产 1 的持有比重为 65.36%，资产 3 的持有比重为 34.64%，资产 2 基本不持有。

8.5 本章小结

本章介绍了回归模型、单变量时间序列数据分析 ARIMA 模型、多向量（变量）时间序列 VAR 模型及现代金融学基础马科维茨模型，并通过实例展示了如何利用 Python 基于 ARIMA 模型预测单只股票未来的价格走势、基于 VAR 模型预测多只股票未来的价格走势，以及基于马科维茨模型求解资产组合最优投资结构。要完全理解本章内容，需要具备一定的计量经济学与现代金融学理论基础。

8.6 思　考　题

1．如何利用回归分析模型预测 600000.SH 未来 5 日的价格？
2．如何利用 ARIMA 模型预测 600000.SH 未来 5 日的价格？
3．如何利用 VAR 模型预测 600000.SH 未来 5 日的价格？

第 9 章 金融量化回测框架 Backtrader 实战应用

Backtrader 是一个基于 Python 编写的用于构建和测试量化交易策略的开源框架。该框架提供了许多功能，包括多种交易模式、灵活的数据源、可视化工具、回测和优化引擎等。Backtrader 的设计目标是使开发人员能够快速、简便地构建和测试交易策略，并支持多种市场和资产类别。本章将重点介绍如何通过 Backtrader 回测框架实现金融量化策略回测。

本章的学习目标：
- 掌握 Backtrader 回测框架的工作原理；
- 掌握 Backtrader 回测框架的 Indicators 功能；
- 掌握 Backtrader 回测框架的 Observers 功能；
- 掌握 Backtrader 回测框架的 Analyser 功能；
- 了解 Backtrader 回测框架的实际应用。

9.1 Backtrader 框架简介

开发金融量化交易策略模型可以使用 Pandas 和 NumPy 等模块，也可以使用现有的成熟的量化交易策略回测框架。由于成熟的量化交易策略回测框架的功能相对全面、可视化效果较好，所以部分开发者喜欢选择其进行策略开发。其中，Backtrader 就是一个在本地环境运行、执行速度快、功能强大的量化交易策略回测平台，深受那些希望在本地环境开发量化投资策略的使用者的喜爱。

9.1.1 Backtrader 框架的优势与特点

Backtrader 作为重要的开源、免费的专业回测框架之一，其优势与特点如下：
- 多种交易模式：支持多种交易模式，包括回测、实时交易、回放和实时数据捕捉，这使得开发人员可以通过 Backtrader 框架快速验证策略。
- 灵活的数据源：支持多种数据源，包括 CSV、Pandas DataFrames 和 Quandl 等，这使得开发人员可以使用各种数据源来构建和测试策略。
- 可视化工具：提供了丰富的可视化工具，包括 K 线图、交易信号图、回测结果图等，这些可视化方法可以使开发人员更好的了解策略表现。
- 回测和优化引擎：提供了便捷、强大的回测和优化引擎，可以帮助开发人员快速评估和优化策略。

总之，Backtrader 是一个强大的交易策略开发框架，可以帮助开发人员快速、简便地构建和测试交易策略，并支持多种市场和资产类别。

注意，由于 Backtrader 版本不断更新，不同版本的语法存在一定的差异，下面给出的示例代码基于 Backtrader1.9.76.123 版本编写。

9.1.2 Backtrader 回测框架的工作流程

作为专业的金融量化交易策略回测框架，Backtrader 的工作流程包括以下 5 步。

（1）数据加载：将需要用于策略回测的金融历史数据加载到 Backtrader 框架中。这些数据可以来自各种数据源，如 CSV 文件和 Pandas.DataFrame 等。

（2）指标定义：指标是用来衡量市场走势和价格趋势等的工具。策略开发者可以通过继承 Backtrader 的 Indicator 基类的方式自定义指标类，以构建自己的指标。

（3）策略定义：策略是 Backtrader 中的一个重要组成部分，开发者需要自定义一个策略类，该策略类继承 Backtrader 的 Strategy 基类。在自定义策略类中，开发者可以定义一系列交易规则，如开仓、加仓、减仓和平仓等规则。

（4）回测环境设置：在进行回测之前，需要设置回测环境的各项参数，这些参数包括交易费用和保证金比例等。

（5）回测执行：在设置好回测环境参数之后，即可以执行回测过程。Backtrader 会按照指定的时间顺序，依次加载历史数据，调用策略类中的相关函数进行交易策略历史回测和交易。在回测过程中，可以根据需要输出各种统计数据并绘制交易图表等，以便于策略开发人员观察、判别、优化策略设计。

9.2 Backtrader 框架的数据准备

使用 Backtrader 回测框架进行交易策略开发，首先需要准备用于策略回测的历史相关数据，Backtrader 框架允许通过多种方式从不同渠道获取不同格式的数据。例如，可以从雅虎金融网站上获取全球金融品种数据，也可以通过读取 CSV 格式的文件获取相关的数据，还可以直接读取 Pandas 中的 DataFrame 对象数据等。

9.2.1 数据准备注意事项

作为开源的金融量化回测框架，Backtrader 框架对加载的数据有一定的要求，在准备 Backtrader 框架加载的数据时，需要注意以下几点。
- 数据源格式：Backtrader 支持多种数据源，如 CSV 文件、Pandas Dataframe、Yahoo

Finance 等。不同的数据源需要按照相应的格式进行加载和解析，以确保数据能够被 Backtrader 正确地处理。
- 数据质量：在进行回测之前，需要对数据进行质量检查。例如，检查数据是否存在缺失值和异常值等。如果数据存在问题，则需要进行相应的处理或过滤。
- 数据切片：在进行回测时，通常需要选择回测的时间段。Backtrader 提供了多种切片方式，如按照日期或者条数等方法继续切片，具体方式需要根据策略的实际情况选择合适的切片方式。
- 数据格式转换：Backtrader 内置了多种数据格式，如 Open-High-Low-Close（OHLC）和时间序列数据等。如果数据源的格式与 Backtrader 要求的格式不一致，则需要进行相应的格式转换。

9.2.2 数据读取函数

Backtrader 提供了多种读取数据的函数，用来加载不同来源的数据，常见的数据源包括 CSV、Pandas DataFrame 和 MySQL 数据模块等。以下是 Backtrader 框架常用的数据加载函数。

- GenericCSVData 函数：从 CSV 文件中读取数据。
- PandasData 函数：从 Pandas DataFrame 中读取数据。
- MySQLData 函数：从 MySQL 数据模块中读取数据。
- YahooFinanceData 函数：从 Yahoo Finance API 中读取数据。
- AlphaVantageData 函数：从 AlphaVantage API 中读取数据。

以上函数的使用方式各不相同，但都需要将读取的数据传递给 Backtrader 框架的数据对象。下面以 CSVData 与 PandasData 函数为例，讲解 Backtrader 数据的准备过程。

9.2.3 使用 GenericCSVData 函数读取数据

在金融量化分析过程中，很多金融品种的历史交易数据以 CSV 格式的文件保存。Backtrader 框架通过 GenericCSVData 函数可以从这些 CSV 格式的数据文件中方便地读取数据。语法如下：

```
backtrader.feeds. GenericCSVData(
    dataname=None,
    fromdate=datetime.datetime(2000, 1, 1),
    todate=datetime.datetime(2100, 1, 1),
    nullvalue=0.0,
    dtformat=('%Y-%m-%d'),
    tmformat=('%H:%M:%S'),
    datetime=0,
    time=1,
    open=2,
    high=3,
    low=4,
    close=5,
```

```
    volume=6,
    openinterest=-1,
    timeframe=bt.TimeFrame.Days,
    compression=1,
    sessionstart=datetime.time(9, 30),
    sessionend=datetime.time(16, 0),
    **kwargs
)
```

参数：

- dataname：数据文件的名称或路径。
- fromdate 与 todate：fromdate 为起始日期，todate 为结束日期，默认为 2100 年 1 月 1 日。一般通过 datetime 模块创建一个包括日期和时间信息的 datetime 对象来设立。如果数据为 1min 级别的数据，则截止时间也应精确到 min。例如，读取从 2022 年 1 月 1 日 0 点到 2022 年 12 月 31 日 0 点的数据，可以通过 fromdate = datetime.datetime(2022, 1, 1, 0, 0, 0)、todate = datetime.datetime(2022, 12, 31, 0, 0, 0) 来实现。如果数据为日线级别的数据，那么截止时间只需要精确到日期即可。例如，读取从 2022 年 1 月 1 日到 2022 年 12 月 31 日的数据，可以通过 fromdate = datetime.datetime(2022, 1, 1)、todate = datetime.datetime(2022, 12, 31) 来实现。
- nullvalue：缺失数据的默认值，默认为 0.0。
- dtformat：日期格式，默认为%Y-%m-%d 格式。如果数据文件的 datetime 格式为"20220101"，则参数应该设置为 dtformat='%Y%m%d'。
- tmformat：时间格式，默认为%H:%M:%S 格式。该参数仅在将时间信息与日期信息分别存储在两个不同的列中时使用。如果时间信息与日期信息在同一列中，则使用 datetime 参数指定日期时间信息的格式。在默认情况下，Backtrader 会尝试自动检测日期时间格式。因此，如果 CSV 文件的日期和时间信息在同一列中，则可以省略 tmformat 参数，只需要将 datetime 参数设置为适当的日期时间格式即可。
- datetime：日期时间列的索引，默认值为 0。
- time：设置时间的索引，默认值为-1，表示时间信息与日期信息在同一列中。如果将其设置为其他值，则表示时间信息与日期信息分别在两个不同的列中，需要指定包含时间信息的列。
- open：开盘价列的索引，默认值为 2。
- high：最高价列的索引，默认值为 3。
- low：最低价列的索引，默认值为 4。
- close：收盘价列的索引，默认值为 5。
- volume：成交量列的索引，默认值为 6。
- openinterest：持仓量列的索引，默认值为-1。
- timeframe：K 线的时间周期，默认值为 bt.TimeFrame.Days，即日线。如果是 1min 数据，则可以设置为 bt.TimeFrame.Minutes。
- compression：K 线的压缩比例，默认值为 1，即不压缩。
- sessionstart：交易日的开始时间，默认为 9:30。

❑ sessionend：交易日的结束时间，默认为 16:00。

【示例 9.1】使用 Backtrader 框架加载数据：bt.feeds.GenericCSVData。

代码如下：

```
%matplotlib inline
import backtrader as bt
import datetime
import matplotlib.pyplot as plt
# 设置清晰度
plt.rcParams['figure.dpi'] = 300
# 设置中文字体，如黑体或微软雅黑
plt.rcParams['font.sans-serif'] = ['SimHei']
# 设置图形大小
plt.rcParams['figure.figsize'] = (9, 5)
data = bt.feeds.GenericCSVData(dataname='d:/bt-eurusd_1m.csv',
                               nullvalue=0.0,
                               dtformat=('%Y-%m-%d'),
                               tmformat=('%H:%M:%S'),
                               datetime=0,
                               time=1,
                               open=2,
                               high=3,
                               low=4,
                               close=5,
                               volume=6,
                               openinterest=-1,
                               timeframe=bt.TimeFrame.Minutes,
                               compression=10)
cerebro = bt.Cerebro()
cerebro.adddata(data)

# 为输出的图形设置标题
cerebro.run()
fig = cerebro.plot()
plt.show()
```

程序输出结果如图 9.1 所示。

说明：

❑ 通过 GenericCSVData 函数读取 CSV 文件时，一般是读取日线数据文件。如果需要读取 1min 级别数据文件，一定要注意分钟信息是单独存储还是与日期信息放在一起，如果单独存储，则需要用 time 列名存储分钟信息，并且分钟信息需要包含 2 位数表示的"小时、分钟、秒"信息。

❑ 参数 compression 常用于分钟、秒等数据，例如 timeframe 被设置为"分钟线"，compression 被设置为"5"，这意味着 Backtrader 框架将把数据压缩为 5min 线数据，并且在图表中绘制相应的 K 线图或 OHLC 图。需要注意的是，compression 参数只在数据是高频数据时才有效，如分钟线或秒线数据。如果数据已经是较低时间间隔的数据，如日线数据，那么 compression 参数将无效。

❑ 设置 timeframe 的主要用途是指定数据的间隔时间，以便 Backtrader 框架可以根据这个时间间隔进行数据重采样和绘制图表等操作。例如，如果你的 CSV 数据表示每天的股票价格，那么 timeframe 设置为 bt.TimeFrame.Days，这样 Backtrader 就可以将数据按照日线进行重采样，并生成相应的 K 线图和 OHLC 图等。

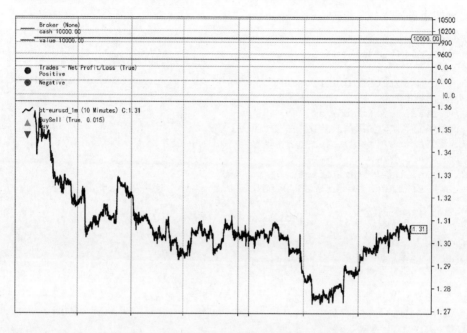

图 9.1　Backtrader 图例

- 在本例中，CSV 数据文件包含的列分别为 datetime、time、open、high、low、close、volume 与 openinterest，具体数据格式如下：

```
datetime  time     open     high     low      close    volume openinterest
2005/1/3  0:00:00  1.35464  1.3548   1.35464  1.3548   0      0
2005/1/3  0:01:00  1.35485  1.35489  1.35464  1.35479  0      0
2005/1/3  0:02:00  1.35492  1.35492  1.3547   1.3547   0      0
2005/1/3  0:03:00  1.35493  1.35501  1.35469  1.35486  0      0
2005/1/3  0:04:00  1.35485  1.35507  1.35478  1.3548   0      0
```

- 在本例中，CSV 数据文件的 datetime 格式是 "2005/1/3" 的形式，如果使用 Pandas 打开此文件则会发现 datetime 列的格式是 "2005-01-03"。因此，在本例中，参数 dtformat 应设置为'%Y-%m-%d'格式，否则会报错。
- 由于在本例数据中存在 time 列数据，用以保存时间信息，所以参数 tmformat 也按照数据文件中的 time 格式进行设置。例如，在本例中设置为 tmformat=('%H:%M:%S')。
- 如果希望截取指定时间段的数据，则可以在 bt.feeds.GenericCSVData 中设置参数 fromdate 与 todatate 对应的起止时间，例如，本例为 1min 数据，如果希望时间段设为 2005 年 1 月 3 日 0:2:00 至 2005 年 1 月 3 日 3:2:00，则可以进行 fromdate=datetime.datetime(2005,1,3,0,2)与 todate=datetime.datetime(2005,1,3,3,2)设置即可。
- 本例仅展示了数据加载的过程，并没有加载交易策略至 Backtrader 框架的 Cerebro 类中。因此，运行回测框架后的可视化图形仅显示了基于 K 线数据生成的折线图，而没有策略交易记录信息。
- backtrader.Cerebro 类实例对象 cerebro.plot 函数可以对整个回测过程中的数据进行

可视化输出，该函数的主要参数包括以下几个。
- > style：可选参数，用于设置图表的样式，可选范围包括 bar、candle 与 line 等类型。默认值为 line。
- > barup：可选参数，用于设置阳线的颜色。默认值为 green。
- > bardown：可选参数，用于设置阴线的颜色。默认值为 red。
- > volume：可选参数，布尔类型数据，表示是否显示成交量图表。默认值为 True。
- ❑ 为了显示图片的名称，可以使用 plt.suptitle 函数来实现。

9.2.4 使用 PandasData 函数读取数据

鉴于 Pandas 在数据分析中广泛使用的情况，Backtrader 提供了 PandasData 函数可以直接读取 Pandas 的 DataFrame 对象的内部数据。

语法：backtrader.feeds.PandasData(dataname=None, **kwargs)。

参数：

- ❑ dataname：Pandas DataFrame 数据对象的名称，该对象包含 datetim、open、high、low、close、colume 与 openinterest 等列数据。
- ❑ **kwargs：Pandas DataFrame 数据对象的列名称或列索引，包括 datetime、open、high、low、high、close、volume 和 openinterest 列，它们的默认参数值为-1，表示自动检测它们在 Pandas Dataframe 中的位置或根据列名进行匹配；也可以使用具体数字来指定这些列的数字索引，或者使用字符串来指定这些列的名称。
- ❑ datetime：时间列的名称或列索引。默认情况下，datetime 参数为 None，表示 datetime 列在 Pandas Dataframe 中是 index 索引列。如果 datetime 列不是 index 索引列，则可以使用-1 参数自动检测其位置或根据列名进行匹配，或者使用数字 0 指定 datetime 列的数字索引，使用字符串指定 datetime 列的名称。

【示例 9.2】使用 Backtrader 框架加载数据：bt.feedsPandasData。

代码如下：

```
import backtrader as bt
import datetime

# 读取 CSV 文件
df = pd.read_csv('d:/bt-eurusd_1m_date_time.csv')
# 将 date_time 列由字符串类型转换为日期类型数据
df.date_time = pd.to_datetime(df.date_time,format='%Y-%m-%d')
data = bt.feeds.PandasData( dataname=df,
                            datetime='date_time',
                            open='price',
                            high=3,
                            low=-1,
                            close=-1,
                            volume=-1,
                            openinterest=-1,
                            timeframe=bt.TimeFrame.Minutes,
                            compression=1,)
```

```
cerebro = bt.Cerebro()
cerebro.adddata(data)
# 此处不添加策略等操作
cerebro.run()
cerebro.plot()
```

程序输出结果图不再展示，与图 9.1 相同。

说明：

- bt-eurusd_1m_date_time.csv 文件使用 date_time 列表示日期，使用 price 列表示 open。具体数据如下：

date_time	time	price	high	low	close	volume	openinterest
2005/1/3	0:00:00	1.35464	1.3548	1.35464	1.3548	0	0
2005/1/3	0:01:00	1.35485	1.35489	1.35464	1.35479	0	0
2005/1/3	0:02:00	1.35492	1.35492	1.3547	1.3547	0	0
2005/1/3	0:03:00	1.35493	1.35501	1.35469	1.35486	0	0
2005/1/3	0:04:00	1.35485	1.35507	1.35478	1.3548	0	0

- 本例为了展示多种方式，设置了参数 datetime、open、high、low、close、volume 与 openinterest，例如，使用列名设置了参数 datetime 与 open，使用索引设置了 high，使用 "-1"（自动识别）设置了 low、close、volume 与 openinterest 列。
- datetime 列必须设为 datetime 类型，如果是字符串类型，则会报错 AttributeError: 'str' object has no attribute 'to_pydatetime'；datetime 列不必设为 DataFrame 对象的索引。

9.2.5 同时加载多组数据

如果交易策略需要调用不同的数据源，例如需要调用两只股票的收盘价数据，则需要将这两只股票的数据添加至 Backtrader 框架。Backtrader 框架允许一次回测过程加载多组数据，当 Backtrader 框架同时加载多组数据时，如果使用 plot 函数进行可视化输出时，默认情况下会将多组数据的 K 线图全部显示出来。

【示例9.3】使用 Backtrader 框架加载数据：加载多组数据。

代码如下：

```
%matplotlib inline
import backtrader as bt
import datetime
import matplotlib.pyplot as plt
# 设置中文字体，如黑体或微软雅黑
plt.rcParams['font.sans-serif'] = ['SimHei']
# 设置图形大小
plt.rcParams['figure.figsize'] = (6, 3)

# 自定义策略类
class MyStrategy(bt.Strategy):
    # 定义初始化函数
    def __init__(self):
        # 设置策略类内部变量 self.data1 保存第 1 组加载数据
        self.data1 = self.datas[0]
        # 设置策略类内部变量 selfdata2 保存第 2 组加载数据
        self.data2 = self.datas[1]
```

```python
    # 定义 next 函数
    def next(self):
        # 打印第 1 组数据源的 datetime 与 close 数据
        close1 = self.data1.close[0]
        date1 = self.data1.datetime.date()
        print(f'第 1 组数据：{date1}:{close1}')
        # 打印第 2 组数据源的 datetime 与 close 数据
        close2 = self.data2.close[0]
        date2 = self.data2.datetime.date()
        print(f'第 2 组数据：{date2}:{close2}')
# 创建一个 Cerebro 引擎对象
cerebro = bt.Cerebro()
file1 = 'd:/backtrader-datas/sh600000.csv'
file2 = 'd:/backtrader-datas/sh600004.csv'
# 创建第 1 个数据源
data0 = bt.feeds.GenericCSVData(
    dataname=file1,
    fromdate=datetime.datetime(2022, 1, 1),
    todate=datetime.datetime(2022, 2, 10),
    nullvalue=0.0,
    dtformat='%Y-%m-%d',
    datetime=0, high=1,
    low=2, open=3,
    close=4, volume=5,
    openinterest=-1
)
# 创建第 2 个数据源
data1 = bt.feeds.GenericCSVData(
    dataname=file2,
    fromdate=datetime.datetime(2022, 1, 1),
    todate=datetime.datetime(2022, 2, 10),
    nullvalue=0.0,
    dtformat='%Y-%m-%d',
    datetime=0, high=1,
    low=2, open=3,
    close=4, volume=5,
    openinterest=-1
)
# 将两组数据源添加到 Cerebro 引擎中
cerebro.adddata(data0)
cerebro.adddata(data1)
# 加载自定义策略类
cerebro.addstrategy(MyStrategy)
# 运行回测
cerebro.run()
# 执行画图
# cerebro.plot()
fig = cerebro.plot()
```

程序输出结果如下，效果如图 9.2 所示。

```
第 1 组数据：2022-01-04:8.54
第 2 组数据：2022-01-04:12.04
第 1 组数据：2022-01-05:8.57
第 2 组数据：2022-01-05:12.41
第 1 组数据：2022-01-06:8.66
```

第 2 组数据：2022-01-06:12.78
第 1 组数据：2022-01-07:8.57
第 2 组数据：2022-01-07:12.29

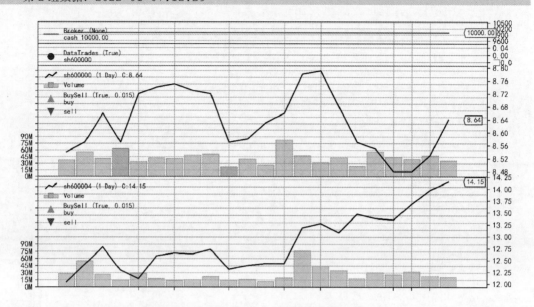

图 9.2　使用 Backtrader 框架加载两组数据

说明：

- cerebro.adddata(data0)将 data0 加载入 Backtrader 回测框架，cerebro.adddata(data1)将 data1 加载入 backt 回测框架。
- 在自定义交易策略类中，可以通过 self.datas[0]调用 data0 内部数据，也可以通过 self.datas[1]调用 data1 内部数据。
- backtrader.Cerebro 函数实例 cerebro 执行 plot 函数时，会将两组数据源的数据均与显示出来。

9.2.6　读取非 OHLC 数据

前面内容讲解了在 Backtrader 框架中加载、读取 OHLC 数据的方式，如果要加载、读取非 OHLC 数据，则需要以下几步。

1. 自定义数据类

定义数据类继承 backtrader.feeds.GenericCSVData 类。自定义数据类内部主要包括以下两部分。

- 定义 lines 属性：将需要添加的数据列名称以元组的形式传递给 lines 属性。
- 定义 params 属性：将需要添加的数据源日期时间格式、列索引号以元组或字典的形式赋值给 params 参数。

2. 创建自定义数据类实例对象

创建自定义数据类实例对象与使用 backtrader.feeds.GenericCSVData 创建实例对象的方式基本一致，内部参数完全相同。

3. 策略加载创建自定义数据类实例对象

加载自定义数据类实例对象与加载 OHLC 数据的方式不同，加载 OHLC 数据可通过 Backtrader 内置的 bt.feeds.GenericCSVData 等函数实现；而加载非 OHLC 数据则需要通过自定义的数据类来实现，如在本例中通过 MyMA 类实例实现。

4. 自定义策略加载自定义数据

在自定义策略类中，__init__函数引入了 self.datas[1]，即引入自定义数据类加载的数据集。

至此，非 OHLC 数据就可以在自定义策略类内部进行调用了。

【示例9.4】使用 Backtrader 加载自定义数据。

代码如下：

```python
import backtrader as bt
from datetime import datetime
import matplotlib.pyplot as plt
# 设置中文字体，如黑体或微软雅黑
plt.rcParams['font.sans-serif'] = ['SimHei']
# 设置图形大小
plt.rcParams['figure.figsize'] = (6, 3)

class MyData(bt.feeds.GenericCSVData):
    # 定义自定义数据源，将非 OHLC 列名添加至 lines 属性
    lines = ('pct_chg','change')
    # 指定日期格式与数据源列名索引号
    params = (
        ('dtformat', '%Y%m%d'),
        ('pct_chg', 6),
        ('change',7),
    )

class MyStrategy(bt.Strategy):
    def __init__(self):
        # 添加自定义数据源
        self.data_mydata = self.datas[1]
    def next(self):
        # 获取当前的 OHLC 数据
        open = self.data.open[0]
        high = self.data.high[0]
        low = self.data.low[0]
        close = self.data.close[0]
        # 获取当前的非 OHLC 数据
        pct_chg = self.data_mydata.lines.pct_chg[0]
        chg = self.data_mydata.lines.change[0]
        # 打印当前数据
```

```python
            print(f'OHLC: {open}, {high}, {low}, {close}, pct_chg: {pct_chg},
change:{chg}')

# 创建 Cerebro 实例
cerebro = bt.Cerebro()
# 将数据添加到 Cerebro 引擎中
data = bt.feeds.GenericCSVData(
            dataname='d:/backtrader-datas/600000SH3.CSV',
            dtformat=('%Y%m%d'),
            fromdate=datetime(2014, 1, 1),
            todate=datetime(2014, 3, 3))
cerebro.adddata(data)
# 添加自定义数据源
mydata = MyData(dataname='d:/backtrader-datas/600000SH3.CSV',
            dtformat=('%Y%m%d'),
            fromdate=datetime(2014, 1, 1),
            todate=datetime(2014, 3, 3))
cerebro.adddata(mydata)
# 添加策略
cerebro.addstrategy(MyStrategy)
# 运行回测
cerebro.run()
fig = cerebro.plot()
```

程序输出结果如下,效果如图 9.3 所示。

```
OHLC: 9.44, 9.45, 9.29, 9.33, pct_chg: -1.06,change:-0.1
OHLC: 9.44, 9.45, 9.29, 9.33, pct_chg: -2.04,change:-0.19
OHLC: 9.44, 9.45, 9.29, 9.33, pct_chg: 0.55,change:0.05
```

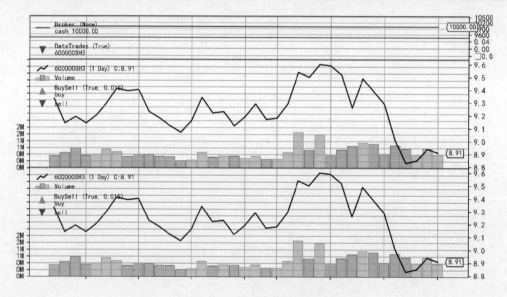

图 9.3 使用 Backtrader 框架加载自定义数据

说明:

- 本例的 600000SH3.CSV 文件包括 datetime、open、high、low、close、volume、pct_chg、change 和 openinterest 字段。
- 在 Backtrader 回测框架中引入的 data 数据源可以调用 datetime、open、high、low、

close、volume、openinterest 字段。
- 在 Backtrader 回测框架中引入的 mydata 数据源可以调用 pct_chg 和 change 字段。
- 两个数据引入后，引用方式均为 self.data[0|1].lines.列名。例如，self.data.lines.close 引用第 1 个数据源中的 close 列数据，self.datas[1].lines.pct_chg[0]引用第 2 个数据源中的 pct_chg 列数据的当前行的值。

9.2.7 使用 resampledata 函数进行数据重新采样

当需要重新自定义数据记录周期时，例如，原始数据的时间周期为 1min，而交易策略需要分析的数据周期为 15min，此时可以通过 Backtrader 的 resampledata 函数来实现周期的转换与数据的重新采样。

语法：backtrader.Cerebro().resample(data, timeframe, compression, name=None, baragg=None, **kwargs)。

参数：
- data：要重新采样的原始数据，可以是 Backtrader 中的任意数据类型。
- timeframe：重新采样后的时间框架，可以是 backtrader.TimeFrame 中的常量之一，如 backtrader.TimeFrame.Days 或 backtrader.TimeFrame.Weeks 等。
- compression：重新采样后的周期长度，表示新的数据对象中每个周期包含重新采样数据的多少个时间单位。例如，如果 compression 为 2，则每个周期包含重新采样后 2 个时间单位的压缩数据。
- name：重新采样后的数据对象的名称，可以是任意字符串。
- baragg：可选参数，用于指定重新采样所使用的聚合函数。默认为 None，表示使用默认的 OHLCV（开盘价、最高价、最低价、收盘价、成交量）聚合函数。

【示例 9.5】使用 Backtrader 框架函数 resample 对数据重新采样。

代码如下：

```
import backtrader as bt
from datetime import datetime
import matplotlib.pyplot as plt
# 设置中文字体，如黑体或微软雅黑
plt.rcParams['font.sans-serif'] = ['SimHei']
# 设置图形大小
plt.rcParams['figure.figsize'] = (6, 3)
# 读入"bt-eurusd_1m_datetime.csv"数据文件
data = bt.feeds.GenericCSVData(dataname='d:/bt-eurusd_1m_datetime.csv',
                    timeframe=bt.TimeFrame.Minutes,)
cerebro = bt.Cerebro()
cerebro.resampledata(data, timeframe=bt.TimeFrame.Days, compression=2)
# 不进行任何策略操作
cerebro.run()
cerebro.plot(style= 'candle')
fig = cerebro.plot()
```

程序输出结果如图 9.4 所示。

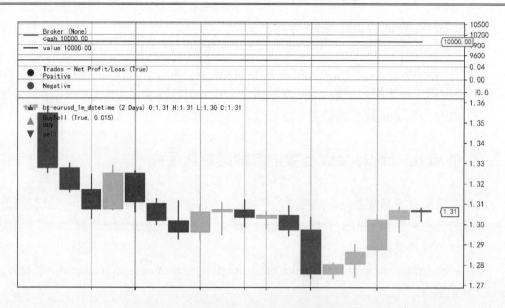

图 9.4 使用 Backtrader 框架函数对数据重新采样

说明：

- 数据文件 bt-eurusd_1m_datetime.csv 为 1min 的 K 线数据，具体内部数据如下：

```
datetime         open      high      low       close     volume  openinterest
2005/1/3 0:00    1.35464   1.3548    1.35464   1.3548    0       0
2005/1/3 0:01    1.35485   1.35489   1.35464   1.35479   0       0
2005/1/3 0:02    1.35492   1.35492   1.3547    1.3547    0       0
2005/1/3 0:03    1.35493   1.35501   1.35469   1.35486   0       0
2005/1/3 0:04    1.35485   1.35507   1.35478   1.3548    0       0
```

- resample 函数返回的是一个 backtrader.ResamplerData 对象，而不是继续引用原始数据。即，在使用 resample 函数后，Backtrader 将使用重新采样后返回的数据进行后续操作，无须再通过 cerebro.adddata(data) 向 Backtrader 框架传递数据。
- 在本例中，resample 函数的参数 compressi 设为 2，表示将 1min 数据重新抽样为日 K 线，再压缩为 2 日 K 线数据。

9.3 Backtrader 框架的指标

开发金融量化交易策略，离不开各类指标的编写与调用。Backtrader 框架不仅内置了一些常用的技术指标，如移动平均线 SMA，相对强弱指数 RSI 和 MACD 等指标，而且可以直接调用 TA-Lib 模块的技术指标。此外，Backtrader 框架还支持开发自定义指标，用户可以根据自己的需求自定义各类指标，以用于交易策略。

9.3.1 定义指标的核心要素

无论 Backtrader 内置指标，还是在 Backtrader 框架中进行自定义指标，都需要考虑以下要素。

- 指标计算方法：指标需要对传入的数据进行特定地处理，从而计算出指标值，通常需要使用一些数学公式或统计方法。
- 参数设置：指标通常需要一些参数，如移动平均线 SMA 需要设置数据移动窗口的大小，用户需要在指标类中定义这些参数，以便在计算指标时使用。
- 显示位置：指标在 Backtrader 中可以显示在主图和子图上。用户可以使用 plot 函数指定指标显示的位置，如使用 plotinfo.plot 属性指定主图或子图。

9.3.2 定义指标的步骤

Backtrader 框架中的指标是以类的方式进行定义的。本节将介绍定义 Backtrader 指标类的主要步骤。

1. 定义指标类名称

在定义指标类名称时，需要确定是否继承其他指标类。Backtrader 提供了一个基础指标类 bt.Indicator，用户可以继承该类，并在子类中实现具体的指标逻辑。

2. 设置指标别名alias

Backtrader 框架允许在定义指标时通过类变量 alias 为自定义指标设置别名，如在 backtrader.Indicators.MovingAverageSimple 指标中设置类变量 alias=('SMA', 'SimpleMovingAverage',)，该指标也可以写作 backtrader.Indicators.SMA 或 backtrader.Indicators.SimpleMovingAverage。

> 注意：如果在策略类内部以 backtrader.Indicators.SMA 调用该指标时，则在调用 plot 函数可视化输出时对应的指标曲线名称也是 SMA，而不是 MovingAverageSimple 或 SimpleMovingAverage。

3. 设置指标线lines的属性

在指标类中，通过设置 lines 属性，可以声明要保存的指标值的名称。lines 可以是一个单独的线（如 lines = ('sma',)，则表明该指标只有一条线，并将该指标全部值保存在 self.lines.sma 中），也可以是多个线（如 lines = ('macd', 'signal',)，则表明该指标有两条线，对应的指标数据分别保存到 self.lines.macd 与 self.lines.signal 中）。lines 属性一般是元组类型数据，见示例 9.6。

【示例 9.6】自定义指标 lines 属性：元组类型（单一指标）。

代码如下：

```
import backtrader.indicators as btind
class MyIndicator(btind.SMA):
    lines = ('myline',)

    def __init__(self):
        self.lines.myline = self.data.close * 2
```

说明：在本例中，自定义指标继承了 Backtrader 内置的简单移动平均线指标类 btind.SMA，并在自定义指标类中定义了一个元组类型的 lines 属性，其中包含字符串 myline 表示要保存的指标值的名称。在自定义指标类的 __init__ 函数中计算指标值，然后将其赋值给 self.lines.myline 属性。

【示例 9.7】自定义指标 lines 属性：元组类型（双指标）。

代码如下：

```python
import backtrader as bt

class MyIndicator(bt.Indicator):
    lines = ('myline', 'myotherline')
    
    def __init__(self):
        self.lines.myline = self.data.close * 2
        self.lines.myotherline = self.data.close - self.data.open
```

说明：在本例中，在自定义指标类中定义了一个元组类型的 lines 属性，其中包含两个字符串 myline 和 myotherline，分别表示要保存的两个指标值的名称。在 __init__ 函数中，将计算出的两个指标值分别赋值给 self.lines.myline 和 self.lines.myotherline 属性。

4．设置指标线params属性

在指标类中也可以设置 params 属性，用于设置指标参数。params 属性可以是元组类型也可以是一个字典类型。

如果使用元组来定义指标参数，那么 params 属性应该是一个包含二元组的元组，其中的每个二元组表示一个指标参数。每个二元组的第 1 个元素是参数名称，第 2 个元素是参数的默认值。

【示例 9.8】自定义指标 params 属性：元组类型。

代码如下：

```python
class MyIndicator(bt.Indicator):
    params = (
        # 定义名为period的参数，默认值为10
        ('period', 10),
        # 定义名为multiplier的参数，默认值为2.0
        ('multiplier', 2.0),
    )
    
    def __init__(self):
        self.myline = self.data * self.params.multiplier
```

说明：本例使用元组来定义 params 属性，内部定义了两个参数，分别为 period 和 multiplier。这两个参数的默认值分别是 10 和 2.0。

如果使用字典来定义指标参数，那么 params 属性应该是一个字典类型，其中的每个键表示一个指标参数，对应的值是参数的默认值。

【示例 9.9】自定义指标 params 属性：字典类型。

代码如下：

```python
class MyIndicator(bt.Indicator):
```

```
    params = dict(
        period=10,              # 定义名为 period 的参数，默认值为 10
        multiplier=2.0,         # 定义名为'multiplier'的参数，默认值为 2.0
    )

    def __init__(self):
        self.myline = self.data * self.params['multiplier']
```

说明：本例使用字典来定义 params 属性，内部定义了两个参数，即 period 和 multiplier。这两个参数的默认值分别是 10 和 2.0。在进行指标计算时，使用 self.params['multiplier'] 来获取 multiplier 参数的值。其中，params 可以简写为 p，即可以使用 self.p.multiplier 来获取 multiplier 参数的值。

5．设置 plotinfo 属性

plotinfo 属性用于设置控制指标线的可视化参数的字典。例如，plotinfo=dict(subplot=False) 表示指标将在主图上显示。如果在策略类中引用该指标时重新设置了参数 subplot=True，则以策略类引用指标时 subplot 参数的设置为准。

6．定义 __init__ 初始化函数

在 Backtrader 框架中，指标类的 __init__ 初始化函数是指标类定义的核心，其功能是用于计算自定义指标并将结果保存在自定义指标 lines 属性内部。指标生成的计算公式就是在 __init__ 函数内完成的。

9.3.3　定义指标示例

为了系统说明 Backtrader 指标如何定义，下面构建自定义指标，该指标包含两条指标线，分别为 15 日与 60 日移动平均线，然后在 Backtrader 可视化输出图中添加这个指标。自定义指标完成后，还需要在自定义策略类中进行引用，具体过程如下。

1．构建 Backtrader 自定义指标

在自定义指标时，常常需要继承 bt.Indicator 类或 Backtrader 内置的其他指标类。本例的自定义指标类命名为 MyMA。MyMA 内部定义了两个指标，分别为 sma15 与 sam60；还定义了参数 params，内部包括 short 和 long 两个元素，分别表示两个移动平均线的窗口长度值。

【示例 9.10】自定义指标 MyMA。
代码如下：

```
import backtrader as bt
from datetime import datetime
from backtrader.indicators import SMA, EMA
import backtrader.talib as btta

# 自定义 Backtrader 指标
class MyMA(bt.Indicator):
```

```
        # 定义指标的输出线名称
        lines = ('sma15','sma60')
        # 定义计算指标所需的参数
        params = (('short', 15), ('long', 60))
        # 指标在主图显示
        plotinfo = dict(subplot=False)
        # 在自定义指标类中初始化函数
        def __init__(self):
            # 调用backtrader.indicators.SMA指标计算并生成自定义指标sma15
            self.lines.sma15 = SMA(self.data.close, period=self.params.short)
            # 调用backtrader.talib.SMA指标计算并生成自定义指标sma60
            self.lines.sma60 = btta.SMA(self.data.close, timeperiod=self.p.long)
```

说明：

- 在 Backtrader 框架中可以通过自定义类来定义指标，该类需要继承 bt.Indicator 类。
- lines 为元组类型，用于定义指标内部元素，例如在本例中，lines = ('sma15', 'sma60') 表明指标内部的指标变量，一个指标元素变量为 sma15，另外一个指标元素变量为 sma60。如果该指标只有一个元素 sma15，则应写为 lines=('sma15',)。
- 在本例中，属性 params 为元组类型，内部元素也是元组类型数据。params 用于保存自定义指标类内部计算所需调用的参数。例如，在本例中，params=(('short', 15), ('long', 60))设置了 2 个参数，分别为变量 short 与变量 long，其中，变量 short 为 15，变量 long 为 60。
- 变量 plotinfo 用于设置指标显示位置等信息，在本例中变量 plotinfo 设置为 dict(subplot=False)，表示该指标在主图上显示。如果 dict 内部的 subplot=True，则指标将在子图上显示。
- 在__init__初始化函数中，利用 backtrader.indicators.SMA 计算 15 日均线，并存储在 lines 属性 sma15 中；利用 backtrader.talib.SMA 计算 60 日移动平均线，并存储在 lines 属性 sma60 中。
- Backtrader 本身自带了丰富的指标，调用方式为"bt.indicators.指标名称（参数）"，在本例中为 bt.indicators.SMA(self.data.close, period=self.params.short)，即调用了 Backtrader 自带的 SMA 指标。
- Backtrader 也可以调用 TA-Lib 指标，调用方式为"bt.talib.指标名称（参数）"，在本例中为 bt.talib.SMA(self.data.close, timeperiod=self.p.long)，即调用了 TA-Lib 模块中的 SMA 函数。

2. 调用自定义指标

自定义 Backtrader 指标后，即可在 Backtrader 框架的自定义策略类中调用自定义指标，具体调用方式见示例 9.11。

【示例 9.11】调用自定义指标 MyMA。

代码如下：

```
%matplotlib inline
import backtrader as bt
from datetime import datetime
```

```python
from backtrader.indicators import SMA, EMA
import backtrader.talib as btta
import matplotlib.pyplot as plt
# 设置中文字体，如黑体或微软雅黑
plt.rcParams['font.sans-serif'] = ['SimHei']
# 设置图形大小
plt.rcParams['figure.figsize'] = (9,5)
# 设置清晰度
plt.rcParams['figure.dpi'] = 300

# 自定义 Backtrader 指标
class MyMA(bt.Indicator):
    # 定义指标的输出线名称
    lines = ('sma15', 'sma60')
    # 定义计算指标所需的参数
    params = (('short', 15), ('long', 60))
    # 指标在主图上显示
    plotinfo = dict(subplot=False)
    # 自定义指标类中的初始化函数
    def __init__(self):
        # 调用 backtrader.indicators.SMA 指标计算并生成自定义指标 sma15
        self.lines.sma15 = SMA(self.data.close, period=self.params.short)
        # 调用 backtrader.talib.SMA 指标计算并生成自定义指标 sma60
        self.lines.sma60 = btta.SMA(self.data.close, timeperiod=self.p.long)

class MyStrategy(bt.Strategy):
    def __init__(self):
        # 调用自定义 Backtrader 指标 sam15 与 sam60
        self.ma15 = MyMA(self.data).lines.sma15
        self.ma60 = MyMA(self.data).lines.sma60
        # 新增一条需要显示的曲线
        EMA(self.data, period=100, subplot=False)
    def next(self):
        # 买入条件：①空仓；②15 日均线高于 60 日均线
        if not self.position:
            if self.ma15 > self.ma60:
                self.order = self.buy()
        # 卖出条件：①非空仓；②60 日均线高于 15 日均线
        if self.position:
            if self.ma60 > self.ma15:
                self.order = self.close()

# 实例化 backtrader.Cerebro()类
cerebro = bt.Cerebro()
# 读取 CSV 文件数据
data = bt.feeds.GenericCSVData(
    dataname='d:/backtrader-datas/sh600000.csv',
    dtformat=('%Y-%m-%d'),
    fromdate=datetime(2014, 1, 1),
    todate=datetime(2014, 12, 31))
# 在回测框架中加载已读取的 CSV 文件数据
cerebro.adddata(data)
# 在回测框架中加载自定义交易策略类
cerebro.addstrategy(MyStrategy)
# 执行 Backtrader 回测框架
```

```
cerebro.run()
# 回测结果可视化输出（不显示成交量）
fig = cerebro.plot()
# 设置图示名称与位置
plt.suptitle('图 9.5 Backtrader自定义指标的调用',fontsize=12,fontweight=
'bold', y=0)
plt.show()
```

程序输出结果如图9.5所示。

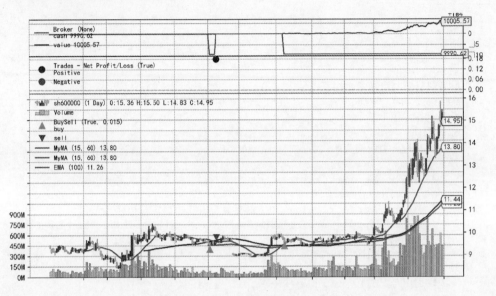

图 9.5 调用自定义指标示例

说明：

- 在 Backtrader 框架中，完成策略交易逻辑，执行买卖操作的功能均在自定义策略类中进行定义。构建自定义指标的目的是帮助交易策略判断是否满足交易。因此，构建的自定义指标均需要在自定义策略中调用。

- 在自定义策略类中调用自定义指标时，可以通过"自定义指标类名称（参数）.lines.指标名称"的形式实现。例如，在本例的自定义策略类__init__函数中进行变量初始化，其中：self.ma15 被赋值为 MyMA(self.data).lines.sma15，即在自定义策略类中 self.ma15 为自定义指标 15 日均线指标的数值；而 self.ma60 被赋值为 MyMA(self.data).lines.sma60，即在自定义策略类中 self.ma60 为自定义指标 60 日均线指标的数值。

- 由于在自定义策略类 MyStrategy 的 __init__ 函数中引用了两次自定义指标 MyMA，即 self.ma15 与 self.ma60 是两个独立的自定义指标类 MyMA 实例对象，所以调用 plot 函数绘图会出现两次。如果都在主图显示，则两次绘图会重叠；如果在子图显示，就会显示出两个同样的子图。为了避免这种情况，可以在自定义策略类的 __init__ 函数中仅调用自定义指标类 MyMA 一次，即生成一个 MyMA 实例对象，然后通过调用 MyMA 类的实例对象的 lines 属性分别获取 sma15 指标值与 sma60 指标值，具体代码如下：

【示例 9.12】 使用 Backtrader 框架调用一次自定义指标。

代码如下：

```
"""
将原自定义策略类 MyStrategy 中的 __init__ 函数修改为如下：
"""
def __init__(self):
    # 调用自定义指标 MyMA
    self.ma = MyMA(self.data,subplot=True)
    # 读取自定义指标 MyMA 中的 ma15 与 ma60 指标值（lines 属性定义）
    self.ma15 = self.ma.lines.sma15
    self.ma60 = self.ma.lines.sma60
    # 新增一条需要显示的曲线
    EMA(self.data, period=100, subplot=False)
```

9.4 Backtrader 框架的数据引用

利用 Backtrader 回测框架进行交易策略开发，不但需要引用原始加载的 Backtrader 框架的基础数据，而且需要引入相关的指标数据；有时需要引入单一值，有时需要引入数个连续值。只有深入了解 Backtrader 框架的数据引用方式，才能轻松地开发各类自定义交易策略。

9.4.1 加载数据的基础引用

当数据加载至 Backtrader 框架中需要引用这些数据时，可以通过以下多种方式引入。

- 当只有一个数据文件被加载时，引入该数据可以通过 self.data、self.datas[0]或者 self.data0，这 3 种引入方法是等效的。
- 当有两个或两个以上的数据文件被加载时，例如，需要引入第 2 个数据文件，需要通过 self.datas[1]或者 self.datas1 的方式引用。
- 当引入数据文件的某列数据时，例如，需要引入第 1 个数据文件的 close 列数据，可以通过 self.data.close 或 self.data.lines.close 等方式实现。因为 self.data 作为一个数据集合对象，它包含许多属性和函数，其中之一就是 lines 属性。self.data.lines 是指数据集合对象中的数据行（lines），它是一个字典对象，内部包含用于策略分析的各种数据行，如交易数据 OHLC（开盘价 open、最高价 high、最低价 low 和收盘价 close），self.data.lines 可以通过键名称来访问内部数据行，如 self.data.lines.open、self.data.lines.high 和 self.data.lines.low。每个数据行都是一个 LineBuffer 对象，它包含数据序列的值和各种函数，如获取数据行（lines）长度的 len 函数、获取数据行（lines）或指标（indicators）中特定索引位置值的 __getitem__ 函数和设置数据行（lines）中特定索引位置值的 __setitem__ 函数，通过这些函数可以完成对数据行进行的各种操作和分析。
- 如果需要引入某些数据向前或向后移动若干窗口后的数据序列，例如，需要引入第 1 个数据文件的 close 列向后移动一个窗口的数据序列，即将前一日的 close 数据移动至当期位置，类似于 Pandas 中的 shift(1)操作，可以通过 self.data.close(-1)方式实现（注意，Pandas 的 shift 函数参数与 Backtrader 移动参数符号是相反的）。如果需要引入第 1 个数据文件的 close 列向前移动一个窗口的数据序列，即获取 close 后一日的数据序列，则可以通过 self.data.close(1)方式实现。

- 当引入数据文件某列数据的当前值时，如引入第 1 个数据文件的 close 列的当前值，可以通过 self.data.close[0]来实现。如果引入第 1 个数据文件的 close 列的前一日值，可以通过 self.data.close[-1]来实现；如果引入第一个数据文件的 close 列的后一日值，可以通过 self.data.close[1]来实现。

9.4.2 加载数据的切片引用

如果需要引用加载数据某列数据中的一段数据，就需要进行切片引用。

Backtrader 对加载数据的切片引用方式与 Pandas、NumPy 不同，不能直接通过索引方式完成。例如，需要引用 close 列当前值的前两个数据（当前值不在取值范围内），则不能使用 self.data.close[-2:-1]引用，应该通过 self.data.close.get(ago=-1, size=2)的方式实现引用。

如果需要引用 close 列当前值的后两个数据（当前值不在取值范围内），不能使用 self.data.close[1: 2]引用，应该通过 self.data.close.get(ago=1, size=2)的方式实现引用。

9.4.3 指标值的引用

在 Backtrader 框架中，自定义策略类可以通过引用指标的 lines 属性来使用指标内保存的不同值。具体来说，可以使用以下两种方式获取指标的 lines 属性。

第一种：在策略类的 __init__ 函数中，将指标保存到策略类的属性中，然后在 next 函数中使用指标的 lines 属性。

【示例 9.13】在 next 函数中引用 lines 属性。

代码如下：

```
import backtrader as bt
class MyStrategy(bt.Strategy):
    def __init__(self):
        self.myindicator = bt.indicators.MACD(self.data)

    def next(self):
        # 获取 MACD 指标中 macd 的当前值
        myline_macd = self.myindicator.lines.macd[0]
        # 获取 MACD 指标中 signal 的当前值
        myline_signal = self.myindicator.lines.signal[0]
```

说明：在本例中，自定义策略类 MyStrategy 包含一个 Backtrader 的内置指标 MACD。在自定义策略类 __init__ 函数中，将 MACD 指标保存到 self.myindicator 属性中。在 next 函数中，通过 self.myindicator.lines.macd 属性获取 MACD 指标 lines 属性中的 macd 指标值，

通过 self.myindicator.lines.signal 属性获取 MACD 指标 lines 属性中的 signal 指标值，在 Backtrader 内置指标 MACD 中 lines=('macd', 'signal')，然后使用[0]获取当前时刻的值，最终将值保存在 myline_macd 和 myline_signal 变量中。

第二种：在策略类__init__函数中，将指标的 lines 属性直接保存到策略类的属性中，然后在 next 函数中直接使用指标的 lines 属性。

【示例 9.14】在策略类__init__中引入指标类 lines 属性。

代码如下：

```
class MyStrategy(bt.Strategy):
    def __init__(self):
        self.myindicator = bt.indicators.MACD(self.data)
        # 获取MACD指标的macd指标值
        self. myline_macd = self.myindicator.lines.macd
        # 获取MACD指标的signal指标值
        self.my_signal = self.myindicator.lines.signal

    def next(self):
        # 获取MACD指标的macd的当前值
        now_macd = myline_macd[0]
        # 获取MACD指标的signal的当前值
        now_signal = myline_signal[0]
```

说明：

- 在自定义策略类 MyStrategy 的__init__函数中，将 Backtrader 内置指标 MACD 的属性 lines 中的 macd 与 signal 指标值分别保存到 self.myline_macd 和 self.myline_signal 中。在 next 函数中，直接使用 self.mylin_macd 和 self.myline_signal 属性来获取 MACD 指标的 lines 属性，然后使用[0]获取当前时刻值，最终将值保存在 now_macd 和 now_signal 变量中。
- 不管采用哪种方式，都可以通过引用指标的 lines 属性来获取不同的指标值，然后在策略中进行分析和决策。

9.4.4 数据引用综合案例

本节以示例 9.16 为例，详细演示 Backtrader 框架内各类数据的引用方式。例如，引入原数据单一值、指标数据单一值和策略类成员参数等。

【示例 9.15】Backtrader 数据引用的综合实现。

代码如下：

```
"""
本例综合展示了Backtrader各类数据的引用方式
"""
import backtrader as bt
from datetime import datetime
import backtrader.indicators as btin
import backtrader.talib as btta

import matplotlib.pyplot as plt
```

```python
# 设置中文字体，如黑体或微软雅黑
plt.rcParams['font.sans-serif'] = ['SimHei']
# 设置图形大小
plt.rcParams['figure.figsize'] = (6, 3)

class MyStrategy(bt.Strategy):
    # 设置自定义策略的 params 参数
    params = (('short', 15), ('long', 60))

    # 定义初始化函数
    def __init__(self,a,b):
        self.start_cash = self.broker.getcash()
        print("回测框架开始运行，初始资金: ",self.broker.getcash())
        # 调用 Backtrader 自带的指标 SMA
        self.bt_sma = btin.SMA(self.data, period=self.p.short)
        # 调用 TA-Lib 指标 SMA
        self.talib_sma = btta.SMA(self.data, timeperiod=self.p.long)
        # 计算当前收盘价与前一日收盘价之差的数据序列
        # 引入数据中整列数据序列与整列数据前一日数据序列的示例
        self.dif = self.data0.close-self.data0.close(-1)

    # 定义 next 函数
    def next(self):
        # 买入条件：①空仓；②短周期均线在长周期上方
        if not self.position:
            # 引入指标数据当前值的示例
            # self.bt_sma 内部有 lines 属性，该属性内部有 sam 属性，lines 可以省略，
              sam 也可以被省略
            # self.talib_sma 内部有 lines 属性，lines 可以被省略
            # [0]表示当前值，如果是[-1]就表示前一日对应值
            if self.bt_sma.sma[0] > self.talib_sma.lines[0]:
                # self.data0 有 lines 属性，lines 属性内部包括 datetime、close 等属
                  性，lines 可以省略
                print(f'买入日期: {self.data0.lines.datetime.date()}','\n',
                f'当日之前 2 日收盘价: {self.datas[0].close[-2]}','\n',
                f'当日之前 1 日收盘价: {self.datas[0].close[-1]}','\n',
                f'当日收盘价: {self.datas[0].close[0]}', '\n',
                f'当日收盘价与前 1 日收盘价之差: {round(self.dif[0],2)}','\n')
                # 数据切片引用示例：取前一日过去 2 日 close 数据，前一日包含在内
                print(f'发出买入信号当日前 2 日 close 值: {self.data.close.get(ago=-1,size=2)}')
                # 执行买入操作
                self.buy()
        # 卖出条件：①非空仓；②短周期均线在长周期均线下方
        if self.position:
            if self.bt_sma[0] < self.talib_sma[0]:
                # 执行卖出操作
                self.sell()

# 创建 Cerebro 引擎对象
cerebro = bt.Cerebro()
# 将数据添加到 Cerebro 引擎中
data = bt.feeds.GenericCSVData(
```

```python
    dataname='d:/backtrader-datas/sh600000.csv',
    dtformat=('%Y-%m-%d'),
    fromdate=datetime(2014, 1, 1),
    todate=datetime(2014, 12, 31))
cerebro.adddata(data)
# 将策略添加到 Cerebro 引擎中
# my_strategy = MyStrategy(1,2)
cerebro.addstrategy(MyStrategy,a=1,b=2)
# 设置初始资金为 100000 元
cerebro.broker.setcash(100000)
# 调取回测设置初始资金并存储至 start_cash 变量中
start_cash = cerebro.broker.getcash()
# 设置每次交易的股票数量为 1000 股
cerebro.addsizer(bt.sizers.FixedSize, stake=1000)
cerebro.addanalyzer(bt.analyzers.Returns)
# 运行回测
results = cerebro.run()
# 打印执行策略最终的资产价值
print('策略终值: %.2f' % cerebro.broker.getvalue())
# 调用回测结果中的 analyzer.returns 的收益率
returns_bt = results[0].analyzers.returns.get_analysis()['rtot']
print(f'backtrader 计算的收益率: {returns_bt:.2%}')

# 手工计算回测后的收益率
final_portfolio_value = cerebro.broker.getvalue()
initial_portfolio_value = start_cash
returns_my = (final_portfolio_value - initial_portfolio_value) / initial_portfolio_value
print(f'手工计算的收益率: {returns_my:.2%}')
# 回测结果可视化输出（不显示成交量）
# cerebro.plot(volume=False)
fig = cerebro.plot()
```

程序输出结果如下，可视化效果如图 9.6 所示。

```
回测框架开始运行，初始资金: 100000.0
买入信号发出日期: 2014-04-02
当日之前 2 日收盘价: 9.7
当日之前 1 日收盘价: 9.66
当日收盘价: 9.75
当日收盘价与前 1 日收盘价之差: 0.09

发出买入信号当日前 2 日 close 值: array('d', [9.7, 9.66])
买入信号发出日期: 2014-08-06
当日之前 2 日收盘价: 9.82
当日之前 1 日收盘价: 9.92
当日收盘价: 9.83
当日收盘价与前 1 日收盘价之差: -0.09

发出买入信号当日前 2 日 close 值: array('d', [9.82, 9.92])
策略终值: 105350.00
backtrader 计算的收益率: 5.21%
手工计算的收益率: 5.35%
```

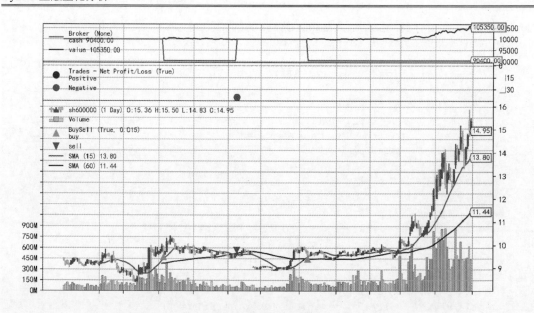

图 9.6　Backtrader 数据引用示例

说明：

- self.dif=self.data0.close-self.data0.close(-1)表示 self.data0.close 列数据与前一日收盘价 close 列数据 self.data0.close(-1)可以进行数学运算。
- if self.bt_sma.sma[0] > self.talib_sma.lines[0]表示 Backtrader 中的指标序列与 self.data.close 序列相似，也可以通过__getitem__函数获取指定位置的值。
- self.data.close.get(ago=-1,size=2)中的 get 函数是 Backtrader 框架 LineBuffer 对象中的一个函数，用于获取指定数量的值。get 函数的参数如下：
  - size：整数类型，表示要获取的值的数量，默认值为 None，表示获取所有的值。在本例中 size=2，即获取 2 个值。
  - ago：整数类型，表示要获取的值的索引位置，默认值为 0，表示获取最新的值，即当前行的值。在本例中，ago=-1，表示以前一日数据为基准。
  - start：整数类型或 None，表示要获取的起始索引位置，默认为 None，表示从头开始获取。例如，start=6，代表从第 6 个数据开始取值（包括第 6 个数据）。
  - end：一个整数或 None，表示要获取的结束索引的位置，默认为 None，表示获取最后一个值。例如，end=12，表示取值至第 12 个数据（不包括第 12 个数据）。
- cerebro.addsizer(bt.sizers.FixedSize, stake=1000)函数设置每次交易的头寸为 1000 单位资金（元），而 bt.sizers.FixedSize 是 Backtrader 中的一个头寸大小计算器，它将固定数量（1000 元）的资金分配给每个交易。在 Backtrader 中也可以使用 bt.sizers.PercentSizer，它可以根据账户余额的百分比来计算头寸大小。例如，cerebro.addsizer(bt.sizers.PercentSizer, percents=10)利用账户余额的 10%来计算头寸大小，即使用 bt.sizers.PercentSizer 作为头寸大小计算器，并设置了 percents 参数为 10。如果策略回测初始资金设为 100 000 元，则每次交易的资金为 10%。
- 策略回测结果显示，Backtrader 的 analyzers.returns 计算的收益率为 5.21%，而手工

计算的策略收益率为 5.35%，二者存在一定的差距，造成这种情况的原因为 bt.analyzers.returns 的计算公式是 math.log(self._value_end/self._value_start)，而手工计算收益率的公式为(final_portfolio_value/initial_portfolio_value)-1。

9.5 Backtrader 框架的自定义策略类

在 Backtrader 框架中，最重要、最复杂的是自定义策略类。开发各类金融量化交易策略的核心就是制定特定的交易规则，使用 Backtrader 框架可以在自定义策略类中完成交易规则的逻辑定义。因此，自定义策略类是 Backtrader 框架的核心部分。

9.5.1 自定义策略类的核心问题

在准备好策略使用的数据源、构建好策略需要使用的指标后，即可开始根据自身策略内容构建自定义策略。在构建自定义策略时，需要注意以下核心问题。

- 继承 backtrader.Strategy 类：自定义策略类必须继承 backtrader.Strategy 类，这个类包含 Backtrader 框架中最基本的交易策略函数。
- 定义 __init__ 初始化函数：在自定义策略类中需要定义 __init__ 初始化函数，用于初始化策略参数、指标和变量等。
- 实现交易策略函数：在 backtrader.Strategy 类中可以定义多种交易策略函数，如 next、notify_order 和 notify_trade 等，自定义策略类需要使用部分或全部函数来实现具体的交易策略。
- 定义交易信号：自定义策略类需要定义交易信号，如买入、卖出或持有信号等。可以根据指标和价格等条件定义交易信号以确定具体的交易行为。
- 添加指标和变量：自定义策略类可以添加自己的指标和变量，可以使用 Backtrader 提供的指标类，也可以自定义指标类。
- 配置交易参数：自定义策略类可以配置交易参数，如手续费、滑点和杠杆等参数。这些参数可以通过策略类的 __init__ 函数传递进来，也可以在策略类中定义默认值。

总之，自定义 Backtrader 策略类需要深入理解 Backtrader 框架的基本原理和交易策略方法，同时需要考虑具体的交易策略逻辑和需求，以实现高效、稳健和可维护的交易策略。

9.5.2 Backtrader 策略类的内部生命周期函数

Backtrader 策略类的生命周期包括以下函数。

- __init__：这是策略类的初始化函数，用于初始化策略类的各个参数和变量。
- start：当策略开始执行时，会调用此函数。通常用于初始化策略的一些变量和参数，如指定交易对、设置回测起始时间等。
- prenext：在策略数据还未完全成熟之前，即还有一些数据点尚未到达，此函数会被调用。通常用于初始化一些临时变量或进行一些预处理。
- next：在策略的每个数据点上都会调用此函数，通常是策略的核心部分。在该函数中，可以根据当前的市场数据和策略状态进行交易决策及止损、止盈等操作。
- stop：当策略执行结束时，会调用此函数。通常用于保存策略的结果、输出回测报告等。
- notify_order：当有订单状态更新时会调用此函数，即每执行一次订单后均会调用该函数，所传入的参数为 Order 类的实例 order 变量。该函数通常用于监控订单状态，并根据需要进行相应的操作，如记录订单状态、判断是否需要进行止盈或止损操作等。
- notify_trade：是在交易执行完成后被调用的，该函数需要传入 Trade 对象的实例 trade 参数，即它需要访问交易结果和统计信息。notify_trade 函数与 notify_order 函数是完全不同的两个函数，执行的次数也不相同。例如，交易策略在一天内提交了两个买入指令函数 self.buy 和一个卖出指令函数 self.sell，则 notify_order 函数将会被调用 3 次，因为每次交易指令发出后都会触发 notify_order 函数运行。而 notify_trade 函数被调用的次数不会超过 2 次，当首次发出买入指令时即建立一次交易，此时调用一次 notify_trade 函数；当第 2 次买入指令发出时，不被视为一次交易。如果此后的一次卖出指令没有将前两次的买入量全部卖出，则不会触发 notify_trade 函数运行。如果执行完卖出指令后没有持仓量，则此次卖出视为交易完成一次，触发 notfy_trade 运行条件。
- log：在策略执行过程中，可以通过调用此函数来输出日志信息，以便调试和分析。

以上函数均是 Backtrader 策略类的生命周期中常用的函数，不同的策略可能会使用不同的函数组合来实现特定的策略逻辑。

9.5.3 Backtrader 策略类实例讲解

为了具体展示 Backtrader 策略类的内部结构与功能，本节通过多个示例展示策略类内部主要的函数，如构建函数 __init__、log 和 start 等。

【示例 9.16】Backtrader 策略类定义：__init__ 函数。

代码如下：

```python
import backtrader as bt
import backtrader.talib as ta
from backtrader.indicators import SMA
from datetime import datetime

# 定义策略类
class MyStrategy(bt.Strategy):
    # 定义策略类需要使用的参数
    params = (('short_period', 3), ('long_period', 10))
    # 定义策略类初始化函数
    def __init__(self):
        # 调用 Backtrader 自带的指标 SMA
```

```
            self.short_sma = SMA(self.data.close, period=self.p.short_period)
            # 调用 TA-Lib 指标 SMA
            self.long_sma = ta.SMA(self.data, timeperiod=self.p.long_period)

            # 交易佣金费率为 0.02%
            self.commission_rate = 0.0002
            # 最低交易佣金为 5 元
            self.commission_min = 5.0
            # 每次交易数量
            self.size = 500
```

说明：

- 本例展示了使用 Backtrader 框架自定义策略的构建过程。自定义策略类内部包括：策略参数 params 定义、初始化 __init__ 函数、记录 log 函数、下单通知 notify_order 函数、交易通知 notify_trade 函数、next 策略执行函数、起始运行 start 函数、终止运行 stop 函数和预处理 prenext 函数等。
- 在初始化函数中分别调用 Backtrader 自带的指标 SMA（SimpleMovingAverage）与 TA-Lib 中的 SMA 指标创建 self.short_sma 与 self.long_sma 变量。这里需要注意的是，SMA 函数的周期参数为 period，而 talib.SMA 函数的周期参数为 timeperiod。
- 国内进行股票交易的手续费一般是交易金额的万分之二，每笔交易最低收 5 元。因此，在本例中也设置了 self.commission.rate 与 self.commission，用于保存交易手续费与最低手续费金额。

【示例 9.17】 Backtrader 策略类定义：log 函数。

```
# 定义 log 输出函数,按日期顺序输出交易记录
def log(self, txt, dt=None):
    dt = dt or self.datas[0].datetime.date(0)
    print('%s, %s' % (dt.isoformat(), txt))
```

说明：

- dt 是指当前数据点的时间戳，即时间戳（timestamp）或日期时间（datetime），它是 Backtrader 框架中管理时间序列数据的重要概念之一，可以帮助 Backtrader 框架确定当前数据点的时间，以及在回测和实时交易中执行订单的时间。在 Backtrader 框架中可以通过 self.datas[0].datetime.date(0)来获取当前数据点的时间戳，其中，self.datas[0]表示当前处理的数据线。
- dt.isoformat 是 Python 的 datetime 模块中的一个函数，它返回一个 datetime 对象的 ISO 格式的字符串表示形式。ISO 格式是一种标准的日期时间格式，它的格式为 YYYY-MM-DDTHH:MM:SS.ssssss，其中，YYYY 表示年份，MM 表示月份，DD 表示日期，HH 表示小时数，MM 表示分钟数，SS 表示秒数，而 ssssss 表示微秒数（小数点后面的 6 位数字）。例如，假设有一个 datetime 对象 dt 表示当前时间，调用 dt.isoformat 函数会返回一个字符串,格式类似于 2023-04-08T10:30:00.123456，其中，2023-04-08 是日期部分，10:30:00.123456 是时间部分。在本例中仅返回 YYYY-MM-DD 信息。

【示例 9.18】Backtrader 策略类定义：start 函数。

代码如下：

```python
# 定义起始运行函数
def start(self):
    self.log('策略开始执行！')
    self.log('初始资金：%.2f 元。手续费：0.02%%（单笔交易最低%d 元)'%(cerebro.broker.getvalue(), self.commission_min))
```

说明：

- 在 Backtrader 框架中，start 函数是自定义策略类中的一个可选函数，它用于在回测开始时执行一些初始化操作。具体来说，start 函数会在 __init__ 函数之后被调用，但在数据加载之前执行。
- start 函数主要用于初始化一些变量或数据结构，或者输出调试信息。例如，通过 start 函数输出回测的开始时间、结束时间和数据范围等信息。
- 需要注意的是，start 函数并不是一定要使用的，如果需要在回测开始时执行一些初始化操作，则 start 函数是一个很好的选择。

【示例 9.19】Backtrader 策略类定义：prenext 函数。

代码如下：

```python
# 定义策略预处理函数
def prenext(self):
    self.log('数据未准备好！')
```

说明：

- 在 Backtrader 中，prenext 函数是在策略运行之前被调用的函数。它的主要作用是在策略正式开始执行之前，对策略所需的数据进行一些必要的准备工作。例如，对缺失值进行处理、对数据进行过滤或转换等，这样可以确保在策略开始运行之前，数据已经被正确地处理并且满足了策略的要求。
- prenext 函数还可以用来设置一些策略的初始状态，如设置初始的交易数量和交易费用等。这些初始状态的设置可以确保策略在开始运行之前已经做好准备，并且可以避免在运行过程中出现不必要的错误。

【示例 9.20】Backtrader 策略类定义：next 函数。

代码如下：

```python
# 定义策略执行函数
def next(self):
    # 如果未持仓并且 short_sma 高于 long_sma 指标，则执行买入操作
    if not self.position:
        if self.short_sma[0] > self.long_sma[0]:
            # 执行买入
            self.buy(size=self.size, price=self.data.close[0])
    # 如果已持仓并且 short_sma 低于 long_sma 指标，则执行卖出操作
    if self.position:
        if self.short_sma[0] < self.long_sma[0]:
# 执行卖出操作，卖出数量为类 MySize
            self.sell(size=self.position.size)
            commission_value = self.position.size * self.data.close *
```

```
self.commission_rate
        self.commission = max(commission_value, self.commission_min)
        # 从现金中扣除交易费用
        self.broker.add_cash(self.commission * -1)
```

说明:
- 在Backtrader的next函数中,self代表当前正在被执行的策略实例,它是一个Python对象,包含许多有用的属性和函数,具体如下。
    - self.datas:包含策略使用的所有数据的列表。
    - self.data:当前正在运行的数据对象。
    - self.params:策略的参数字典。
    - self.position:当前策略的持仓情况。
    - self.broker:经纪人对象,用于模拟交易。
    - self.buy 函数:用于执行买入交易。
    - self.sell 函数:用于执行卖出交易。
    - self.close 函数:用于平仓。
- 在Backtrader框架中通过lines对象存储策略需要的各类数据,如收盘价和开盘价等。例如在本例中self.short_sma[0]即是一个line对象,它表示初始化函数中生成的self.short_sma指标的当前值。如果lines对象的索引是0,则代表该lines对象的当前值;如果lines对象的索引为负整数,则代表该lines对象历史值;如果lines对象的索引为正整数,则代表lines对象的未来值。
- self.buy 函数执行买入操作,通过设置参数size与price来确定买入数量与买入价格。self.sell 函数执行卖出操作,参数设置与self.buy函数相同。
- self.position 的属性 size 表示当前头寸的数量,参数 price 表示当前头寸的平均持有成本。

【示例 9.21】Backtrader 策略类定义:notify_orders 函数。

代码如下:

```
# 定义下单通知函数
def notify_order(self, order):
    # 如果下单状态处于发送或已被接受状态,则直接返回
    if order.status in [order.Submitted, order.Accepted]:
        return
    # 如果下单状态为完成,则需要判断是买入状态还是卖出状态
    if order.status in [order.Completed]:
        # 如果下单买入,则记录买入价、买入总金额和买入数量
        if order.isbuy():
            buy_price = order.executed.price
            buy_value = order.executed.value+order.executed.comm
            buy_volume = order.executed.size
            self.log('买入: 价格 %.2f, 数量 %.2f, 金额 %d.' % (buy_price,
buy_volume, buy_value))
        # 如果下单卖出,则记录卖出价、卖出总金额与手续费、卖出净收入金额
        else:
            sell_price = order.executed.price
            sell_value =  abs(order.executed.size)*order.executed.price
```

```
            sell_comm = order.executed.comm + self.commission
            sell_net_value = sell_value - sell_comm
            self.log('卖出：价格 %.2f，金额 %.2f，佣金 %.2f，实收%.2f。'
  % (sell_price, sell_value, sell_comm, sell_net_value))
        # 如果下单状态为未完成，则记录未完成状态
        elif order.status in [order.Canceled, order.Margin, order.Rejected]:
            self.log('该订单被取消/保证金不足而被拒绝执行/被拒绝执行！')
```

说明：

- notify_order 是 Backtrader 框架中的一个回调函数，在交易订单状态发生变化时被调用。
- notify_order 的参数 order 表示一个交易订单，该交易订单在执行了 self.buy 或者 self.sell 函数后才会为非空值。
- 在 Backtrader 中可以使用 order.status 访问 Order 对象的状态属性。Order 对象具有以下几种状态（status）属性：
  - order.Submitted：该订单已经被提交到交易系统，但还没有接受或拒绝。
  - order.Accepted：该订单已被交易系统接受并等待执行。
  - order.Completed：该订单已被全部执行。
  - order.Canceled：该订单已被取消。
  - order.Rejected：该订单被交易系统拒绝，通常是由于错误或账户资金不足导致的。
- order.isbuy 是 Order 对象中用于检查该订单是否为买入订单的函数，该函数返回一个布尔值，如果订单为买入订单则返回 True，否则返回 False。order.issell 是检查该订单是否为卖出订单的函数。
- order.executed 是 Backtrader 中订单执行的属性，它是一个包含订单执行信息的字典。下面是 order.executed 可能包含的属性。
  - price：订单执行价格。
  - size：订单执行数量。
  - comm：执行订单的手续费。
  - value：订单执行的金额。

【示例 9.22】Backtrader 策略类定义：notify_trade 函数。

代码如下：

```
# 定义交易通知函数
def notify_trade(self, trade):
    # 如果交易状态为结束状态，即 trade.isclosed 为真，则返回
    if not trade.isclosed:
        return
    # 如果交易状态未结束，则记录交易价差收益、扣除交易成本的收益与资金净值
    self.log('收益：%.2f，扣除交易成本的收益：%.2f，资金净值：%.2f' % (trade.pnl,
trade.pnl-self.commission, cerebro.broker.getvalue()))
```

说明：

- notify_trade 是 Backtrader 框架中的一个回调函数，用于通知策略实例有关交易执行的信息，如下单和订单执行状态等。

- notify_trade 函数的 trade 参数表示一个成交对象，该对象包含成交的详细信息，如 trade.pnl 表示交易的净收益，即该交易实现的盈亏，其中包括所有手续费和滑点成本。在一个交易被平仓时，将会计算交易的 pnl 并进行更新。在交易被平仓之前，pnl 将为 0。在多个交易组成的策略中，可以通过对所有交易的 pnl 求和来计算策略的总净收益。
- 在 notify_trade 函数中，可以通过访问 trade 对象的属性来获取有关交易的详细信息。下面是一些常用的属性。
  - trade.data：交易涉及的数据 Data 对象，如 rade.data.datetime.date() 表示可获取当前行所在的日期，格式为 XXXX-XX-XX。
  - trade.size：交易数量。
  - trade.price：交易价格。值得注意的是，trade.price 提供的是买入价格。如果需要获取卖出价格，则可以调用 notify_order(self, order) 函数的返回结果 order.executed.price 来实现。
  - trade.pnl：交易的净收益。
  - trade.commission：交易手续费。
  - trade.pnlcomm：扣除交易手续费之后的净收益。
  - trade.status：交易状态，1 代表开仓 open，2 代表结束交易 close。可以通过 trade.isclosed 判断当前交易是否为结束状态。

【示例 9.23】Backtrader 策略类定义：stop 函数。

代码如下：

```
# 定义结束运行函数
def stop(self):
    self.log('策略执行完毕！')
    self.log('策略终值：%.2f!!!'%cerebro.broker.getvalue())
```

说明：

- 在 Backtrader 中，stop 函数是在策略运行过程中当指定的条件满足时被调用的函数。这个函数允许用户设置一些规则，以便在特定的情况下自动退出或停止交易。
- 在 stop 函数中可以包含一些逻辑判断语句，例如，判断是否达到了指定的止损或止盈条件，或者是否出现了其他需要退出交易的情况（如市场波动过大、交易量过小等）。当这些条件被满足时，stop 函数会触发策略退出交易并且向 Backtrader 发送一个 stop 事件。一旦接收到这个事件，Backtrader 则会停止执行策略并且结束回测。

【示例 9.24】将 Backtrader 策略类加载至回测框架。

代码如下：

```
# 实例化 backtrader.Cerebro 对象
cerebro = bt.Cerebro()
# 将数据添加到 Cerebro 引擎中
data = bt.feeds.GenericCSVData(
            dataname='d:/backtrader-datas/sh600000.csv',
            dtformat=('%Y-%m-%d'),
```

```
                    fromdate=datetime(2014, 1, 1),
                    todate=datetime(2014, 1, 31))
cerebro.adddata(data)
# 将MyStrategy自定义策略添加至Cerebro引擎中
cerebro.addstrategy(MyStrategy)
# 执行backtrader.Cerebro实例
cerebro.run()
```

程序输出结果如下:

```
2014-01-30, 策略开始执行!
2014-01-30, 初始资金: 10000.00元。手续费: 0.02%（单笔交易最低5元）。
2014-01-02, 数据未准备好!
2014-01-03, 数据未准备好!
2014-01-06, 数据未准备好!
2014-01-07, 数据未准备好!
2014-01-08, 数据未准备好!
2014-01-09, 数据未准备好!
2014-01-10, 数据未准备好!
2014-01-13, 数据未准备好!
2014-01-14, 数据未准备好!
2014-01-16, 买入: 价格 9.18, 数量 500.00, 金额 4590。
2014-01-20, 卖出: 价格 9.07, 金额 4535.00, 佣金 5.00, 实收 4530.00。
2014-01-20, 收益: -55.00, 扣除交易成本的收益: -60.00, 资金净值: 9940.00
2014-01-28, 买入: 价格 9.19, 数量 500.00, 金额 4595。
2014-01-29, 卖出: 价格 9.29, 金额 4645.00, 佣金 5.00, 实收 4640.00。
2014-01-29, 收益: 50.00, 扣除交易成本的收益: 45.00, 资金净值: 9985.00
2014-01-30, 买入: 价格 9.17, 数量 500.00, 金额 4585。
2014-01-30, 策略执行完毕!
2014-01-30, 策略终值: 10035.00!!!
```

说明:

- 在自定义策略类完成构建后，即可以通过bt.Cerebro()创建类实例化对象cerebro，后续操作均是对Backtrader实例对象cerebro进行操作的。
- 实例对象cerebro需要加载符合Backtrader框架要求的数据，例如，在本例中通过bt.feeds.GenericCSVData函数读取数据并赋值给变量data后，即可通过cerebro.adddata(data)将用于历史回测的数据加载至Backtrader框架内。
- 数据加载之后，需要通过cerebro.addstrategy(MyStrategy)将自定义策略类MyStrategy引入Backtrader回测框架。如果自定义类MyStrategy含有参数，则需要通过cerebro.addstrategy(MyStrategy, **kwargs)方式加载MyStrategy类参数。例如，类MyStrategy实例化时需要传入两个参数，分别为param1=1和param2=2，当backtrader加载自定义策略MyStrategy类时需要通过cerebro.addstrategy(MyStrategy, param1=1, param2=2)方式完成。
- 运行cerebro.run()从而完成backtrader回测，然后查看回测结果。
- 从输出结果中可以查看Backtrader自定义策略类MyStrategy成员函数运行的先后顺序为__init__→start→prenext→next→notify_order→notify_trade→stop。
- 需要注意的是，Backtrader的执行价格默认为信号出现日后第2日的开盘价。

9.6 Backtrader 框架的观察器应用

观察器（Observer）是 Backtrader 框架中用于监视和记录回测过程中的各种数据的一个组件，它可以在每个数据点上自动调用；还可以用于执行各种任务，如进行交易记录、生成图表、计算指标等。观察器的主要功能是帮助开发者更直观地理解交易策略的表现，并对其进行优化和改进。

9.6.1 观察器的核心用途

Backtrader 框架提供了多个预定义的观察器模块，包括 Broker、Buysell、Drawdown、Timereturn 和 Trades 等。通过加载这些模块中的类，可以方便地查看相关指标的走势。此外，Backtrader 还允许开发者创建自定义的观察器类，以满足特定的需求。

9.6.2 默认加载观察器

当使用 Backtrader 框架对 Cerebro 对象进行实例化，即执行 cerebro=bt.Cerebro()时，默认会加载 Broker、Trades 和 BuySell 类，即执行 cerebro.run 与 cerebro.plot 函数，然后在图形上显示 Broker、Trades 与 BuySell 对象信息。

如果不需要显示观察器类信息，则可以通过设置 Cerebro 函数的参数 stdstats 为 False 来实现。

【示例 9.25】使用 Backtrader 框架可视化绘图不显示 Broker、Trades 与 BuySell 对象信息。

代码如下：

```python
import backtrader as bt
import matplotlib.pyplot as plt
# 设置中文字体，如黑体或微软雅黑
plt.rcParams['font.sans-serif'] = ['SimHei']
# 设置图形大小
plt.rcParams['figure.figsize'] = (9, 5)
class MyStrategy(bt.Strategy):
    pass
cerebro = bt.Cerebro(stdstats=False)
# 加载数据
df = pd.read_csv('d:/bt600000.csv')
df = df.iloc[:100]
# 将 date_time 列由字符串类型转换为日期类型数据
df.datetime = pd.to_datetime(df.datetime,format='%Y-%m-%d')
data = bt.feeds.PandasData( dataname=df, datetime='datetime',
                    open=1, high=2, low=-1, close=-1,
                    volume=-1, openinterest=-1,
                    timeframe=bt.TimeFrame.Minutes,)
```

```
cerebro.adddata(data)
cerebro.addstrategy(MyStrategy)
cerebro.run()
fig = cerebro.plot()
```

程序输出结果如图 9.7 所示。

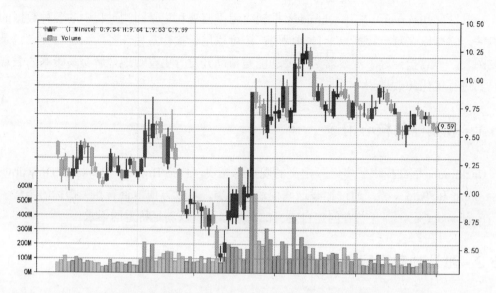

图 9.7 不显示 Broker、Trades 与 BuySell 对象信息

说明：由于设置了参数 stdstats = False，所以未显示相关的观察器曲线。

9.6.3 加载内置的观察器

Backtrader 的观察器内置的类可以通过 cerebro.addobserver(bt.observers.类名)的形式加载至策略回测过程中（具体应用方法见示例 9.26）。

Backtrader 内置的观察器主要包括的类名有 Cash、Value、BuySell、DrawDown、TimeReturn、Trades 与 FundValue 等，具体功能如下：

- Cash：用于跟踪策略账户中的现金余额，包括资金的存入和提取。
- Value：用于跟踪策略账户中的总价值，包括现金、持仓股票和其他资产的价值。
- BuySell：用于跟踪策略中所有的交易记录，包括买入、卖出和持仓记录。
- DrawDown：用于跟踪策略账户的最大回撤和回撤时间，以评估策略的风险。
- TimeReturn：用于计算策略账户的时间收益率，即在特定时间段内的收益率。
- Trades：用于跟踪策略中的每笔交易信息，包括买入、卖出和持仓信息，并提供每笔交易的详细信息。
- FundValue：用于跟踪策略账户的净值、资金价值和资金利润率等指标。

【示例 9.26】加载内置的观察器 Oberser。

代码如下：

```
import backtrader as bt
import matplotlib.pyplot as plt
```

```python
# 设置中文字体，如黑体或微软雅黑
plt.rcParams['font.sans-serif'] = ['SimHei']
# 设置图形大小
plt.rcParams['figure.figsize'] = (9, 5)
class MyStrategy(bt.Strategy):
    def __init__(self):
        self.sma15 = bt.ind.SMA(self.data, period=50)

    def next(self):
        if not self.position:
            if self.data.close[0]>self.sma15[0]:
                self.buy(size=500)
        else:
            if self.data.close[0] < self.sma15[0]:
                self.sell(size=self.position.size)

cerebro = bt.Cerebro(stdstats=False)
df = pd.read_csv('d:/bt600000.csv')
df = df.iloc[:100]
df.datetime = pd.to_datetime(df.datetime,format='%Y-%m-%d')
data = bt.feeds.PandasData( dataname=df, datetime='datetime',
                    open=1,   high=2,   low=-1,   close=-1,
                    volume=-1, openinterest=-1,
                    timeframe=bt.TimeFrame.Minutes,)
cerebro.adddata(data)
# 加载 Observer 中的 Cash、FundValue 与 BuySell 类并在图中显示
cerebro.addobserver(bt.observers.Cash)
cerebro.addobserver(bt.observers.FundValue)
cerebro.addobserver(bt.observers.BuySell)

cerebro.addstrategy(MyStrategy)
cerebro.run()
# cerebro.plot(style='line')
fig = cerebro.plot(style='line')
```

程序输出结果如图 9.8 所示。

图 9.8　加载内置的观察器示例

说明：
- 在本例中，bt.Cerebro()中的 stdstats=False，即表示不显示 Broker、Trades、BuySell 类图形。
- 通过 addobserver 函数加载 Cash、FundValue、BuySell 类观察器，并显示对应的图形。

9.6.4　加载自定义观察器

通过继承 backtrader.Observer 对象，可以创建自定义观察器。自定义的观察器也可以直接加载入 Bactrader 回测框架中（具体应用方法见示例 9.27）。

【示例 9.27】加载自定义观察器。

代码如下：

```python
import backtrader as bt
import matplotlib.pyplot as plt
# 设置中文字体，如黑体或微软雅黑
plt.rcParams['font.sans-serif'] = ['SimHei']
# 设置图形大小
plt.rcParams['figure.figsize'] = (6, 3)
class MyStrategy(bt.Strategy):
    def __init__(self):
        self.sma15 = bt.ind.SMA(self.data, period=50)
    def next(self):
        if not self.position:
            if self.data.close[0]>self.sma15[0]:
                self.buy(size=500)
        else:
            if self.data.close[0] < self.sma15[0]:
                self.sell(size=self.position.size)
class MyObserver(bt.Observer):
    # 自定义观察器有两个指标，分别为 cash 与 value
    lines = ('cash', 'value')
    # 自定义观察器在子图显示
    plotinfo = dict(plot=True, subplot=True)
    # 定义 next 函数
    def next(self):
        # 自定义观察器第 1 个指标为当前现金额的 100 倍
        self.lines[0][0] = cerebro.broker.get_cash() * 100
        # 自定义观察器第 2 个指标为当前市值
        self.lines[1][0] = cerebro.broker.get_value()
cerebro = bt.Cerebro(stdstats=False)
df = pd.read_csv('d:/bt600000.csv')
df = df.iloc[:100]
df.datetime = pd.to_datetime(df.datetime,format='%Y-%m-%d')
data = bt.feeds.PandasData( dataname=df, datetime='datetime',
                  open=1, high=2, low=-1, close=-1,
                  volume=-1, openinterest=-1,
                  timeframe=bt.TimeFrame.Minutes,)
cerebro.adddata(data)
# 加载 Observer 中的 Cash、FundValue 与 BuySell 类并在图中显示
cerebro.addobserver(bt.observers.Cash)
```

```
cerebro.addobserver(bt.observers.FundValue)
cerebro.addobserver(bt.observers.BuySell)
cerebro.addstrategy(MyStrategy)
# 加载自定义观察器 Observer
cerebro.addobserver(MyObserver)
cerebro.run()
fig = cerebro.plot(style='line')
```

程序输出结果如图 9.9 所示。

图 9.9　加载自定义观察器示例

说明：

- 自定义观察器需要继承 backtrader.Observer 对象。
- 自定义观察器需要首先设置 lines 元组，标明自定义观察器内部的指标名称。在本例中，lines = ('cash', 'value')表明生成了两条曲线：第 1 条曲线名称为 cash，后续可以通过 self.lines[0]调用；第 2 条曲线名称为 value，后续可以通过 self.lines[1]调用。
- 为了显示这两个观察器指标，可通过设置 plotinfo 值完成，字典 dict(plot=True, subplot=True)表示 plot 与 subplot 参数均为 True，即进行图形输出，显示位置为在子图显示。
- 自定义观察器指标计算是通过 next 函数完成的，需要计算每个 self.lines 元素的当前值，当前值用索引[0]表示。在本例中，self.lines[0][0]代表自定义观察器类 lines 中第 1 个元素的当前值，即 cash 的当前值；self.lines[1][0]代表自定义观察器类 lines 中第 2 个元素的当前值，即 value 的当前值。
- 加载自定义观察器与加载 Backtrader 内置的观察器一样，需要通过 cerebro.addobserver 函数来实现，即将自定义观察器名称 MyObserver 直接传递给 addobserver 函数即可。

9.7 Backtrader 框架的分析器应用

Backtrader 框架提供了多种分析器（Analyzer）来帮助用户对策略的表现进行分析和评估。通过分析器，用户可以获取策略的各种统计指标、绩效报告和图表等信息，以便更好地了解策略的表现并进行优化。

9.7.1 分析器与观察器的关系

Analyzer 与观察器相似，它也是对交易策略执行结果进行监视和分析的工具，也可以通过内置和自定义方式创建与调用，目的也是更好地了解交易策略的表现，并进行调整、优化策略。分析器与观察器的不同之处主要表现以下几个方面。

- 内部机制不同：分析器是通过计算、处理数据来生成的结果。观察器则是基于跟踪交易策略的执行过程同步计算结果。
- 存储方式不同：分析器生成的结果通常是一些统计数据或指标，存储在分析器对象的属性中，即分析器不保存数据线 lines，从而避免了消耗大量计算资源。观察器生成的结果通常是一些输出信息，如交易信号和订单信息等。
- 使用方式不同：分析器一般用于分析和评估交易策略的整体表现。观察器常用于直接观察和监视交易策略的执行过程。

9.7.2 分析器之交易记录——Transactions 类

Backtrader 通过分析器中的 Transactions 类记录每一笔交易的详细信息，包括交易的数量、买入/卖出价格、金额等，读取这些信息可以为后续深入开发提供便利。示例 9.28 演示了如何调用 Backtrader 框架的分析器模块中的 Transactions 类属性与类函数。

【示例 9.28】 分析器的调用。

代码如下：

```
from backtrader import Analyzer
import backtrader as bt
import matplotlib.pyplot as plt
# 设置中文字体，如黑体或微软雅黑
plt.rcParams['font.sans-serif'] = ['SimHei']
# 设置图形大小
plt.rcParams['figure.figsize'] = (6, 3)

class MyStrategy(bt.Strategy):
    def __init__(self):
        self.sma15 = bt.ind.SMA(self.data, period=50)
        self.total_pnl = 0.0
    def log(self, txt, dt=None):
        ''' Logging function fot this strategy'''
```

```
            dt = dt or self.data.datetime[0]
            if isinstance(dt, float):
                dt = bt.num2date(dt)
            print('%s, %s' % (dt.isoformat(), txt))

    def next(self):
        if not self.position:
            if self.data.close[0]>self.sma15[0]:
                self.buy(size=500)
        else:
            if self.data.close[0] < self.sma15[0]:
                self.sell(size=self.position.size)
cerebro = bt.Cerebro()
df = pd.read_csv('d:/bt600000.csv')
df = df.iloc[:100]
# 将 date_time 列由字符串类型转换为日期类型数据
df.datetime = pd.to_datetime(df.datetime,format='%Y-%m-%d')

data = bt.feeds.PandasData( dataname=df, datetime='datetime',
                            open=1, high=2, low=-1, close=-1,
                            volume=-1, openinterest=-1,
                            timeframe=bt.TimeFrame.Minutes,)
cerebro.adddata(data)
# 将 bt.analyzers.Transactions 对象加载入回测过程,取名为 mytrans
cerebro.addanalyzer(bt.analyzers.Transactions, _name='mytrans')
cerebro.addstrategy(MyStrategy)
# 将 cerebro.run()结果存入变量 result 中, Analyzer 的信息也将保存至 result 中
result = cerebro.run()
# 将 Analyzer 中的 Transactions 内容通过 get_analysis 函数读出
transactions_recorder = result[0].analyzers.mytrans.get_analysis()
print(transactions_recorder)
cerebro.plot()
fig = cerebro.plot(style='line')
```

程序输出结果如下,可视化效果如图 9.10 所示。

```
OrderedDict([(datetime.datetime(2014, 3, 25, 0, 0), [[500, 9.75, 0, '',
-4875.0]]), (datetime.datetime(2014, 5, 21, 0, 0), [[-500, 9.6, 0, '',
4800.0]]), (datetime.datetime(2014, 5, 27, 0, 0), [[500, 9.66, 0, '',
-4830.0]]), (datetime.datetime(2014, 5, 29, 0, 0), [[-500, 9.62, 0, '',
4810.0]])])
```

说明:
- 如果希望获取分析器对应的信息,则需要先将分析器的类加载至回测实例中,如本例 cerebro.addanalyzer(bt.analyzers.Transactions, _name='mytrans')将 Transactions 类加载至 cerebro 回测实例中,并取名为 mytrans,方便后期调用。
- 由于每个策略的分析器类信息均存储于 cerebro.run 函数的返回结果内,因此,需要将 cerebro.run 函数赋值给变量进行存储,本例将 Backtrader 的回测结果保存至 result 内。
- cerebro.run 函数返回值为一个列表,每个策略回测结果为该列表的内部元素。由于本例回测过程仅使用了一个策略类,因此,读取该策略的分析器分析结果需要用

result[0]表示。

- 调用 result[0].analyzers.mytrans.get_analysis()返回一个 OrderedDict 类型数据,该类型类似字典类型数据,可以通过 key 函数获取该策略的全部交易时间,通过 values 函数获取每次交易的具体信息。values 函数返回的是一个列表类型数据,可以通过索引获取对应的信息。如果希望保存这些交易记录,可以通过循环读取这些交易信息。

图 9.10 调用分析器的属性示例

Backtrader 框架的分析器返回的结果数据结构复杂,需要进行解析以便读取,示例 9.29 演示了解析分析器返回结果的过程。

【示例 9.29】分析器返回结果解析。

代码如下:

```
# 定义读取分析器函数,返回 Pandas.DataFrame 类型数据
def get_transactions(bt_orderdict):
    tradedate = []
    volume = []
    price = []
    cash = []
    for k,v in bt_orderdict.items():
        tradedate.append(k.date())
        volume.append(v[0][0])
        price.append(v[0][1])
        cash.append(v[0][4])
    df = pd.DataFrame(zip(tradedate, volume, price, cash), columns=['date', 'vol', 'price', 'cash'])
    return df
# 执行自定义函数并查看返回结果
get_transactions(transactions_recorder)
```

程序输出结果如下:

	date	vol	price	cash
0	2014-03-25	500	9.75	-4875.0
1	2014-05-21	-500	9.60	4800.0
2	2014-05-27	500	9.66	-4830.0
3	2014-05-29	-500	9.62	4810.0

说明：通过自定义函数 get_transactions 实现了从外部读取 Backtrader 回测框架内部生成的交易数据，为后续开发提供了便利。

9.7.3　分析器之交易记录——TradeAnalyzer 类

Backtrader 分析器的 TradeAnalyzer 类存储了策略回测结果的多种指标和统计信息，如交易次数、盈利交易次数、亏损交易次数、最大单笔交易盈利金额、最大单笔交易亏损金额和策略回测净利润等。读取这些信息，可以用于评估策略的交易绩效和风险程度（具体应用方法见示例 9.30）。

【示例 9.30】TradeAnalyzer 类属性访问。

代码如下：

```
# 在 Backtrader 原框架中加载 TradeAnalyzer 类
cerebro.addanalyzer(bt.analyzers.TradeAnalyzer, _name='trade_analysis')
# 将回测结果存储于变量 result 中
result = cerebro.run()
# 通过 get_analysis 函数获取 TradeAnalyzer 类的全部信息
analysis = result[0].analyzers.trade_analysis.get_analysis()
# 输出相关的统计信息
print('交易总数:', analysis.total.closed)
print('盈利交易数:', analysis.won.total)
print('亏损交易数:', analysis.lost.total)
print('胜率:', analysis.won.total/analysis.total.closed)
print('单笔最大盈利:', analysis.won.pnl.max)
print('单笔最大亏损:', round(analysis.lost.pnl.max, 2))
print('净利润:', round(analysis.pnl.net.total, 2))
```

程序输出结果如下：

```
交易总次数: 2
盈利交易次数: 0
亏损交易次数: 2
交易胜率: 0.0
单笔最大盈利金额: 0.0
单笔最大亏损金额: -75.00
策略回测净利润: -95.00
```

说明：

- ❑ TradeAnalyzer 类的 get_analysis 函数返回一个 AutoOrderedDict 类型数据，该数据结构与字典类型数据结构相似，可以通过键、值形式获取内部信息。
- ❑ TradeAnalyzer 类的 get_analysis 函数返回的信息非常丰富，一般常用于盈利交易与亏损交易的相关统计，本例调取了交易总次数、盈利交易次数、亏损交易次数、交易胜率、单笔最大盈利金额、单笔最大亏损金额和策略回测净利润等信息。

9.8 本章小结

Backtrader 不仅可以方便地进行历史数据策略回测，也可以方便地进行可视化输出，将策略表现直观地展示给使用者。本章系统地介绍了 Backtrader 回测框架的核心使用方法，通过学习本章的内容，读者可以利用金融量化专业回测框架 Backtrader 进行自定义指标构建、自定义策略类构建、自定义观察器、调用分析器等操作，为自主开发金融量化投资策略打下基础。

9.9 思考题

1. 如何使用 Backtrader 框架编写小市值交易策略？
2. 如何使用 Backtrader 框架编写趋势追踪交易策略？